李運富　主編

漢字與漢字教育國際研討會論文集

民俗典籍文字研究中心叢刊

中華書局

圖書在版編目（CIP）數據

漢字與漢字教育國際研討會論文集/李運富主編．—北京：中華書局,2013.11
（民俗典籍文字研究中心叢刊）
ISBN 978－7－101－09696－5

Ⅰ.漢…　Ⅱ.李…　Ⅲ.①漢字－國際學術會議－文集②漢字－語言教學－國際學術會議－文集　Ⅳ.H12－53

中國版本圖書館 CIP 數據核字（2013）第 235013 號

書　　名　漢字與漢字教育國際研討會論文集
主　　編　李運富
叢 書 名　民俗典籍文字研究中心叢刊
責任編輯　俞國林
出版發行　中華書局
　　　　　（北京市豐臺區太平橋西里 38 號　100073）
　　　　　http://www.zhbc.com.cn
　　　　　E－mail:zhbc@zhbc.com.cn
印　　刷　北京市白帆印務有限公司
版　　次　2013 年 11 月北京第 1 版
　　　　　2013 年 11 月北京第 1 次印刷
規　　格　開本/700×1000 毫米　1/16
　　　　　印張 12¾　插頁 2　字數 200 千字
印　　數　1－800 冊
國際書號　ISBN 978－7－101－09696－5
定　　價　49.00 元

北京師範大學民俗典籍文字研究中心

《民俗典籍文字研究中心叢刊》總序

李國英

　　《民俗典籍文字研究中心叢刊》是由北京師範大學民俗典籍文字研究中心編纂的系列性的研究叢書，《叢刊》的主要任務是及時編輯出版中心研究人員最新的研究成果，以及由中心組編由海内外學者完成且與中心研究目標一致的高水平學術著作。

　　北京師範大學民俗典籍文字研究中心是教育部國家人文社會科學重點研究基地之一，建於 2000 年 9 月。其前身是北京師範大學中國民間文化研究所、漢字與中文信息處理研究所以及原中文系古典文獻學科點的一部分。中心創建時的學術目標是將我國民俗學之父鍾敬文先生開創的民俗學，以著名文獻學家啓功先生爲學術帶頭人的典籍文獻學和由章黃學派重要繼承人陸宗達先生創立的傳統語言文字學結合在一起，從上、下層文化和語言文字載體三方面整理和闡釋中國傳統文化，研究中國傳統文化自下而上或自上而下傳承與演變的規律，繼承、弘揚祖國優秀文化遺產。

　　在中心主任王寧先生的領導下，中心成立十年來，始終堅持繼承傳統、鋭意創新的學術方向，把基礎研究和社會應用緊密結合起來，把傳統研究和現代化手段緊密結合起來，在理論創新、服務社會和資源庫建設等方面取得了突出的成績。

　　中心堅持繼承基礎上的理論創新，十年來推出了一批有特色、成規模的標志性成果。如王寧先生在繼承傳統語言文字學的基礎上，創建了漢字構形學理論體系，不僅出版了綱領性的理論著作《漢字構形學講座》，還指導博士生運用這一理論對歷代漢字進行了系統的構形描寫，出版了《漢字構形史叢書》，在學術界產生了重要的影響。民俗學學科完成的六卷本《中國民俗史》是中國第一部以國家課題形式確定的系統的中國民俗史研究著作。該項目歷時八年完成。2006 年入選國家社科基金成果文庫,2008 年人民出版社出版。該書采用文獻、考古、田野調查等研究方法,對中國民俗的起源與發展做了動態的、多角度的系統描述與分析,使長期被忽視的中國民眾生活史得到了全面而深刻的展現。不僅總結提升了中國民俗理論,填補了中國學術領域的空缺,而且豐富了世界人類文化史。該著作出版後引起高度關注,2009 年榮獲中國文學藝術界聯合會、中國民間文藝家協會頒發的"第九界民間文藝山花學術著作獎",2010 年榮獲北京市第十一屆哲學社會科學優秀成果獎特等獎。

　　中心在加强基礎研究的同時,還特別重視應用研究,促進基礎研究和應用研究協調發展,着力把理論研究的成果轉化爲服務國家、服務社會的學術資源。中心利用自身的優勢與資源爲漢字的國家規範和國際標準的研制做出了貢獻。如王寧教授主持的《規範漢字表》後期研制工作,李國英教授、周曉文教授長期參與國際標準化組織表意文字工作組(ISO/IEC JTC1/SC2/WG2/IRG)的古漢字編碼工作。

　　中心高度重視現代化手段的運用,把傳統學科的理論研究與計算機技術相結合,取得了一系列重要研究成果。中心組織完成了數字化《說文解字》教學系統與研究體系、甲骨文拓片資源庫與原形字庫及其檢索系統、中國數字故事博物館、數字化民俗地圖與數據庫和數字化故事民俗地圖等大型的數字化成果。甲骨文拓片資源庫與原形字庫及其檢索系統爲國際標準化組織表意文字工作組的甲骨文編碼工作提供了支持;中國數字故事博物館於 2008 年 12 月赴香港參加文化部國際司首屆"中國非物質文化遺産展",獲得香港各界人士的好評。周曉文教授先後完成了小篆字庫及輸入法、甲骨文字庫及輸入法,兩個字庫及輸入法是迄今爲止國內外學術界運用最廣泛的古漢字字庫及輸入法。

　　經過十年的建設和發展,中心積累了大量學術研究成果。爲了使中心的成果能夠系統刊布,經中心管委會研究決定組編《民俗典籍文字研究中心叢刊》,爲中心成果的系列化刊布提供平臺,也爲中心與海內外的學術交流提供橋梁和紐帶。

　　《叢刊》將堅持繼承傳統、銳意創新的學術方向,堅持瞄準學科前沿、解決重大理論問題和重大實踐問題的學術目標,堅持百花齊放、兼容并包的學術品格,不斷推出高水平的研究成果,爲繁榮我國的人文學科作出我們的獨特貢獻。

　　《叢刊》的主要内容包括民俗典籍文字研究中心主要研究範圍内的民俗學、中國古典文獻學、漢語言文字學這三個主體學科，以及由學科融合而産生的文化學。《叢刊》將重點刊布中心承擔的重大課題的專題性系列研究成果，同時也會按年度組編中心研究人員的學術論文選集、不定期的編輯中心組織的重要學術會議的會議論文集。爲了培養學術後備力量，《叢刊》還會精選部分在中心工作的博士後的出站報告，以及由中心培養的博士生的優秀博士論文。我們也歡迎來自海内外駐所研究的專家的成果納入《叢刊》刊布。

　　《叢刊》的創建，得到了中華書局的大力支持，在此表示感謝。

2011 年 3 月

目　録

廣義漢字研究芻議

李國英

（北京師範大學民俗典籍文字研究中心）

　　漢字有狹義廣義之分，以往的漢字研究，特別是中國學者的漢字研究，主要著力於狹義漢字的研究，迄今爲止，把廣義漢字作爲一個整體進行全面而系統的研究的成果尚不多見。中國學者通常把漢字研究限制在狹義漢字研究的範圍之内。只有在研究普通文字學、比較文字學和漢字傳播時，才涉及到部分廣義漢字研究的内容。這類著作也少得可憐。比如王元鹿的《普通文字學概論》（貴州人民出版社，1996 年 5 月版）、周有光的《比較文字學初探》（語文出版社，1998 年 11 月版）、王元鹿的《比較文字學》（廣西教育出版社，2001 年 1 月版）、陸錫興的《漢字傳播史》（語文出版社，2002 年 9 月版）等。①

　　這一方面是由於狹義漢字是自源的，又是自足的，狹義漢字的研究不依賴于廣義漢字的研究就可以自成系統。另一方面則是由於學術界還缺乏更廣闊的學術視野，缺乏研究廣義漢字所需的知識結構。

　　廣義漢字是國際性的文字，不僅記錄了世界上使用人口最多的漢語，也記錄了亞洲，特別是東亞地區不同民族的語言。Wm. C. Hannas 在《亞洲正字法的困境》一書中指出："在東亞文化中，最具亞洲特色的是由中國，日本，韓國和越南共同使用的獨特的文字系統。對這個充滿經濟活力的地區的西方人來説，漢字是這一地區最突出的統一特徵，也是最難理解的文化事項。對東亞人本身，漢字則意味著更多。漢字不僅是這一地區的主要的書寫形式，還是這一地區獨特的文化和文明的

---

① 　另外有汪鋒的《從漢字到漢字系文字》（民族出版社，2003 年版），由於此書存在爭議，不作介紹。

基礎。"(Wm. C. Hannas,1997)明確指出了使用漢字是東亞地區最爲顯著的文化特徵。廣義漢字的存在是一個客觀事實,對廣義漢字進行整體的系統研究,具有邏輯上的必然性;特別是在隨著中國和亞洲經濟的崛起,漢字國際地位和影響力日益提高的今天,加強廣義漢字的研究也是歷史的需求。

　　中國學者周有光最早從理論上區分了狹義漢字和廣義漢字,並且明確提出了廣義漢字學的概念。周有光《漢字文化圈的文字演變》:"'漢字'有二義,一、書寫漢語的傳統文字符號,二,這種文字符號或其孳乳變異形式,用於書寫不同的語言。"(周有光,1992:55)這裏雖然沒有明確提出狹義漢字和廣義漢字的概念,但是揭示出"漢字"有不同的含義。其實,這裏的漢字有三種含義,即記錄漢語的漢字、記錄非漢語的漢字和記錄漢語與非漢語的漢字。在同一篇文章中周有光(1992:55)又寫道:"書寫漢語的漢字,傳播到非漢語的民族和國家,成爲各種漢字式文字——這些文字,可以各別研究,也可以作爲一個整體進行綜合研究。"把記錄非漢語的漢字稱作漢字式文字,並提出可以對記錄漢語的漢字和記錄非漢語的漢字作爲一個整體進行綜合研究。其後,周有光在《比較文字學初探》一書中明確提出了廣義漢字學的概念,他指出:"50年代以來,調查少數民族的歷史和語言,發現民間有多種漢字型的民族文字——知道這些文字的造字和用字方法,跟漢族的漢字相同,都能用六書來解説。由此產生了廣義漢字學,擴大了漢字學的視野。"(周有光,1998:4)最早明確提出廣義漢字學的概念,初步總結廣義漢字的特點是造字和用字方法相同,都能用六書理論來解説,並把漢字式文字改稱漢字型文字。

　　周有光對漢字不同含義的區分及廣義漢字學概念的提出具有重要的理論意義和應用價值。

　　雖然周有光只是提出了廣義漢字學的概念,並未建立起廣義漢字學的理論體系,本文作者也認爲,目前還不具備建立系統的廣義漢字學理論體系的條件,但是,廣義漢字是一個客觀存在,建立廣義漢字學是客觀現實對漢字學理論提出的必然的要求,經過持續不斷的努力,廣義漢字學終有一天會建立起來,因此,現階段加強廣義漢字的研究,爲建立廣義漢字學做出準備,這應該是漢字學界應該承擔起的歷史責任。因此,本文討論若干廣義漢字的理論問題和應用問題,希望爲建設廣義漢字學貢獻綿薄之力。

　　廣義漢字研究首先要解決的理論問題是進一步明確廣義漢字及廣義漢字學的

內涵和範圍。對廣義漢字及廣義漢字學內涵的揭示,中國大陸有兩位學者的觀點具有一定代表性,一位是周有光,一位是聶鴻音。

　　周有光多次論述了廣義漢字及廣義漢字學的內涵。周有光《比較文字學初探》:"文字學是中國首先創立的一門學問。許慎在公元 100 年(東漢和帝永元十二年)寫成《説文解字》,闡述造字和用字的六書原理。但是 1900 年來,一直局限於研究書寫漢語的漢字,没有擴大視野研究書寫非漢語的各種漢字型文字,没有研究漢字傳播到鄰國和國內少數民族中間去以後的演變和發展。研究漢字的學問,起初稱'小學',清末改稱'文字學',50 年代又改稱'漢字學',名稱的改變標誌著認識在前進。現在應當把漢族的和漢族以外的漢字型文字作爲一個整體,進行宏觀的綜合研究,探索漢字在漢字文化圈中的發展事實和發展規律,這是'廣義漢字學'。"(周有光,1998:7)"狹義的'漢字學'研究漢語的漢字,廣義的'漢字學'綜合地研究漢語漢字和鄰國的漢字,以及國內少數民族的各種漢字型文字。"(周有光,1998:14)"漢語的漢字學之外,提倡研究'廣義漢字學',把漢語漢字和非漢語漢字作爲一個整體進行宏觀的研究。漢字學從微觀發展到宏觀,是漢字學的進一步科學化。"(周有光,1998:118)綜合上述文字,我們可以知道周有光對狹義漢字、廣義漢字、狹義漢字學和廣義漢字學的基本認識,他認爲記錄漢語的漢字是狹義漢字,記錄非漢語的文字是漢字型文字,狹義漢字和漢字型文字的整體是廣義漢字;研究記錄漢語的漢字的學問是狹義漢字學,把記錄漢語的狹義漢字和記錄非漢語的漢字型文字作爲一個整體研究的學問是廣義漢字學。

　　周有光對廣義漢字和廣義漢字學的範圍也有明確的論述。周有光《漢字文化圈的文字演變》:"書寫漢語的漢字,傳播到非漢語的民族和國家,形成各種漢字式文字。漢語的漢字和非漢語的漢字式文字一共有多少種呢? 根據手頭現有材料,一共有 18 種,有的是現在應用的文字,有的已成爲過去。18 種文字中間,13 種是中國少數民族文字,3 種是鄰國文字,1 種是漢語土話文字,1 種是漢語的正式文字。這些文字,可以各別研究,也可以作爲一個整體系统進行綜合的研究。按照語言系屬的不同,這些文字分爲:漢藏語系 12 種:漢語 2 種:漢文(包括注音字母)、江永婦女字;藏緬語系 5 種:西夏字、白字、哈尼字、彝字、傈僳字;苗瑶語系 1 種:瑶字;壯侗語系 4 種:壯字、布依字、侗字、水字;阿勒泰語系 4 種:契丹大字和小字、女真字、朝鮮文;語系未定 2 種:喃字、日文。"①在《比較文字學初探》一書中,作者又把所謂漢字型文字增加至 30 種。周有光《比較文字學初探》:"就本文作者目前(1996)所得的資料來看,漢字型文字除通用的漢語漢字之外,有 19 種語言的 30 種文字。它們可以按語言系屬分爲:1.漢藏語系:(1)漢語(文字 2 種);(2)藏緬語族(語言 6 種,文字 10 種);(3)苗瑤語族(語言 2 種,文字 4 種);(4)壯侗語族(語言 5 種,文字 5 種)。2.阿勒泰語系:契丹語(文字 2 種);女真語;朝鮮語(文字 2 種)。3.語系未定:越南語;日本語(文字 3 種)。又可以按文字來源分爲:1.孳乳仿造;2.變異仿造;3.漢字型字母;4.異源同型(彝文、納西文)。"(1998:191)該書編制的《漢字型文字綜合分類表》分孳乳仿造、變異仿造、漢字型字母和異源同型四類對廣義漢字的範圍進行了列舉,包括:孳乳仿造型 12 種:白文、哈尼字、彝語阿細字、板塘苗字、老寨苗字、古丈苗字、瑤字、壯字、布依字、侗字、仡佬字、喃字;變異仿造型 4 種:西夏文、水書、契丹大字、女真字;漢字型字母 9 種:注音字母、江永女書、傈僳字、契丹小字、吏讀、諺文、萬葉假名、片假名、平假名;異源同型 5 種:東巴文、云南規範彝文、四川規範彝文、哥巴文、瑪麗瑪薩文。共計 30 種。書中還對上述 30 種所謂漢字型文字逐一進行了詳細的描述。

聶鴻音《中國文字學概略》:"漢文字體系是對漢文字及其在中國和亞洲的約十種後裔文字的總稱——現存的漢字系文字可以據其符號的外形分爲兩類,一類與漢字差別不大,其中還有不少現成的漢字和據漢字改造而成的字,絕大多數漢字系文種都屬於這種類型;另一類與漢字差別很大、造字者只借用了漢字的橫、豎、撇、捺之類筆劃來構成一個個全新的字形,而沒有原封不動地照搬任何一個現成的漢字或者偏旁部首,屬於這種類型的只有西夏文和所謂的'雷山苗文'。"(1998:71－72)該書列舉了中國境內漢文字系統的少數民族文字包括契丹大字、女真文、西夏文、雷山苗文、白文、壯文、侗文、哈尼文、水書等 9 種。該書把周有光《比較文字學初探》中列入廣義漢字的納西東巴文、爾蘇沙巴文、彝文(包括雲貴川三省的變體)、傈僳文(汪忍波)等劃爲"自源"文字一類。

顯然,周有光和聶鴻音劃定的廣義漢字的範圍有很大不同,由此也可以看出兩人界定廣義漢字也有不同。仔細分析,廣義漢字、廣義漢字學的內涵、範圍與分類

---

① 周有光《漢字文化圈的文字演變》,《民族語文》,1989 年(1)。

都有很多問題需要進行進一步的思考,有必要展開進一步的研究。

我們認爲,在界定廣義漢字及廣義漢字學的時候,需要區別一系列概念與範疇。

首先,我們需要從理論上區分字與非字的界限,廣義漢字首先必須是文字,不是文字的不能納入到廣義漢字的範疇。比如,周有光的廣義漢字中包含了漢語注音字母,列爲漢字型音節文字第二類字母音節文字的第三種。注音字母没有記錄語言的功能,只是給漢字注音的工具,因此不具備文字的地位,不是文字,而是注音符號,不能列入廣義漢字的範疇,也不能把它稱之爲字母音節文字。

其次,我們應該把某些特點或類型上的相同與發生學上具有衍生關係區別開來。比如,周有光的廣義漢字的非漢語的漢字型文字中包括異源同型一類,列舉出的文字有:1. 彝文,包括:(1)四川規範彝文,(2)雲南規範彝文;2. 納西文,包括(1)東巴文,(2)哥巴文,(3)瑪麗瑪薩文。周有光没有給所謂"異源同型"下明確的定義,但是,在介紹彝文的時候他寫到:"彝文是獨自創造的'自源'文字,並非'借源'於漢字。彝文和漢字從歷史發展來看,有許多共同的特點,是'異源同型'的文字。"(1998:208)據此我們可以知道,周有光的所謂"異源同型"是"自源"文字,既不是記錄漢語的漢字系統的借用,也不是記錄漢語的漢字系統的衍生,換句話説,就是與記錄漢語的漢字没有發生學上的關係,只是具有一些共同的特點而已,可以認爲是廣義上的類型相同。周有光只用"有許多共同特點"這樣的話來概括"同型"的含義,没有具體指明同在哪裏。

周有光的異源同型的第二類是納西文,他在該書中多次論述納西文,他説:"這裏比較兩種形意文字:(一)爾蘇族的沙巴文,(二)納西族的東巴文。它們代表超越文字畫水準的形意文字。都能叙述長篇故事,但是都不能按照語詞次序完備地書寫語言。都有相當數量的文獻。東巴文有寫本約 2 萬册。沙巴文較少,也有幾十種。東巴文大致創始於 12—13 世紀,相當於南宋時代。沙巴文可能創始於 300 年前,相當於明末清初。沙巴文和東巴文都是'自源'文字。東巴文跟漢字的關係是'異源'而'同型'。這兩種文字都是非常珍貴的文字史料。它們都是中國少數民族的傳統文字。希望以後能找到其他國家同樣類型的文字。"(1998:41)又説:"東巴文的特點:1. 東巴文是自源的民族文字,不是漢字的衍生文字,但是受了漢字的影響,逐漸變成每個符號可以納入一個方格,部分字符類似漢字篆書,後期更爲明顯。

它跟漢字是'異源'而'同型'。這在哥巴文更加明顯。從六書來看,東巴文有象形字 1076 個(47％),會意字(包括指事字)761 個(34％),形聲字(包括假借字)437 個(19％)。象形爲主是'形意文字'的共同特點。會意發達説明它使用頻繁。東巴文中的形聲字已經占 19％,這跟漢字甲骨文(公元前 1300 年)有形聲字大約 20％十分接近。"(1998:60-61)綜上所述我們知道,納西東巴文也是自源文字,不是漢字的衍生文字。在周有光的分類體系中,東巴文屬於形意文字,與意音文字的漢字屬於不同類型。另外,根據周有光在《比較文字學初探》的意見:"文字能否無遺漏地按照語詞次序書寫語言是文字是否成熟的分界線。分界線以下是原始文字,分界線以上是古典文字和字母文字。原始文字主要表形和表意,稱爲'形意文字'。古典文字主要表意和表音,成爲'意音文字'。"(1998:5)按照這樣的分類,東巴文和爾蘇文不能無遺漏地按照語詞順序書寫語言,尚未發展成成熟的文字體系,屬於原始文字,而漢字則早在甲骨文時期已經能够無遺漏地按照語詞次序書寫漢語,是成熟的文字體系,屬於意音文字。周有光没有明確納西文字和漢字的共同點,但是從他總結的東巴文的特點中可以窺見一斑,大概主要是由於東巴文也可以用六書來解釋。但是,我們知道,周有光認爲六書具有普遍適用性,六書理論可以用來分析所有文字,因此,能否用六書理論來分析,不能構成某種文字是否屬於廣義漢字的條件。

聶鴻音的《中國文字概略》第一章"從文字到文字學"的第四節"文字體系和文字類型"一節中把中國境内的文字按照發生學的原則分爲六種,包括:(1)漢文字體系,(2)印度文字體系,(3)粟特文字體系,(4)阿拉伯文字體系,(5)拉丁文字體系,(6)"自源"文字體系。(1998:33-34)書中指出:"'自源'文字,指在中國一些地區'土生土長'的文字,它們之間没有誰繼承誰的問題,因而也不能構成一個真正的文字體系。這些文字中著名的有納西東巴、爾蘇沙巴文、彝文(包括云貴川三省的變體)、傈僳文(汪忍波)等等。"(1998:34)把傈僳文也歸入自源文字。而周有光則認爲:"傈僳音節字是一種'變異仿造'的漢字型音節文字。"(1998:316)可見,有些文字的類型歸屬還是有分歧的。但是,從理論上來説,需要把與漢字同源,與漢字具有衍生關係的文字和與漢字不同源,與漢字没有衍生關係,只是類型或特點相同的文字系統區分開來。如果僅僅是根據類型或特點相同,那麼,埃及的聖書字、西亞的楔形文字、北美的瑪雅文字也都可以歸入廣義漢字,這顯然是不能接受的。周有光《比較文字學初探》:"這裏比較 5 種有代表性的'意音文字'(丁頭字、聖書字、漢字、馬亞字、彝文),它們都是'自源'文字,不是'借源'文字。"(1998:65)也把彝文和丁頭字、聖書字、漢字、馬亞字並列,認爲都是'自源'文字,同時,又把彝文列入廣義漢字的範圍,顯然是自相矛盾的。

第三,我們需要把漢字系統本身和由漢字系統衍生出來的文字系統區分開來。一種文字體系,除了可以用來記錄原初創制文字體系時的語言(這時記錄語言的文字就是所謂"自源"文字,漢字是漢語的自源文字,楔形文字是蘇美爾語的自源文字),也可以借用來記錄其他民族的語言,這從本質上來講只是文字系統的功能的擴大,從記錄某一種語言擴展到記錄另外的語言(這時,對於所記語言而言,就是"他源"文字,如越南、韓國、日本及部分中國境內的少數民族借用漢字記錄他們各自的民族語言,漢字是記錄這些國家或民族語言的他源文字。阿卡德人借用楔形文字記錄阿卡德語,楔形文字是記錄阿卡德語的他源文字),在借用的過程中,爲了滿足記錄新語言的需要有可能對原有的文字系統作必要的補充或調整,但並不從根本上改變原有的文字體系與文字制度,並不產生新的文字系統。這與從一種文字系統衍生出另一種文字系統也有本質的不同。

搞清楚了這三個區別,我們就可以進一步確定廣義漢字的內涵、範圍與類型了。

我們認爲,記錄漢語的漢字是狹義的漢字,漢字系統本來就是爲了記錄漢語而創制的,對於所記的漢語而言,狹義的漢字是漢語的自源文字。

借用漢字系統記錄其他民族的語言時,漢字系統本身並沒有發生根本的、體系性的變化,只是漢字記錄語言功能的擴展,這時的漢字,對於所記的語言而言,可以稱作借源漢字。

記錄漢語的自源漢字與記錄非漢語的借源漢字是一個文字系統,因此可以歸納爲廣義漢字。也就是,記錄漢語的漢字是狹義漢字,記錄漢語和非漢語的漢字統稱廣義漢字。這種狀況有些類似於楔形文字。楔形文字本來是爲了記錄蘇美爾語而創制的,創制以後用來記錄蘇美爾語,這時的楔形文字就是自源文字。後來被借用來記錄阿卡德語、巴比倫語、亞述語等,這時的楔形文字是借源文字。如果我們比照漢字區分狹義漢字和廣義漢字,也可以把記錄蘇美爾語的楔形文字稱作狹義楔形文字,把記錄蘇美爾語的和非蘇美爾語的楔形文字稱作廣義楔形文字。

根據這樣的界定,廣義漢字包括:(1)記錄漢語的漢字,(2)借用漢字系統記錄非漢語的漢字,主要有記錄越南語的越南語漢字,記錄韓語的韓語漢字,記錄日語的日語漢字,記錄中國少數民族語言壯族壯語的壯語漢字(一般稱壯文或壯字),記錄白族白語的白語漢字(一般稱白文)、記錄哈尼語的哈尼語漢字(一般稱哈尼文或哈尼字)、記錄瑤族瑤語的瑤語漢字(一般稱瑤文或瑤字)、記錄布依語的布依語漢字(一般稱布依文或布依字)、記錄侗族侗語的侗語漢字(一般稱侗文或侗字)等。記錄漢語的漢字在借用來記錄這些國家或民族的語言時也會爲滿足記錄這些國家或民族語言的需要做些補充和調整,如利用已有的漢字或漢字的部件,仿照漢字的造字方法創造一些新字(這在本質上與漢字在記錄漢語方言時造一些方言字非常相似),但是,並没有從根本改變漢字系統,就文字系統而言,仍然是漢字。

由漢字系統衍生出來的文字系統是漢字系文字。這類文字不是系統的借用已有的漢字系統來記錄其他民族的語言,而是仿照漢字的筆劃、構件、造字方法創造的新的文字體系,本質上是漢字系統具有發生學關係但又與漢字不同的文字體系,本文作者認爲不宜納入廣義漢字的範疇,可以納入漢字系文字的範疇。由漢字系統衍生出來的漢字系文字主要包括:契丹大字、女真字、西夏字等。

與漢字類型或特點相同的文字可以稱作漢字的同型文字。如前述東巴文、沙巴文、彝文等。這裏還有許多理論問題值得探討。

由漢字系統衍生出來的注音符號可以稱作漢字系注音符號,包括漢語注音符號、日語假名和韓語諺文(早期的假名和諺文都只是日語漢字和韓語漢字的注音符號,後來,假名和日語漢字一起記錄日語,成爲記錄日語的混合文字的一部分,具有了文字的性質,但至今仍未發展成獨立的文字系統。在韓國,諺文和韓語漢字一起記錄漢語,成爲記錄韓語的混合文字的一部分。在朝鮮,諺文則成爲獨立的文字系統。)

根據上述分析,我們可以把廣義漢字分爲記錄漢語的漢字和記錄非漢語的漢字兩種類型。記錄漢語的漢字可以簡稱爲漢語漢字,記錄非漢語的漢字可以稱作非漢語漢字。漢語漢字是自源文字,非漢語漢字是借源文字。非漢語漢字從總體上是借用漢字系統記錄非漢語。借用漢字系統記錄越南語即越南語漢字,借用漢字系統記錄韓國語即韓語漢字,借用漢字系統記錄日語即日語漢字,借用漢字系統記錄中國少數民族語言壯語即壯語漢字,等等。

第二個需要研究的廣義漢字學的理論問題是非漢語漢字的類型。由於非漢語漢字本質上是借用漢字系統記録非漢語,因此文字的主體都是借用字,即直接借用漢字來記録漢字以外的其他語言的文字。同時,爲了滿足完善地記録語言的需要,當單純借用原有的漢字不能滿足記録語言的需要時,也會利用已有的漢字作構字成分,模仿漢字的造字方法創制一些新字。所以,一般非漢語漢字從來源上劃分,都可以分爲借用字和仿造字兩部分。這裏所謂的"借用字"指的是非漢語的國家或民族爲了記録本民族語言從已有的記録漢語的漢字借用來記録自己國家或民族的語言的字。所謂"仿造字"是指非漢語的國家或民族在借用漢字記録自己國家或民族語言的過程中利用已有的記録漢語漢字作構件,模仿記録漢語的漢字的造字方法新造的字。

第三個需要研究的理論問題是借用字的研究。這方面的研究成果比較多,特別是研究越南文、日文、韓文的著作中分别研究的成果比較多。周有光在《比較文字學初探》中總結了孳乳仿造的漢字型文字借用漢字的方法,他指出:"借用舊字的方法主要是:a.'借詞',音意兼借,這是借用漢語詞彙,補充本族詞彙。b.'借音'(音讀),只借舊字的音,不借舊字的意,這是'假借'的擴大,也就是漢字的表音化,但是借音要略改原音,適應當地的語音結構。c.'借意'(訓讀),只借舊字的意,不借舊字的音,讀音打破原來一字一音的限制,漢字讀音於是多音節化。"(1998:198)基本上概括出了借用原有的記録漢語的漢字來記録非漢語語言的主要類型。實際上,上述第一類是借用原有的記録漢語的漢字記録非漢語語言中的漢語借詞。第二、三類是借用原有的記録漢字的漢字記録非漢語語詞。記録非漢語語詞是,借音和借義兩種類型。但是,迄今爲止,我們只是從理論上作出了初步的歸納,並未對借用字做過全面的調查和整理,我們既不能分别給出越南語漢字借用字、韓語漢字借用字、日語漢字借用字總表,也不能給出非漢語漢字借用字總表。我們相信,經過全面的調查與整理之後,這方面的理論研究也才會更加深入。

第四個需要研究的理論問題是仿造字的研究。這方面已有的研究成果也很多,主要集中於各使用漢字的漢語國家或民族新造漢字的考辨、新造字的類别、新造字的造字方法等方面的研究。比如研究日文有所謂日本漢字的研究①。

周有光在《比較文字學初探》中總結了孳乳仿造的漢字型文字仿造新字的方

---

① 參何華珍《日本漢字和漢字詞研究》,中國社會科學出版社 2004 年。

法,他指出:"仿造新字的方法主要是:a. 造新形聲字,利用原來的漢字或漢字的部件,結合成爲部首和聲旁的新複合體。b. 造新會意字,結合兩字,表示某一意義。"(1998:198)非漢語漢字創制新字的方法遠不止這兩種,需要進一步進行歸納。不僅如此,如何定義新造字,如何鑒別新造字,在明確新造字定義,確定鑒別新造字的方法的基礎上,對新造字進行全面地搜集和整理,並在此基礎上進行進一步的理論歸納,也是廣義漢字學研究的重要任務。

廣義漢字的應用研究有很多急迫的課題,下面簡要列舉一些課題,不作詳細論述。

首先,廣義漢字電腦字形檔的國際統一編碼及編碼字形的整理是廣義漢字應用研究中最重要也最急迫的一個課題。CJK 漢字本質上屬於廣義漢字的範疇,CJK編碼字元集本質上就是廣義漢字的編碼字元集。CJK 編碼字元集在國際上具有廣泛的應用,但是,由於缺乏統一的理論,研究十分薄弱,存在很多急迫需要解決的理論問題和實踐問題。一是範圍問題。CJK 或 CJKV 編碼字元集從來沒有確定一個具有科學根據的範圍,需要研究確定,我們認爲可以把 CJKV 的範圍約定爲廣義漢字的範圍。二是編碼過程中涉及到的文字規則。包括:(1)收字規則:哪些形體給碼,哪些形體不給碼。(2)認同規則:哪些形體給一個碼,哪些形體給不同的碼。(3)排序規則:編碼字元在碼表中排序規則。三是對已編碼字元的整理。主要以下幾項重要工作:(1)校訂錯誤。(2)溝通和梳理關係。(3)離析來源。(4)區分頻級。

其次,廣義漢字資源庫建設及廣義漢字的全面整理。隨著電腦技術的發展,爲了滿足漢字應用與研究的需求,不同國家和地區都在建設各種類型的漢字資源庫,但是,迄今爲止還沒有把廣義漢字作爲一個整體統一設計大規模資源庫,需要各個國家和地區的專家通力合作,儘早建設廣義漢字資源庫,並在資源庫的基礎上進行全面整理,以滿足廣義漢字研究及社會應用的需要。

第三,廣義漢字字典編纂。迄今爲止,在全世界的範圍内還沒有一部以廣義漢字爲收字物件的大字典,應編纂一部廣義漢字字典。

第四,廣義漢字教育研究。這個問題作者已經寫過專文論述,此不贅述。

總之,廣義漢字的研究具有重要的理論意義和應用價值,有很多重大的理論問題需要我們探索,有很多急迫的應用問題需要我們解決。廣義漢字的研究是歷史賦予我們這個時代漢字學界的一項重要使命。全世界的漢字學者應該承擔起這份歷史責任，爲廣義漢字學的建構和普通文字學理論的發展做出貢獻，爲廣義漢字的社會應用研究做出貢獻。

參考文獻：

[1]何華珍《日本漢字和漢字詞研究》，中國社會科學出版社，2004 年。

[2]聶鴻音《中國文字概略》，語文出版社，1998 年。

[3]周有光《新語文的建設》，語文出版社，1992 年。

[4]周有光《比較文字學初探》，語文出版社，1998 年。

[5]周有光《周有光語言學論文集》，商務印書館，2004 年。

[6]Wm. C. Hannas. *Asia's Orthographic Dilema*. University of Hawai'I Press，Honolulu. 1997 年。

試論漢字的理據性

蘇培成

（北京大學中文系）

1. 漢字的理據性和理據度

文字是記錄語言的符號系統，文字的基本單位與它所記錄的語言單位之間要有一定的聯繫。這種聯繫可以是有道理的，也可能是沒有道理的；有道理的叫有理據，沒有道理的叫無理據。文字的理據就是字理。有理據的文字學習和使用比較容易，無理據文字學習和使用不很容易。

文字的性質不同，理據的表現方式也不同。在用拼音文字的語言裏，凡是能够表達語音的字母就是有理據，不能表達語音的字母就是沒有理據。例如英文的light，其中的 l 讀［l］，i 讀［ai］，t 讀［t］，這幾個字母有理據，而其中的 g，h 不表音，就是沒有理據。漢字是語素文字，一個個漢字記錄了漢語裏的一個個語素。記錄之後，語素的音義就成了漢字的音義。從形體說，漢字是由字元組成的。由一個字元組成的字是獨體字，由兩個或兩個以上字元組成的字是合體字。按照表達理據的需要，字元凡是能够表達整字的讀音或意義的就是有理據，否則就是沒有理據。可見，漢字的理據指的就是字元的表音、表意功能。根據這個觀點，漢字的字元可以分為三類，就是音符、意符和記號。凡是和整字在讀音上有聯繫的是音符，和整字在意義上有聯繫的是意符，和整字在讀音和意義上都沒有聯繫的是記號。字元和整字在讀音上有聯繫指的是和整字聲韻調相同或聲韻相同。例如“沐”的意思是洗頭，其中的木是音符，水是意符；“銳”的意思快或尖（指刀槍的鋒刃），其中的金是意符,兑是記號。

爲了把漢字的理據量化,我們提出了理據度這個概念。我們所説的理據度指的是音符、意符在全部字元裏所占的比例。世界上一切實用的文字都是有理據的,不同文字的理據有强有弱,同一種文字在不同發展階段的理據也可能有强有弱。爲了把理據加以量化,我們參考形聲字形旁表義度的計算方法提出了漢字理據度的計算公式,就是:實際具有的理據值÷可能具有的最大理據值＝理據度。用這個公式可以確定一個字的理據度,也可以確定一個字集的理據度(費錦昌,1988:61)。

2. 漢字理據度的測查

2.1 甲骨文的理據度

現在我們能看到的成批古漢字是殷商時期的甲骨文。甲骨文是比較成熟的漢字,它所用的造字法主要是表意和表音,也保留了一些象形,同時還大量使用了假借。現在我們所有的有關甲骨文理據的知識是現代人的認識,這種認識不能等同于殷商時代人的認識。在這種條件下,我們無法計算出甲骨文的理據度。“其于所不知蓋闕如也”,也只能如此,勉强去做没有任何好處。

2.2 隸變對理據度的影響

由匀圓的小篆演變爲方折的隸書叫隸變。隸變是漢字字體的演變,它對漢字的結構自然有影響,所以隸變會影響漢字的理據度。研究這種影響是十分有意義的。我們的測查,隸變前的字形採用大徐本《説文》的作字頭的小篆,也含有少量作字頭的古文和籀文。對字形的分析全照《説文》,即使《説文》分析錯了的也不去改動,因爲它反映了漢代學者對這些字的結構的認識,而且這樣做並不影響我們的研究。隸變後的字形我們跳過了隸書而用楷書,這樣做只是爲了印製的方便。因爲隸書和楷書在結構上雖不全同,但是相差並不多,用楷書作爲研究物件不會影響測查的結果。

我們選取《説文》卷十二上下的字頭作爲測查對象,共有字頭 780 字。其中有兩個字《説文》注明“闕”,實有有分析的字頭 778 字。每個字賦值 10,共計爲 7780。

對楷書的字形,凡是能反映出構字理據的賦值爲 10,只能反映部分構字理據的賦值爲 5,完全不能反映構字理據的賦值爲 0。例如,小篆"手"作"乎",像人手有五指的形狀,賦值爲 10;楷書手的字形與小篆雖然不同,但是它的表音表義功能没有變,每個字仍賦值爲 10。小篆"開"作"開",是從門從开的會意字,賦值爲 10;楷書"開",开變爲"开",失去了表意功能,賦值爲 0,但"門"是意符,有表意作用,所以楷書"開"賦值爲 5。小篆"更"作"更",是從攴、丙聲的形聲字,賦值爲 10;隸變後變爲"更","丙"和"攴"都看不到了,"更"成爲獨體字,無法説明它的構字理據,賦值爲 0。我們就這樣給隸變後的楷書字賦值。結果是賦值爲 10 的有 601 字,得到的值是 6010;賦值爲 5 的有 161 字,得到的值是 805;賦值爲 0 的有 16 字,得到的值是 0。三項合計爲 6815。6815 除以 7780 等於 87%。這就是説隸變前小篆的理據度是 100%,而隸變後楷書的理據度變爲 87%,減少了 13%。

2.3　現代漢字的理據度

傳統的六書理論並不能完全適用于現代漢字。我們根據漢字的字元理論,把現代漢字分爲六類,起名叫做"新六書"。這六類就是:

2.3.1　會意字,如伐,表示用戈砍人頭,戈和人都是意符。

2.3.2　形聲字,如懊,表示煩惱、悔恨,忄是意符,奥是音符。

2.3.3　半意符半記號字,如思,表示想、考慮,心是意符,田是記號。

2.3.4　半音符半記號字,如球,指圓形立體物,求是音符,王(玉)是記號。

2.3.5　獨體記號字,如木。甲骨文木作屮,像樹木的樣子;到了楷書,木上部的枝杈變爲一横,不再象形,成爲記號。

2.3.6　合體記號字,如鹿。甲骨文鹿作鹿,像鹿的樣子;到了楷書變爲广和比,不再象形,成爲記號。

會意字和形聲字是有理據字,每個字賦值是 10;半意符半記號字和半音符半記號字是半理據字,每個字賦值是 5;獨體記號字和合體記號字是無理據字,每個字賦值是 0。同音代替的简化字賦值爲 5。根據這種分類和賦值,我們統計了《新華字典》(1987 年重排本)裏的"又、彳、刂、魚"四個部的部內字,共 203 字,最後得到的理據是 67%(蘇培成,2001:104)。這可以看作現代漢字的理據度。

2.4　漢字簡化對漢字理據度的影響

漢字簡化不但減少了一批字的筆劃數,而且有不少字也改變了結構,自然會影響了這些字的理據度。我們使用上一段測查現代漢字理據度的方法,測查了《簡化字總表》第一表裏的繁體字和簡化字,分別得到它們的理據度。

簡化前共有繁體字 364 字,其中:

　　理據度爲 10 的,有 189 字,理據度的值是 1890

　　理據度爲 5 的,有 125 字,理據度的值是 625

　　理據度爲 0 的,有 50 字,理據度的值是 0

上述 364 個繁體字的理據值共 2515,而 364 個字的最大理據值是 3640,二者相除得到的理據度 69%。

簡化後共有簡化字 350 字,其中:

　　理據度爲 10 的,有 92 字,理據度的值是 920

　　理據度爲 5 的,有 163 字,理據度的值是 815

　　理據度爲 0 的,有 95 字,理據度的值是 0

上述 350 個簡化字的理據值共 1735,而 350 個字的最大理據值是 3500,二者相除得到的理據度 49%。

比較上述測查的結果,得到的結論是簡化字比繁體字的理據度減少了 20%。

3. 理據度的降低和提高

語言和文字作爲交際的工具,既有穩定的一面又有變動的一面。在語言文字發生變動時常會影響文字的理據,但是也有一些字的理據保持不變。例如:

　　涙　《玉篇·水部》:“涙,涕淚也。”《集韻·至韻》:“淚,目液也。”形聲字,從水戾聲。後改爲“泪”。《字彙·水部》:“泪,與涙同,目液也。”從目從水,會意。涙和泪的理據值都是10。

　　油　《説文·水部》:“水。出武陵孱陵西,東北入江。從水,由聲。”現代“油”主要用作油脂的“油”,依舊是從水由聲的形聲字。水名的油和油脂的油理據值都是10。

但是更多的字它的理據有變化,有的降低,有的提高。

3.1　理據性的降低

3.1.1　漢語語素的意義有變化而紀録這個語素的漢字的字形没有變化,字形和字義脱節,造成理據度降低。例如:

　　聘　《説文·耳部》:“聘,訪也。從耳,甹聲。”本義是問候。《吕氏春秋·季春》:

　　“勉諸侯,聘名士,禮賢者。”徐鍇《繫傳》:“聘,訪問之以耳也。”“耳”是意符。“聘”由問候引申出聘請。《孟子·萬章上》:“湯使人以幣聘之。”“聘”裏的“耳”不表意,成爲記號。

　　誅　《説文·言部》:“誅,討也。從言,朱聲。”本義是聲討。“言”是意符。“誅”由聲討引申爲殺戮。《孟子·梁惠王下》:“聞誅一夫紂矣,未聞弑君也。”“誅”裏的“言”不表意,成爲記號。

3.1.2　文字的假借。假借的條件是本字和借字音同或音近。例如:

　　納　《説文·糸部》:“納,絲濕納納也。從糸,内聲。”假借爲内。《莊子·刻意》:

　　“吹呴呼吸,吐故納新。”“納”表示吸入,其中的“糸”不表意,成爲記號。

　　誕　《説文·言部》:“誕,詞誕也。從言,延聲。”本義是説大話,説虚妄不實的話。《史記·扁鵲倉公列傳》:"先生得無誕之乎? 何以言太子可生也。"假借表示生育。後世主要用它的假借義。《後漢書·襄楷傳》:"昔文王一妻,誕致十子。""誕"裏的"言"不表意,成爲記號。

3.1.3　字形發生了改變,改變了原來的結構。例如:

　　貴　小篆作𧶛。《説文·貝部》:"貴,物不賤也。從貝,臾聲。"在楷書貴裏,臾變爲虫,不表音,成爲記號。

　　細　小篆作𦈶。《説文·系部》:"細,微也。從糸,囟聲。"隸變後囟訛變爲田,"田"不表音,成爲記號。

3.1.4　合併意符,使原有的意符不再表意,成爲記號。例如:

　　肉和月合併。作爲偏旁,小篆月作𠂒,肉作𠕎,二字形近。到了隸楷,肉並入月。"肝""腎"裏的肉變爲"月"不表意,成爲記號。

　　艸和𠦒合併,𠦒並入艸。小篆"萑""舊"上部本來不是艸,而是𠦒。"萑"讀 huán,指貓頭鷹,"舊"讀 jiū,指鳥名。楷書"萑""舊"裏的艸不表意,成爲記號。

3.1.5　漢字簡化。
"鄧"簡化爲"邓"。"登"表音,而"又"不表音,成爲記號。
"聲"簡化爲"声"。聲是形聲字,從耳,殸聲。而組成簡化字"声"的"士""尸"既不表音也不表意,成爲記號。

3.2　**理據度的提高**

3.2.1　把記號改爲意符。例如:

　　砲　冷兵器時代的砲是拋石機,意符是石。到了熱兵器時代,砲改用火藥,意符石已經不再表意,成爲記號。後來用火取代了石,產生了炮。"炮"是形聲字,從火包聲。"石"是意符。

　　韈韤　古代的襪子是用牲畜的皮革縫製的,所以從革或韋,"革""韋"是意符。後來襪子改爲用棉綫織成,意符"革""韋"成爲記號。後來把"革""韋"改爲"衤(衣)",變成了"襪",簡化爲"袜"。"襪""袜"的"衤",是意符。

3.2.2　給假借字增加意符,成爲形聲字。例如:

　　辟　《説文·辟部》:"辟,法也。"假借爲邪僻的"僻"。《孟子·梁惠王上》:"苟無恒心,放辟邪侈,無不爲已。"其中的"辟"無理據。"辟"加意符人組成"僻"是形聲字,從人辟聲,有理據。

3.2.3　有的字用於假借,失去理據,十分流行,而本義罕用。常在本字上增加意符,組成形聲字,表示本義。例如:

　　莫　《説文·茻部》:"莫,日且冥也。從日在茻中。"本指暮,借爲代詞後,另外增加日組成"暮"。"暮"是形聲字,從日莫聲,指旦暮的暮。
　　然　《説文·火部》:"然,燒也。從火,聲。"本指燃燒,借爲連詞後,另造加火的"燃"。"燃"是形聲字,從火然聲,表示燃燒。

3.2.4　漢字簡化時,把無理據字元改爲有理據字元。例如:

　　繁體字"態"裏的能是記號,簡化爲"态",成爲形聲字,從心太聲。
　　楷書"衆"是無理據字,簡化爲"众"是由三個"人"組成的會意字,有理據。

4. 結語

　　漢字是輔助漢語的重要交際工具。它不但在歷史上發揮了重要作用,在現實生活中也是不可缺少的工具,在可以望見的未來還要繼續使用下去。作爲語素文字的漢字既有優點又有缺點。漢字的優點主要有:和漢語的特點基本適應,是形音義的統一體,具有較强的超時空性;漢字的主要缺點是:字數繁多,結構複雜,缺少完備的表音系統。人們對文字工具的要求是易學便用。爲了使漢字做到易學便用,我們要發揚它的優點,克服它的缺點。如何克服漢字的缺點呢? 字數繁多,是語素文字從生下來就有的問題,不可能完全解決,只能適當解決。可行的解決辦法是減少異體字,實現漢字的分級定量。分級定量首先要區分活字和死字,現代漢字是活字,文言古語用字是死字。在現代白話文裏要適當限制文言古語用字的使用。其次要區分現代通用字和罕用字,適當限制罕用字的使用。簡化漢字,適當合併形近的字元,是緩解結構複雜切實可行的辦法。充分發揮中文拼音的作用,推行難字注音,可以緩解缺少完備表音系統帶來的困難。除了這些方面外,努力提高漢字的理據度也是發揚漢字優點、克服漢字缺點的一個方面。

漢字的形體包括字體和字形兩個方面。研究漢字理據的著眼點在字形,而不在字體。從字體説,甲骨金文帶有明顯的象形性。甲骨文的"目"像橫置的眼,"目"下加"人"成爲"見"。"臣"像豎置的眼。到了小篆整齊化,雖然保留了匀圓的線條,象形程度已經降低。隸變之後,小篆匀圓的線條改爲隸書平直的筆畫,距離象形更遠,但是從字的結構説,隸書楷書與小篆相比改動並不大,對於理據的影響也不明顯,理據度只降低了13%。正因爲隸變對理據的影響不很大,相反字體的改進對漢字的學習和應用帶來的方便十分明顯,所以受到社會的歡迎,取得了成功。再來看20世紀50年代的漢字簡化。漢字簡化並沒有改變漢字的字體,漢字用的依舊是楷書,改變的主要是字形。16畫的"龍"簡化爲5畫的"龙",效果十分明顯;而存在的問題也很明顯,主要的就是降低了漢字的理據度,理據度減少了20%。筆畫減少了自然容易書寫和閱讀,可是理據度降低了,又給學習和使用增加了困難。繁體字"農"雖然筆畫多,但是容易分解爲"曲辰農",簡化字"农"筆畫少了,但不便稱説不便分解。用同音代替的方法簡化漢字,既減少了筆畫數又減少了字數,可是降低了漢字的理據度。"衣、依、醫"三個字,人們單看字形就能分清它們的意義,衣是衣服的衣、依是依靠的依而醫是醫生的醫。同音代替的簡化字就做不到這一點。簡化字"不干"不依靠語境就無法分清是"不幹"還是"不乾"。由於簡化,一些常用字改變了結構,削弱了字形和字音字意的聯繫,這不能不影響到漢字教學的效率。

漢字經過幾千年的演變發展到現在,它的理據度只有60%左右,並不够高。這個數字説明現代漢字中有差不多40%的字,字形和字音字義的聯繫要靠死記。這對學習和使用都造成許多困難。能不能設法提高它的理據度,以提高學習和使用的效率? 很難。漢字有幾千年的歷史,有豐富的歷史文獻,在社會上有深遠的影響。漢字的構字體系不宜輕易改動。可是要減少筆劃,往往要改動字的結構,不改動字的結構是很難做到的。20 世紀 50 年代對漢字的簡化,只是局部的調整,至今反對的聲音依舊強烈。這裏面並不排除習慣勢力和各種其它因素的影響,但是只從理據度方面看就有一些值得研究的問題。

　　提高漢字的理據度也就是提高漢字學習和使用的效率。多年前就有學者提出了"新形聲字"的設計,但是這種設計很難推行。主要有兩個原因,一個是用這套新形聲字來記錄現代白話文並不方便,二是用來閱讀古籍也不適用:兩面都不討好。現在能做而且是必須做的,就是在漢字的整理和簡化時,要注意保護漢字的理據度,儘量使它不降低,最好能有提高。其實這個問題裘錫圭先生早就説過了。他説:"我們衷心希望在今後的漢字整理工作中,不要再破壞字形的表意和表音作用,不要再給漢字增加基本結構單位,不要再增加一字多音現象,不要再把意義有可能混淆的字合併成一個字。"(裘錫圭,1991)我們就用裘先生的這些話作爲本文的結語。

參考文獻:

[1]費錦昌、孫曼均《形聲字形旁表義度淺探》,《漢字問題學術討論會論文集》,語文出版社,
　　1988 年。

[2]裘錫圭《從純文字學角度看簡化字》,《語文建設》,1991 年(2)。

[3]蘇培成《現代漢字學綱要(增訂版)》,北京大學出版社,2001 年。

從假借的音讀條件談文獻解讀

李添富

（臺北　輔仁大學中文系）

1. 引言

　　相同的一份文獻資料，每因學者主觀見解不同而有不同的解讀。譬如《禮記·學記》："大學之教也，時教必有正業，退息必有居學。不學操縵，不能安弦；不學博依，不能安《詩》；不學雜服，不能安禮。"學者或讀作"時教必有正業，退息必有居。學，不學操縵，不能安弦……。""今之教者，呻其佔畢，多其訊言，及於數進而不顧其安。"則或讀作"呻其佔畢，多其訊，言及於數，進而不顧其安。"句讀不同，意義亦隨之而異，引述本文所欲達致的目的與結果也因而不同，致令後之學者不知所從。

　　昔時，本師陳伯元先生嘗與裘錫圭先生論及太炎先生《轉注假借說》："構造文字之耑在一字者指事象形形聲會意盡之矣"應當如何釋讀，是"構造文字之耑在一，字者，指事、象形、形聲、會意盡之矣"，抑或"構造文字之耑在一字者，指事、象形、形聲、會意盡之矣"。兩位先生對於這句話的句讀認定不同，但所主張的見解內容卻又相同，則是呈現文獻解讀可能出現的另一個問題。

　　依照許慎《說文解字》一書的說解，學者大多同意於六書假借應當具有音讀關係，然而段玉裁注《說文》時，卻提出假借也有不必具備音讀條件的理論。本字與借字間的音讀關係究竟如何？段氏的說法是否合理可信？其中是否涉及文獻解讀的問題？則爲本文所欲探討的課題。

2. 假借的音讀條件

許慎《說文解字・叙》云:"假借者,本無其字,依聲託事。令長是也。"竊以爲想要精確的掌握假借是否應具音讀條件,當從假借的定義及其示例著手。

2.1　假借的定義

《說文解字・叙》云:"假借者,本無其字,依聲託事。令長是也。"段注云:"託者,寄也;謂依傍同聲而寄於此。則凡事物之無字者,皆得有所借而有字。如漢人謂縣令曰令、長:縣萬戶以上令,減萬戶爲長。令之本義發號也,長之本義久遠也,縣令、縣長本無字,而由發號、久遠之義,引申展轉爲之,是爲叚借。①"瑞安林景伊先生依照許書和段注的說解,認爲所謂的假借"就是在紀錄語言時,因爲同音多同義的道理,借用已造出的同音文字代替未造出的文字。所謂本無其字,是表示語言上已有這種詞彙,可是文字的形體未曾造出;所謂依聲託事,是指紀錄語言時,依靠同聲音的文字,來寄託一下會說不會寫的意思。本無其字,是指字形言;依聲,是指字聲而言;託事,是指字義言。②"

然則可知假借本來只是一種無字依聲的變通辦法,但後世學者卻將所有因不察或疏失所造成的形義不相侔合現象,一併視爲假借。因此段玉裁《說文解字・叙》注云:"大氐叚借之始,始於本無其字,及其後也,既有字矣,而多爲之假借,又其後也,且至後代譌字,亦得自冒於假借。博綜古今,有此三變。③"

譬如:"縣令"的"令"與"令聞"的"令",一爲"官長之名",一爲"善良美好",雖與《說文》本義"發號也"的"令"字不同,但因都無本字,所以借用同音的"號令"字來紀錄"官長"、"美善"之義;"縣長"的"長"與"成長"的"長",一爲"官名",一爲"茁壯",也與《說文》本義"久遠也"的"長"字不同,亦因本無其字所以借用同音的"長久"字來紀錄"官長"、"成長"之義。這便是許君所謂"本無其字,依聲託事"的假借。後

---

① 段注本《說文解字》卷十五上 P764,臺北:洪葉出版社,2001 年。
② 林景伊先生《文字學概說》P182,臺北:正中書局,1971 年。
③ 段注本《說文解字》卷十五上 P764,臺北:洪葉出版社,2001 年。

來，明明已經有自己專屬的文字了，但在運用文字溝通情感，表達意志的過程中，忽然之間忘記所要表達意思或情感的文字形體，於是就借用一個同音的字暫時替代一下，譬如借"洒滌"的"洒"字權充一下"灑掃庭除"的"灑"字、借"軍炊"名的"炊"字暫時替代一下"魯國衛國"的"魯"字。陸德明《經典釋文・序錄》引用鄭玄的說法，說他們是"其始書之也，倉卒無其字，或以音類比方假借爲之，趣於近而已。①"的同音替代情形。除此之外，像以"憂"爲"慁"、以"塞"爲"窘"、以"但"爲"袒"一類，在他書尚可以託言假借，在明定必須依照本形本義説解文字的《説文解字》書中，只能算是錯字的例證，段玉裁也都放寬標準，一概列入假借的範疇，理由無他，就只因"憂"與"慁"、"塞"與"窘"、"但"與"袒"都具有音讀近似的關係罷了。

2.2　假借的音讀條件

《説文解字・叙》云："假借者，本無其字，依聲託事。令長是也。"明白指出，構成假借的條件，至少要有兩個，一是"本無其字"，另一個則是"依聲託事"。段玉裁在解釋假借時，開宗明義的說："叚借者，古文初作而文不備，乃以同聲爲同義。叚借兼主聲，猶形聲也。"對"依聲託事"的解釋是"謂依傍同聲而寄於此。"已經點出兩者之間的同聲關係；進而提出："故爲之依形以説音義，而製字之本義昭然可知；本義既明，則用此字之聲而不用此字之義者，乃可定爲假借；本義明而假借亦無不明矣。"更是再一次明確的强調本字與借字之間的音讀關係。

至於本字借字之間的音讀關係如何？段玉裁在注解《説文解字》時，總是一而再，再而三不厭其煩的提出。譬如：

《説文・一部》："丕，大也。从一不聲。"

段注："敷悲切，古音在第一部。鋪怡切。丕與不音同，故古多用不爲丕，如不顯即丕顯之類。於六書爲假借。凡假借必同部同音。"

案：丕，滂母 24 之部；不，幫母 24 之部。二字古聲旁紐，古韻同部，可相

---

① 陸德明《經典釋文・序錄・條例》P2，臺北：鼎文書局，1975 年。

假借①。

又如：

　　《説文‧巾部》："帥，佩巾也。从巾𠂤聲。帨，帥或从兌聲。"

　　段注："今音稅，此二篆今人久不知爲一字矣……佩巾本作帥，假借爲率也。鄭曰：今文帨，古文作説。是則帥、率、帨、説、㪍、刷六字古同音通用，後世分文析字，帨訓巾，帥訓率導、訓將帥，而帥之本義廢矣。率導、將帥字在許書作達、作衞而不作帥與率。六書唯同音叚借之用最廣。"

　　案：就段氏古韻 17 部標準而言，六字全屬 15 脂部；以唐宋中古聲母而言，帥、率、㪍、刷屬疏母；帨、説屬審母；疏母、審母皆屬正齒清音，謂之同音，似乎可以説之以音理。但就本師陳先生考定而言，帥、率同屬心母 8 没部；帨、説並同透母 2 月部；㪍、刷則皆爲心母 2 月部。帥、率聲韻畢同，可相假借；帨、説聲韻畢同，可相假借；㪍、刷聲韻畢同，亦可相假借。帥、率與㪍、刷，聲同韻近，可相假借；帨、説與㪍、刷，韻同聲異，亦可相假借；但謂六字同音通用，則未盡吻合；帥、帨聲韻畢異，謂之同音，更是不宜。段氏所以有今人不知此二篆爲一字的感歎，除了帥字被借爲率字使用之外，或許二字音讀不盡相同，也是原因之一②。不過就段氏"帥假借作率"以及鄭玄"帨古文作説"的説解而言，兩兩同音相假借，則是不爭之事實。

再如：

　　《説文‧口部》："嗔，盛气也。"

　　段注："門部曰：闐，盛皃。聲義與此同。今《毛詩》：振旅闐闐。許所據作嗔嗔。《玉藻》：盛氣顚實。注云：顚讀爲闐，盛身中之氣使之闐滿。《孟子》填然鼓之。是則聲同得相假借也。古音陳，今俗以爲謓恚字。"

---

① 本文古聲、古韻分析標準，悉以本師陳伯元先生《古音研究》爲據；至於是否合於假借之音讀條件與限制，則以黃季剛先生《求本字捷術》爲依歸。

② 帥、帨二字重文卻聲韻畢異，確有疑義。或許書説解有誤，或今人古音系統考求未盡周備，有待商榷。

案：嗔、闐、填三字並皆定母6真部，聲韻畢同；顛字端母6真部，與嗔字古韻同部而聲母旁紐，音讀仍然切近，因此段氏得有聲同得相假借的主張。又從段氏《古諧聲說》"一聲可諧萬字，萬字而必同部，同聲必同部"的理論，可以推知此處所謂的聲同，指的應該是諧聲偏旁的相同，而非聲母或整個字音的相同。

又如：

《説文・曰部》："曰，詞也。"

段注："詞者，意内而言外也，有是意而有是言，亦謂之云，云、曰雙聲也。《釋詁》：粵、于、爰，曰也。此謂《詩》、《書》古文多有以曰爲爰者，故粵、于、爰、曰四字可互相訓，以雙聲疊韻相假借也。"

案：曰，匣母2月部，云，匣母9諄部；粵，匣母2月部；于，匣母13魚部；爰，匣母3元部。不只曰、云二字雙聲，其實曰、云、粵、于、爰五字古音同屬匣母，至於韻部相同的則只有曰、粵二字而已。因此可以推知段氏所謂"雙聲疊韻得相假借"者，在於本字與借字之間的音讀關係，或者雙聲，或者疊韻，並非二者既屬雙聲而又疊韻。

又考：

《説文・水部》："洒，滌也。从水西聲。古文以爲灑埽字。"

段注："凡言某字，古文以爲某字者，皆謂古文假借字也。洒、灑本殊義而雙聲，故爲假借。凡假借多疊韻，或雙聲也。"

案：洒，心母4脂部；灑，心母1歌部。聲同韻近，可相假借。段氏舉洒、灑雙聲假借爲例，而云："凡假借多疊韻，或雙聲也。"當屬舉一以例其餘之例。而這個例證，正好可以作爲前述粵、于、爰、曰四字"以雙聲疊韻相假借"的音讀關係之補充説明。

由上述可知，段氏認爲本字與借字之間的音讀關係，或者同音，或者雙聲、或者疊韻，而且都無不可。不過，如果再進一步的察考，我們可以發現，其實在同音、雙聲與疊韻之間,段氏似乎有著優先次第的考量。《六書音韻表‧三‧古異部轉注假借說》云:"六書假借,以音爲主,同音相代也。轉注以義爲主,同義互訓也。作字之始,有音而後有字,義不外乎音,故轉注亦主音。假借取諸同部者多,取諸異部者少。轉注取諸同部異部者各半。十七部爲假借轉注之維綱,學者必知十七部之分,然後可以知十七部之合,知其分然後知其合,然後可以盡求古經傳之假借轉注而無疑義。"又云:"《方言》如萌糵之糵,秦晉之間曰肆;水火之火,齊言曰燬;此同部轉注假借之理也;如關西曰迎,關東曰逆;荆交之鄙,謂淫曰遥;齊魯之間,鮮聲近斯;趙魏之東,實寔同聲,此異部合韻之理也。"今考:

> 糵,疑母 2 月部;肆,定母 2 月部。韻同聲異。
> 火,曉母 7 微部;燬,曉母 7 微部。聲韻畢同。
> 迎,疑母 15 陽部;逆,疑母 14 鐸部。聲同韻近①。
> 淫,定母 28 侵部;遥,定母 22 覺部。聲同韻異。
> 鮮,心母 3 元部;斯,心母 24 之部。聲同韻異。

經由這些例證,段氏除了強調假借以音爲主、同部者多的理念之外,更舉例說明即使方言俗語的替代假借,仍然存在音讀切近的關係。只是段氏雖然強調假借取諸同部者多,但所舉例證卻多屬雙聲,與黃季剛先生《求本字捷術》主張雙聲優於疊韻的看法相近。有關假借音讀切近之層次關係究竟如何?學者多有論述,可作更進一步的察考,但不管如何,假借必須具備音同或音近的音讀條件,卻是無庸置疑。據此,我們可以更爲明確的知道,段玉裁所以認爲假借有三變的原因無他,不論倉卒無其字或是後世譌字的替代,都和本無其字的令、長一樣,本字與借字之間,具有雙聲、疊韻或者同音的音讀關係。

2.3　假借音讀關係的正例與變例

　　雖然段玉裁不遺餘力的闡明本字與借字之間必須存在音讀關係,甚至放寬標準讓後世自冒於假借的譌字都納爲假借,在《説文解字》中卻還有許多找不到音讀

---

① 　陽、鐸二部陽入相承,亦可視爲廣義同部。

關係的例證。也因而有了假借不必具有音讀關係或者無法依據音讀關係推求本字的情形。譬如:《說文·言部》:"諓,問也。"段注:"按言部曰:識,驗也。竹部:籤,驗也。驗在馬部爲馬名,然則云徵驗者,於六書爲假借,莫詳其正字。今按諓其正字也,諓訓問,與試驗、應驗義近,自驗切魚空,諓切息廉,二音迥異,尟識其關竅矣。"今考《廣韻·平聲·鹽韻》:"諓,七廉切,諓詖。"清母鹽韻;又《廣韻·上聲·琰韻》:"諓,虛檢切,諓詖。《說文》息廉切,問也。"心母琰韻;《廣韻·去聲·釅韻》:"驗,魚空切,證也、徵也、效也。《說文》云:馬名也。"疑母釅韻。就中古音讀而言,二字聲韻畢異,音讀相去稍遠。所以段氏有二音迥異,尟識其關竅的慨歎。如果就上古音讀而言,三者聲母雖則清、心、疑不同,韻部卻同從僉聲 30 添部,可相假借。換言之,諓、驗之間並不存在假借二字不具音讀關係的問題。

　　至於像屮艸、疋足、亏亐一類的例證,相對之下,就比較不容易驗證了。《說文·屮部》云:"屮,艸木初生也。象丨出形,有枝莖也。古文或以爲艸字。"段注:"凡云古文以爲某字者,此明六書之叚借。……皆因古時字少,依聲託事。"又云:"至於古文以屮爲艸字,以疋爲足字,以亏爲亐字,以ㄈ爲訓字,以臭爲澤字;此則非屬依聲,或因形近相借,無容後人效尤者也。"許書既已明言假借必須"依聲託事",段注也信誓旦旦的指出假借必須"同部同音",豈能容許不具音讀關係的假借字例?以下謹試分析此類不具音讀關係的假借字例,期能提出合理的說解。

2.3.1　不具音讀關係的變例

　　(1)《屮部》:"屮,艸木初生也。象丨出形,有枝莖也。古文或以爲艸字。讀若徹。凡屮之屬皆从屮。尹彤說。"

　　案:屮,透母 2 月部;艸,清母 21 幽部。二字聲韻畢異,依例不能假借。今考段注云:"上言以爲,且言或,則本非艸字。當何讀也,讀若徹,徹,通也,義存乎音,此尹彤說。尹彤見漢人艸木字多用此,俗誤此爲艸字,故正言之,言假借必依聲託事,屮艸音類遠隔,古文假借尚屬偶爾,今則更不當也。"又云:"(尹彤說)三字應在凡屮上,轉寫者倒之。凡言某說者,所謂博采通人說也,有說其義者,有說其形者,有說其音者。"依段注可知,艸字本不當作屮,只是漢人偶有書作屮者,俗誤以爲屮即艸字,所以引而正之。然則,艸字書作屮者,應係俗書形譌,而非假借,因此兩者之間沒有音讀關連。

　　(2)《疋部》:"疋,足也。上象腓腸,下从止。《弟子職》曰:問疋何止。古文以爲

《詩·大雅》'大雅'字,亦以爲足字。或曰胥字。一曰:疋,記也。"

案:疋,心母13魚部;雅,疑母13魚部;胥,心母13魚部:足,精母17屋部。疋、胥聲韻畢同,疋、雅韻同聲異,皆可相假借。疋、足二字,韻部不同而聲母旁紐,就黄季剛先生《求本字捷術》標準而言,二字音讀關係確實稍遠,段玉裁注云:"此則以形相似而假借,變例也。"今考《説文·足部》云:"足,人之足也。在體下,从口止。"段注:"依《玉篇》訂。口猶人也。舉口以包足已上者也。齒,上止下口;次之以足,上口下止;次之以疋,似足者也;次之以品,从三口。今各本从口,非也。"段注依《玉篇》改各本"从止口"爲"从口止",以爲"口猶人也,舉口以包足已上者"。徐鍇《繫傳》則以爲"口,象股脛也"。《説文職墨》則舉王筠《説文釋例·存疑》爲證云:"古蓋無足字,但有止字,止即象足形。王《釋例·存疑》曰:'上象足指,下象足跟,右上作㇀者,足掌長而指短,然不能畫其掌於下,故屈一筆以見意,謂足指止於是耳。'説甚精。是止者即足字也,而足者實即疋字也。疋部:疋,古文亦以爲足字。古文以爲足字者,古文以爲止字也。"然則可知足、疋、止三字皆象足形而無别,許君疋古文亦以爲足字的意思,應與假借無關,甚至不屬於段氏所謂的假借變例,是以二字音讀相去甚遠而無關連。

(3)《丂部》:"丂,气欲舒出,ㄅ,上礙於一也。丂,古文以爲亏字。又以爲巧字。"

案:丂,溪母21幽部;亏,匣母13魚部。二字聲韻畢異,依例不能假借。

今考《亏部》云:"亏,於也。象气之舒亏,从丂从一,一者,其气平也。"段注:"气出而平,則舒于矣。"又注丂字云:"亏與丂音不同而字形相似,字義相近,故古文或以丂爲亏。"依段注可知,亏、丂之混用,蓋以形、義之相近而非音讀之關連。又《説文解字部首箋正》云:"(丂)指事也,ㄅ,象气欲舒,一在其上,所以礙之不得舒出也。……此篆説殊曲,古文一在上爲天,爲天光下行,气舒于也,故曰以爲亏字。丂與亏,古今字,亦古从一者篆文皆从二之例。"按示,古文作𠀚;帝,古文作帝,似與其説相合,然則所謂"古从一者篆文皆从二"者,聊備一説可矣。只是丂亏二字並非假借關係則甚明。

(4)《人部》:"倂,送也,从人弅聲①。吕不韋曰:有侁氏以伊尹倂女。古文以爲訓字。"

① 《正字通·人部》:"倂,俗作侇。"

案：倎，定母 26 蒸部；訓，影母 9 諄部。二字聲韻畢異，依例不能假借。因此段玉裁引《檀弓》"杜蕢洗而揚觶"注"媵爲古文揚字"云："訓與倎音部既相距甚遠，字形又不相似，如疋足、屮艸、丂亐之比。今按訓當作揚，由揚譌詠，復譌訓，始則聲誤，終則字誤耳。"《說文假借義證》則以爲："案媵與揚音轉，《漢書‧揚雄傳》注：騰，舉也。或媵爲騰之假借，遂以義通揚與。至此云古文以爲訓字，段遽定訓乃揚之譌，未的。惟胡墨莊云：媵讀爲揚者，《釋名》：媵，承也。承與繩通。《詩‧抑》：子孫繩繩，《韓詩外傳》作承承，繩本蠅聲，《方言》：蠅，東齊謂之羊。郭注：今江東呼羊聲如蠅。讀媵爲揚，此其聲例也。然則媵可通揚，而騰亦借媵。古人字義展轉通借，非博考即茫如矣。"今考：倎、媵、騰、承、繩、蠅，並同定母 26 蒸部；羊、揚則屬定母 15 陽部。或者聲韻畢同，或者聲同韻近，皆可互相假借，因此朱氏的說解雖然複雜煩瑣，卻又展轉證明段氏的推論可通。至於洪頤煊《讀書叢錄》以爲："訓與送義不相近，訓當是引之譌。《周禮‧春官‧瞽矇》鄭注：無目眹謂之瞽。《釋文》：眹，本作眹。眹眹同聲，訓引又因字形相近而譌。"訓、引字形相近之說，容有更進一步商榷的餘地；至於二字的音讀，由於《說文》未收眹、眹二字；只能借助《廣韻》上溯，今考：眹，《廣韻‧上聲‧軫韻》直引切，澄母三等，古音定母 6 真部；眹，《廣韻‧上聲‧軫韻》直引切，澄母三等，古音定母 26 蒸部；二者今音相同，古音則因聲符不同而異部，尚稱切近。只是洪氏之說，稍嫌主觀，而且古今音讀相涉淆亂，未必是爲的論，但不同意於《說文》"倎，古文以爲訓字"的立場，則與段、朱並無不同。

(5)《大部》："臭，大白也。从大白。古文以爲澤字。"

案：臭，見母 19 宵部；澤，定母 14 鐸部。二字聲韻畢異，依例不能假借。段注云："叚借多取諸同音，亦有不必同音者。如用臭爲澤，用丂爲亐，用屮爲艸之類。"又云："又按澤當作皋，古澤睪皋三字相亂。皋者，气臭（皋）白之進也，皋臭義相近音同。[①]"皋，古音見母 21 幽部，與臭字聲同韻近，可相假借。《說文解字校錄》云："澤，當是皋，皋俗作皐，與睪相近，漢時已混。故馬伏波上書辯城皋令印有白下羊、四下羊之異。"《說文解字義證》亦云："古文以爲澤字者，澤當爲皋。隸體皋作皐，故誤爲澤。馬伏波所謂四下羊者，即睪字；所謂白下人，人下羊者，變臭爲皋。"考段注皋字云："皋有訓澤者，小雅鶴鳴傳曰：皋，澤也。澤與皋，析言則二，統言則一。左傳鳩藪澤，牧隰

---

① 《玉篇‧白部》："皐，同皋。"

皋並舉，析言也；鶴鳴傳則皋即澤。澤藪之地，極望數百沆瀁皛溔，皆白气也，故曰皋。"然則可知，由於臭與皋音義相近，可相假借；皋或作臯，與罜形體近似而譌作罜；復以皋有澤藪義、澤字從罜聲，於是混淆臭、皋、罜、澤，而有臭古文以爲澤字之説。換言之，所謂"臭，古文以爲澤字"的説法，也只是由於字形相近淆亂的誤解而已。

2.4　尹桐陽的六書叚借定律

尹桐陽《六書叚借之定律》云："説文説解中，有言古文以爲者，又有言以爲者。所言古文以爲者，即所以明叚借之必依聲也；……言以爲者，則皆非依聲之叚借，不過因人習用而難驟改，故仍舊存之焉爾。如來，周所受瑞麥，來，麰也，而以爲行來之來；……凡六者，依聲叚借之例外也。"尹氏以爲許書言"古文以爲"者，屬於依聲託事之例；凡云"以爲"者，則不具音讀關係，其説與歷來學者考證所得大相逕庭。案古文以爲五例，大抵屬於形譌或者展轉引用造成之淆亂，二者之間不具音讀關係，如上文所述。至於來、烏、朋、子、韋、西等《説文》以爲六例，由於終古未製正字，本字與借字之間的音讀關係，無從依其形體論斷，若從本義與借義推論則爲：

　　麥（麰也），明母 25 職部；來（行來），來母 24 之部。韻同聲異①。
　　烏（孝鳥），影母 13 魚部；於（於戲），影母 13 魚部。聲韻畢同。
　　鳳（神鳥），並母 28 侵部；朋（朋黨），並母 26 蒸部。聲同韻近②。
　　子（滋生），精母 24 之部；子（人偁），精母 24 之部。聲韻畢同。
　　韋（相背），匣母 7 微部；韋（皮韋），匣母 7 微部。聲韻畢同。
　　棲（棲息），心母 4 脂部；西（方位），心母 4 脂部。聲韻畢同。

　　各字間之音讀關係均甚相近，且都合於黃季剛先生《求本字捷術》的假借音讀條件限制；不知尹桐陽所據爲何？

---

① 之部、職部陰入相承，屬廣義韻部相同。
② 段注："六部、七部音最相近。故朋在六部蒸登韻，小篆鳳入七部侵韻也。"

3.結論——文獻解讀的意義與效用

就假借"本無其字,依聲託事"的定義而言,本字與借字之間的音讀關係,屬於必要條件應是毋庸置疑的,然而像段玉裁這樣的《說文》專家,卻也提出不必具有音讀關係的假借現象來。雖然在說解的過程中,段氏不只一次的說這種不必具有音讀關係的假借現象,或者由於形近相借,無容後人效尤,卻也沒有明確的將他們排除在假借的範疇之外。這一點,與只有讀如、讀若、讀與某同而沒有讀曰、讀爲,凡說解文字必依本形本音說解文字本義的《說文解字》一書而言,似乎是未盡精審的。至於像尹桐陽與一般說解大異其趣的說解,更是令人難以知其所以。

在紬繹段注列舉的幾則不具音讀關係的假借字例,並臚列尹桐陽《說文》以爲六個字例的音讀關係後,我們可以明確的得知:《說文》書中所有的假借現象,本字與借字之間,都存在著甚爲切近的音讀關係;凡是表面上看來好像假借卻又不具音讀關係者,經由縝密的文獻資料比對、分析與驗證,大抵可以察知或者形義相近而混用,或者只以形體相近而淆亂,皆非真正的假借。

在透過以假借音讀條件要求的考察下,我們可以明確的知道,造成說解不一或者矛盾自陷的情形,大多肇因於學者的文獻解讀問題。換句話說,如果大家都能精確解讀文獻的話,大部分的爭議都可以獲得合理的解決,也就是說精審的文獻解讀與運用,對學術理論的探求與考辨,具有一定的意義與價值。反之,如果未能正確而精審的明辨引述文獻史料,譬如引尹桐陽的說法來界定假借之是否應該具有音讀關係,不僅不能求得正解,反而會有治絲益棼的困擾。

參考文獻:

[1]陳新雄《訓詁學》,臺北:學生書局,1994 年。

[2]陳新雄《古音研究》,臺北:五南圖書,1999 年。

[3]丁福保《說文解字詁林》,臺北:鼎文書局,1983 年。

[4]李添富《假借與引申》,臺北:《王靜芝先生七十壽慶論文集》,1983 年。

[5]李添富《黃季剛先生求本字捷術的音韻層次》,臺北:《陳伯元先生六秩壽慶論文集》,1994 年。

[6]林尹《文字學概說》,臺北:正中書局,1971 年。

[7]王初慶《曙青文字論叢》,臺北:洪葉文化,2009 年。

本字論 *

呂　浩
（上海交通大學人文學院）

漢語言文字學領域不少傳統概念值得學界深入研究，本字就是其中之一。在四庫全書電子版中檢索"本字"，檢索結果950餘處，但其中絶大部分不是我們要查找的"本字"這個術語的用例，而是"……版本字作……"或"……本《字林》"。今移録幾例"本字"術語用例如下：

1. 逢姓者，蓋出於逄蒙之後，讀當如其本字，更無别音。今之爲此姓者自稱乃與龐同音。（《匡謬正俗》卷八）

2. 或問曰：愚陋之人謂之鄙人，何也？荅曰：本字作否。否者，蔽固不通之稱爾，音與鄙同。《詩》云：嗚呼！小子，未知臧否。匪面命之言提其耳。臧者，善也。否者，惡也。故以相對。（《匡謬正俗》卷八）

3.《説文》：胑，體四胑也。……胑乃肢本字。（《别雅》卷一）

4. 蒴榘，規矩也。……榘，矩本字。（《别雅》卷一）

5. 須即鬚本字也。（《别雅》卷一）

6. 唬乃啼本字。（《别雅》卷一）

7. 罌又罌本字也。（《别雅》卷二）

8.《説文》：導，禾也。司馬相如曰：導，一莖六穗。……許氏多取其説，此導字特引相如，則知封禪本作導。《漢書》導字或傳寫之誤爾。……按導字本

---

* 教育部人文社會科學研究"新羅金石文綜合研究"（12YJA740053）項目資助。

訓引,無擇義。漢少府導官主擇米。以導爲擇,必漢時之通語,特相如識其本字宜爲糵耳,後遂通作導。(《字詁》)

9.佋,《説文》以此爲昭穆之昭。……佋既有本字,何經傳史集並作昭,佋字曾不一見? 蓋此即晉人所作之字而竄入《説文》者。(《字詁》)

例1逢字,從辵夆聲(《説文》作峰省聲)。讀如本字,即讀如相遇義之逢本音,而非音龐。例2認爲鄙人之鄙是假借用法,本字當作否。例3肕字爲《説文》正體,胑字是《説文》或體。例3中"本字"用意同正字。《説文》:"巨,規巨也。從工,象手持之。榘,巨或從木矢。"段玉裁注:"今字作矩,省木。"可知規矩字正字作巨,或體作榘,矩爲後世簡俗字。例4以《説文》或體爲本字。例5須原本鬍鬚義,後借以表示必須義,又造鬚字表示鬍鬚義。則須爲鬍鬚義本字,鬚亦鬍鬚義本字。須可以看作古本字,鬚看作後出本字或後起本字。《説文》:"嗁,號也。"段玉裁注:"嗁,俗作啼。"例6的"本字"用意亦同正字。《廣雅·釋詁》:"𨊠,遷也。"王念孫疏證:"隸省作𨋓。"例7的"本字"用意亦同正字。例8擇米義本字作糵,用導字則爲假借用法。《説文》:"昭,日明也。"用作昭穆義爲假借用法,昭穆義本字作佋。

通過以上分析可知,傳統語言學文獻中"本字"的用意或與假借用法相對,或用同正字,與或體、俗字、隸省字相對。作爲術語,"本字"的這兩種用意存在一定的交叉矛盾之處,如例4以《説文》或體爲本字,例3以《説文》或體爲非本字,例5兩個都是本字,例6啼字雖是俗字,但表示"號"義也並不是假借用法。這使得"本字"這個術語在傳統文獻中的用法先天不夠科學。

《中國大百科全書·語言文字卷》(以下簡稱《語言文字卷》)"本字"條下說:

也稱正字,指直接爲表示某一詞義而造的漢字,與通用的假借字不同。表示詞的本義的字稱爲本字,不表示本義的稱爲假借字。就字形來看,可分爲兩類:甲類本字與假借字同爲一字。如"女"本義指女人,又借用指第二人稱(汝),後一用法的"女"是假借字,而用於本義的"女"是本字。乙類本字與假借字是兩個字。如"湄"本義指水草之交的岸邊,這個意義古籍有時借"麋"來表示。《詩經·小雅·巧言》:"彼何人斯,居河之麋"。"麋"是假借字,"湄"是本字。

甲類在漢字發展中,本字與假借字可發生轉換。有兩種轉換,一種是假借義通行，本義另造字。如"然"本義指燃燒，假借用作代詞等，本義另造"燃"。"然"是"燃"的古本字，"燃"是"然"的後起字。另一種是假借義另造字。如"祭"本義指祭祀，假借指地名，後造地名字"鄒"，"鄒"是後起本字。"祭"和"鄒"處於不同的時間層次上，它們是古字與後起字的關係。有些本字後來廢棄不用。一種是古本字，如"亞"爲亞塞字，"湮"爲湮没字，後來"亞"字不用，而另造"堙"字。另一種是後起本字。如"率"本義指捕鳥器，假借用指率領。這個意義造"衛"字，但未得流傳。一些有復古主義思想的人認爲凡本字都應該是通行的字。他們提倡寫這些已廢棄不用的字。這種主張違反了文字約定俗成的原則。

確定本字有賴於正確分析字形結構，找出字的本義。……

《語言文字卷》的説解較爲詳細，條理也很清晰。但仔細推敲，還是有些問題不得不提出來討論：

第一，本字與正字的關係值得探討。先説正字，它歷來與俗字相對，南北朝至隋唐的字書中無不如此。儘管《干禄字書》中還有"通"字，但基本改變不了正俗相對的面貌。我們就舉《干禄字書》裏的例子。《干禄字書》："盜盜……上俗下正。"又："耄耄，上通下正。"如果從上文分析的結果之一"本字與簡俗字相對"出發，則《干禄字書》這兩條就顯得很尷尬。因爲"盜"是"盜竊"義本字（從次在皿上），盜則是簡俗字；耄爲耄耋義本字（從老毛聲），耄則是簡俗字。《干禄字書》此處爲什麼不以本字爲正字呢？原因是正字與俗字相對，在不同的時代，正俗會有變化，原先的俗字到了後代可能會成爲正字，反之亦然。而本字與假借字的關係不會隨著時代的變化而變化。如然字，它原本是燃燒義的本字，後借爲代詞用法，又造了燃字表示燃燒。這仍然没有改變"然"作爲燃燒義的本字地位，只是相對於後起本字"燃"而該稱爲古本字而已。即然（燃燒義）是本字，然（代詞用法）是假借字，它們是兩個字，但字形相同，因而稱爲同形字。代詞用法的然就是在燃字出現後也仍然是假借字，並不會轉變成爲本字。而燃燒義的然就是在燃字出現後也仍然是本字，並不會轉變成爲假借字。[①] 所以，本字是與假借字相對的概念，而正字是與俗字相對的概

---

① 象然、燃這樣的例子並不少見，如"晶"原本是天上星星的本字，後來"星"表示這個意義。"止"是腳趾的本字，後來"趾"表示這個意義。"莫"是傍晚義的本字，後來"暮"表示這個意義。

念,假借字與俗字顯然没有太大關係,本字與正字也必然不是一回事。

第二,以"直接爲表示某一詞義而造的漢字"來定義本字也不夠妥當。較爲通行的認識是,漢字相對於漢語來説出現的晚,在漢字出現的時代,漢語中的詞並不一定一詞一義。换句話説,在漢字還没出現時,漢語裏的詞至少是部分詞很有可能已經是多義詞了(包括本義、引伸義等義項),那麽直接爲某一詞義造字的表述不夠準確。再例如爲第一人稱這個詞義造字,造了什麽呢? 造出了"我"字,這個"我"顯然不是本字,而是假借字。

第三,"通用的假借字"這個説法也值得推敲。是指通假呢? 還是別的什麽? 聯繫後面的話我們才有些明白,甲類的假借字實際上是"六書"假借字,而乙類的假借字實際上是古漢語通假用法而已。"六書"假借與通假用法是兩個不同的概念(説詳下文),以"通用的假借字"概括似有不妥之處。

第四,"表示詞的本義的字稱爲本字,不表示本義的稱爲假借字。"這句話的前半句問題不大,可後半句又成了問題。且不説本義有的難以確定,還有引伸義這個概念存在,那麽表示引伸義的字是假借字嗎? 例如"長"字,字形表現爲人的鬚髮長,空間上的長可能算作本義,還有時間上的長呢? 它能否成爲假借字? 答案不待言。

第五,"本字與假借字同爲一字"的提法我們是不同意的,我們認爲這樣的情況屬於同形字。同形字是不同的字有一樣的字形而已。與之相對的是異形字,是指同一個字有著不同的字形。

第六,"本字與假借字可發生轉换"的提法也不確。所舉的"然""燃"、"祭""郕"並没有發生本字與假借字轉换的情況。這個問題我們在第一點裏已説的很明白。

本字是什麽? 我們認爲,本字是指字形與詞義有較爲直接聯繫的字,或者説本字在字形與詞義上能够統一,本字能够體現一定的造字理據。《語言文字卷》"本字"條下"確定本字有賴於正確分析字形結構"的話是正確的。例如"强"字,正確的字形結構分析是《説文》分析的"從蟲,弘聲",是米中小黑蟲的本字,作爲强大義則是假借字。又如"集"這個字形表示漢語中聚集的集這個詞,籀文字形原本爲木上三隹(木即是樹,三爲多數),《説文》解作"群鳥在木上也"。群鳥集於樹上是個較爲具體的意象，卻能表現聚集這樣高度抽象的概念，這是漢語與漢字矛盾運動的結果。① 漢字"集"與聚集義有著較直接的聯繫，"集"是漢語中聚集之集的本字。

　　本字也有先後問題，有古本字和後起本字的區別。後起本字有爲本義而造的，如"莫"本義指日暮，後借用作否定詞，爲本義又造"暮"字。"或"本義指國家，後借用作有的人義，爲本字又造"國"字。"益"本義是水從器皿中溢出，引伸義爲增益、利益等，爲本字又造"溢"字。後起本字更多的是爲某個詞語的引伸義而造，如"取"字形義是取敵之耳，本義爲獲取，引伸義表示娶妻，後造"娶"字表示這個引伸義。在漢字發展史上，有的本字後來廢棄不用，反而假借字取得了通行地位。如"淨（音chéng）"原本是春秋時魯國都城北城門外護城河的名字（也用作北城門的名字），"瀞"是乾淨義的本字，今用"淨"表示乾淨義，而"瀞"廢。"艸"是百草的本字，"草"是"草斗，櫟實也"義的本字，今草行而艸廢。"毬"是"鞠丸"（今球）的本字，"球"原本爲"玉聲"義本字，今球行而毬廢。可以說，淨不是乾淨義的本字，草不是百草義的本字，球也不是鞠丸義的本字。

　　但是，漢字發展史上的字際關係往往較爲複雜。如《説文》："瀾，大波曰瀾。"收或體字"漣"。則表示"大波"的"瀾"是本字，"漣"也應算作本字（瀾、漣本爲同一個字的不同形體，即異體字）。而《玉篇》則以"瀾"、"漣"爲兩個字："瀾，力安切。大波曰瀾。""漣，力纏切。淚下貌。"瀾還是大波義的本字，而漣卻成了淚下貌義的本字。這種變化是由於聲符字音的變化而造成，"闌"和"連"上古同音，皆"來"母"元"韻；中古音則"闌"屬寒韻，"連"屬仙韻，已經出現了洪細之分。象這樣的情況，光靠正確分析字形結構來判斷是否本字往往難以做到。

　　本字是與假借字相對。假借有兩種：一是"六書"假借，另一是通假用法。前者如"舍"這個字形表示房舍義時，是本字；但當"舍"表示捨棄義時，是假借字（中古以後出現的"捨"字是捨棄之舍的本字）。後者如《詩・小雅・巧言》："彼何人斯，居河之麋。"這裏的"麋"（表示河岸）是"湄"通假用法。清代學者運用"因聲求義"的辦法破除通假、尋求本字與此一致。在現代漢語裏，少部分詞語中仍然在使用通假用法

---

① 語言中的概念往往是抽象的，而漢字字形是具體的。用具體的字形表現抽象的概念，只能將抽象的概念具體化。抽象的概念具體化可能會產生不同的具體側面，這也是漢字存在異體字的原因之一。如"逐"是個抽象的概念，具體化就是追逐的主體和客體的具體化，可以是逐猪，也可能是逐鹿，因而遾、逐成了異體字。

的假借字。如帳册、袪痘、力葆青春中的帳、袪、葆。帳從巾，爲蚊帳之本字，帳册本字當作賬。《集韻》：“袪，襀卻也。”即通過祭神以求免禍，詞義與“袪痘”不够統一。《説文》：“葆，草盛貌。”詞義與“力葆青春”也不統一。實際上，通過破除通假而求得的本字在字形與詞義上往往能够統一。也就是説，儘管假借有兩種，但並不影響本字概念的内涵和外延。

本字的這些屬性應該通行於整個漢語言文字學領域，但方言研究中對於方言本字這個術語的運用就有些問題。

《現代漢語詞典》：“一個字通行的寫法與原來的寫法不同，原來的寫法就稱爲本字。如‘掰’的本字是‘擘’，‘搬’的本字是‘般’，‘喝’（喝酒）的本字是‘欲’。”①這個本字的説解有些奇怪，語言學史上運用“本字”術語從來没有如此含義的例子。“原來的寫法”是指什麽？是甲骨文時代的寫法？況且寫法不同的文字學術語叫異寫，《現代漢語詞典》所舉的幾個例字都不是異寫字，充其量算是異構字。② 再有“通行的寫法”也没有時代屬性限定，把不同時代的漢字所表現出來的字際關係放在一個共時層面看待就會陷入重重迷霧。譬如這裏的“般”與“搬”字，《説文》：“般，辟也。”旋轉之義。《玉篇》：“般，運也。”《正字通》：“搬，擘之重文，今俗音般，作搬移字。”《説文》：“擘，擘攦，不正也。”這幾個文獻資料反映了般、搬的複雜關係：《説文》時代，般（旋轉）與擘（手不正）是完全不同的兩個字。搬後來是作爲擘的異體字出現的，再後來卻被俗用作搬移字。《玉篇》“運也”義是《説文》“辟也”義的引伸義。可見語言文字的時代烙印是多麽深刻。更有異體字現象，如果把異體字跟“一個字通行的寫法與原來的寫法不同”結合起來看，還會得出我們想要説的“本字”嗎？可能正是類似《現代漢語詞典》這樣的不太科學的本字界定，才導致了“方言本字”這個術語使用的不够科學。這一點在方言本字的考證實踐中已表現出來。

方言本字的考證往往是“結合音義兩方面”③來考證的，在實際考證時音讀佔據了極大的權重，而且考證的材料依據是《廣韻》《集韻》《玉篇》等傳世文獻。④ 以下是王福堂在《方言本字考證説略》對蘇州話“伏”的考證：

---

① 中國社會科學院語言研究所詞典編撰室《現代漢語詞典》P52，商務印書館，1994 年。
② 參見王寧《漢字構形學講座》，上海教育出版社，2002 年。
③ 王福堂《方言本字考證説略》，《方言》，2003 年（4）。
④ 施文濤《寧波方言本字考》（《方言》1979 年第 3 期）幾乎盡以《廣韻》《集韻》爲證考察方言本字。

　　蘇州話"孵～小雞"説[bu°]。就字音看，蘇州話韻母 u 主要來自遇攝模韻幫組（如"布普蒲"）、虞韻非組如（"夫赴附"）和流攝尤韻非組（如"副婦"），聲母 b 主要來自並母（如"婆盆薄"）。而"孵"，《廣韻》芳無切，敷母虞韻平聲，與[bu°]韻母相符，聲母聲調不合。因此"孵"不可能是[bu°]的本字。結合音義兩方面來看，"伏"有可能是本字。"伏"，《廣韻》"鳥菢子"，扶富切，奉母宥韻去聲。"伏"與[bu°]詞義相合，韻母和聲調相合，只有聲母似乎不合。不過蘇州話聲母 b 也有來自個別保持重唇讀音的奉母字（如"服防"）的。因此"伏"的反切與[bu°]音實際上是相符的。"伏"作孵講很早見於文獻。如《莊子·庚桑楚》"越雞不能伏鵠卵"，《漢書·五行志》"雌雞伏子"，都爲孵卵義。而《淮南子·説林》"乳狗之噬虎也，伏雞之搏狸也，恩之所加，不量其力"，《顏氏家訓》所載古樂府《百里奚詞》："百里奚，五羊皮。憶別時，烹伏雌，炊扊扅。今日富貴忘我爲!"其中"伏"作定語用，也與現在蘇州話的"老伏[bu°]雞"相同。由此判斷，蘇州話這個[bu°]的本字就是"伏"。

十分類似的考證又見於雒鵬《甘肅方言本字考例釋》"伏"條。伏字從人從犬，爲守候之義，引伸義表示鳥菢子。《莊子·庚桑楚》、《漢書·五行志》、《淮南子·説林》、《顏氏家訓》所載《百里奚詞》等文獻中皆用"伏"字爲孵卵義，正是説明當時的通語中也是用"伏"字爲孵卵義，不獨一地方言如是。也就是説，"伏"可以看作是孵卵義的本字。但孵卵這個引伸義後來造了"孵"字，那麼"伏"就成了古本字，"孵"是後起本字。儘管"孵"字《廣韻》的注音與某些方言音讀有些差距，這只是漢語語音演變造成的結果，何必强調"伏"字在音讀上更接近某個方言音讀。① 從字形與詞義的統一度上看，顯然後起本字"孵"具有更高的統一度。

　　另外，確系有音無字的方言詞也存在本字的問題，這種本字主要通過造字或在已有字元集裏選擇字得到實現。如上海方言表示積垢的"老 k'ən"，在已有字元集（包括擴展集 A、B、C、D）裏沒有合適的字，我們造了"垙"字，該字形從土肯聲，符合

---

① "伏"字上古音屬並紐職部，"孚"及從孚之字上古音在並紐幽部。"伏"字中古音奉母屋部，"孵"字中古音敷母虞部，足見語音變化之跡。

文字學意義上的本字概念。再如上海方言裏表示拖延意義的"dA23",已有字元集裏有"扡"字,它在普通話中是"拖"的異體字,當然音讀與 dA23 不同。在上海方言裏,它或從它得聲的字音讀與 dA23 相合,因而我們選擇"扡"字記錄上海方言裏表示拖延意義的"dA23"。從字形上看,扡字與拖字有著密切的關係,二者原本是異體字。可以推測,上海方言裏表示拖延意義的 dA23 音可能是對字形"扡"作出的音讀。

　　總之,方言本字作爲術語不能游離於科學的本字術語之外,它必須遵循本字的基本屬性,那就是:本字是指字形與詞義有較爲直接聯繫的字,它在字形與詞義上能够統一。本字與假借字(包括"六書"假借和古書通假用法)相對,本字能够體現一定的造字理據。

參考文獻:

[1]施文濤《寧波方言本字考》,《方言》1979 年(3)。

[2]王福堂《方言本字考證説略》,《方言》2003 年(4)。

[3]王寧《漢字構形學講座》,上海教育出版社,2002 年。

[4]中國大百科全書總編輯委員會《中國大百科全書·語言文字》,中國大百科全書出版社,
　　2009 年。

[5]中國社會科學院語言研究所詞典編撰室《現代漢語詞典》,商務印書館,1994 年。

鄭衆、鄭玄轉注觀探隱[*]

李玉平

（天津師範大學文學院）

1. 鄭衆、鄭玄對"六書"的整體認識

　　"六書"是中國古代關於漢字構形分析的重要理論,關於"六書"觀念的產生及發展情況,學者們也有過許多深入的探討。古代"六書"具體内容明載於典籍最早是東漢學者的著作,即班固《漢書·藝文志》、鄭衆《周禮注》（鄭玄《周禮注》所引）和許慎的《説文解字·叙》①,孫鈞錫《中國漢字學史》指出三家觀點都來自西漢的劉歆②。三家中只有許慎對"六書"的内容解釋最爲詳細,而其他二家則只是列出了"六書"的具體名稱。班固的觀點如何且不論,就鄭衆的觀點而言則有徑可尋,學界所論尚不足。儘管鄭衆的書已亡佚,然其後學鄭玄的著作仍在,繼承其學尤多,可以據以探求。這從《周禮·地官·保氏》"六書"注下鄭玄只引鄭衆説而不引班、許之説即可見一斑。

---

*　教育部人文社會科學研究青年基金項目資助（項目名稱：鄭玄語言學研究,編號：09YJC740055）階段性成果。本文内容曾包含於論文《鄭衆、鄭玄"六書"觀探賾》中,在"中國文字學會第六屆學術年會"（2011 年 7 月 29 日－8 月 1 日,河北張家口）上宣讀,與會專家李運富、陳燕、党懷興等先生提出了很好的意見,本文據以修改並在第三屆"漢字與漢字教育"國際研討會上宣讀。因篇幅限制,此次只發表原文部分。

①　王力《古代漢語》P160－161,中華書局,1999 年。
②　孫鈞錫《中国漢字學史》P23－24,學苑出版社,1991 年。

　　關於鄭玄的"六書"觀以及他對漢字構形的分析情況,以往關注不多①,鄭玄本
人也未對此集中詳論。我們首先根據他的零散論述,來分析鄭玄對"六書"的整體
認識。通過鄭玄注中觀點可以看出,鄭玄是認同《周禮》中的講法的,認爲"六書"屬
於"六藝"之一,是與五禮、六樂、五射、五御、九數地位相當的教學科目之一,而這些
科目共同的特點應該都帶有技藝性質。如《禮記·少儀》:"士依于德,游於藝。"注:
"藝,六藝也。一曰五禮,二曰六樂,三曰五射,四曰五御,五曰六書,六曰九數。"又
如《周禮·天官·大宰》"四曰儒,以道得民"注:"儒,諸侯保氏,有六藝以教民者。"②

　　而且鄭玄在對六門科目的解釋上是贊同鄭衆的意見的,因爲在《周禮·地官·
保氏》:"(保氏)養國子以道,乃教之六藝:一曰五禮,二曰六樂,三曰五射,四曰五
馭,五曰六書,六曰九數。"③注中對這些科目的解釋他基本都是採用了鄭衆的意見。
並稱:"養國子以道者,以師氏之德行審諭之,而後教之以藝儀也。五禮,吉、凶、賓、
軍、嘉也。六樂,《云門》、《大咸》、《大韶》、《大夏》、《大濩》、《大武》也。鄭司農云:
'五射,白矢、參連、剡注、襄尺、井儀也。五馭,鳴和鸞、逐水曲、過軍表、舞交衢、逐
禽左。六書,象形、會意、轉注、處事、假借、諧聲也。九數,方田、粟米、差分、少廣、
商功、均輸、方程、贏不足、旁要。今有重差、夕桀、句股也。'"從鄭玄的解釋中我們
也能看出,這些科目中的數字應該只是概括性和代表性的説明,實際內容可能並不
一定僅限於 6 類。比如鄭衆對與"六書"並列的"九數"的解釋,原本只包含 9 類內
容,後來增加到 12 類,但仍稱爲"九數"。

　　那麼這些科目的性質是否有差別呢? 這從《周禮·地官·大司徒》"以鄉三物
教萬民而賓興之:一曰六德,知、仁、聖、義、忠、和。二曰六行,孝、友、睦、婣、任、恤。
三曰六藝,禮、樂、射、御、書、數"之鄭注中可以窺得端倪:"物猶事也,興猶舉也。民
三事教成,鄉大夫舉其賢者能者,以飲酒之禮賓客之,既則獻其書于王矣。……禮,
五禮之義。樂,六樂之歌舞。射,五射之法,御,五御之節。書,六書之品。數,九數
之計。"④從這裏,我們第一可以知道鄭玄把"六藝"也看成是一種"事",可以用來教

---

① 李林《論鄭玄的訓詁術語》(北師大碩士畢業論文,1985 年)中曾集中關注過鄭玄説解字形的形式,但很簡
　　略,只舉 4 例,參 42 頁。
② 李學勤《十三經注疏·周禮注疏(標點本)》P40,北京大學出版社,1999 年。
③ 李學勤《十三經注疏·周禮注疏(標點本)》P353,北京大學出版社,1999 年。
④ 李學勤《十三經注疏·周禮注疏(標點本)》P266,北京大學出版社,1999 年。

育百姓,"六書"自然也屬於"事"一類。第二,可以了解禮、樂、射、御、書、數之間的
細微差别。習"禮"重在"義(不同禮的内涵不同)",習"樂"則兼含"歌"和"舞",習
"射"則重在"射法(射的方法)",習"御"則要重視"駕馭車的節奏和尺度",習"書"重
視的是"(六書的)分類",習"數"則重視的是"計算(方法)"。

至於"六書"各分類名稱的含義到底是什麽,鄭玄没有具體解説,使我們難得其
詳①。拙文《鄭衆、鄭玄的"諧聲"觀及其對後世的影響》(李玉平,語言科學.2012)曾
經分析鄭衆、鄭玄關於"諧聲"的認識觀念,限於篇幅,本文專門探討鄭衆、鄭玄關於
"轉注"的認識觀念。

2. 鄭衆、鄭玄的轉注觀

"轉注",班固、鄭衆、許慎三家的"名稱"相同,唯許慎《説文解字·叙》中有明確
的定義:"轉注者,建類一首,同意相授,考老是也。"其説鄭玄已見。鄭玄除在《保
氏》注下提到"轉注"外,並未明確談何爲"轉注字"。關於"轉注"的相關研究非常
多,學者白兆麟(《轉注説源流述評》,《安徽大學學報(哲學社會科學版)》1982 年第
1 期)、張斌和許威漢②、黎千駒(《歷代轉注研究述評》,《湖南城市學院學報》2008 年
第 4 期)、魏清源(《"六書"轉注研究的歷史回顧》,《史學月刊》2011 年第 10 期)等曾
有較好的總結,具體談什麽是轉注的論文則更多,此不贅述,如最近學者李運富③、
陳燕④等都曾提出很有價值的觀點。但綜觀以往學者的研究,專門探討鄭衆、鄭玄
的"轉注"認識觀念的論文則尚缺乏。

要了解鄭衆、鄭玄的轉注觀,最好是有他們的明確論述。我們多方搜索,在清
人輯佚本鄭注中發現一則"轉注"連用的材料。清·黄奭輯《易緯稽覽圖》卷下,鄭
玄注:"其下初合六十四卦流轉……右六十四卦流轉注十二之辰。"(《續修四庫》
1208 册第 444—445 頁)其中有"轉注"二字連用。這是清人輯本中的文字,更早版

---

① 唐賈公彦《周禮注疏》曾解釋鄭衆、鄭玄關於六書的觀點[4],P354,此不贅引。賈氏認爲鄭衆、鄭玄與許慎
"六書"觀相同,而對於二鄭同許慎觀點的差異則語焉不詳。
② 張斌、許威漢《中國古代語言學資料匯纂·文字學分册》,福建人民出版社,1993 年。
③ 李運富《〈説文解字〉的析字方法和結構類型非"六書"説》,《中國文字研究(十四)》,大象出版社,2011 年。
④ 陳燕《〈説文〉"同意"説》,《語言科學》,2012 年。

本未見。如果該文確屬鄭玄之文,根據上文的"六十四卦流轉"來判斷,其中的"流轉"結合比較緊密,應表示"輪流變遷"之義,而"注"則單獨成詞。然結合此段上下文分析可知,這部分文字是講如何用"乾、坤、屯、蒙、……中孚、小過、既濟"等六十四卦輪流變遷、輾轉解說注釋十二個月的①。雖說"流轉"一般表示"輪流變遷"的意思,但"流轉注"則有"輪流輾轉解說注釋"的意思,那麼鄭玄注中談到的"六書"之"轉注"含義是否與此有關呢?

　　我們首先考察"轉注"的"注"的含義。

　　鄭玄注中提到的"注"的含義主要四種。第一種,也是用的最多的,表示對經文的"注釋",這在《三禮》的注釋中通篇皆是。第二種,表示"灌注"。如《周禮·冬官考工記·函人》:"函人爲甲,犀甲七屬,兕甲六屬,合甲五屬。"鄭注:"屬讀如灌注之注,謂上旅下旅札續之數也。"②又引申表示"傾瀉",如《儀禮·有司徹》:"二手執挑匕枋以挹湆,注於疏匕"鄭注:"注,猶寫也。"③。第三種,表示"敷(藥)"、"塗抹"。如《周禮·天官·冢宰·瘍醫》:"瘍醫掌腫瘍、潰瘍、金瘍、折瘍之祝藥劀殺之齊。"注:"祝當爲注,讀如注病之注,聲之誤也。注謂附著藥。"④第四種表示"彎曲深淺適中"。⑤《周禮·冬官·考工記·輈人》"輈注則利准"鄭注:"玄謂利水重讀,似非也。注則利,謂輈之揉者形如注星,則利也。"⑥

　　由這四種含義來看,第三、四種含義都屬於行業專門用語,自然與"六書"中的"轉注"關係不大。所以,與"轉注"能夠具有合理聯繫的也只能是第一、二種含義。

　　而剩下這兩種含義,哪一種更符合"轉注"中"注"的含義呢? 我們想到應該考察"注"的詞義使用的時代特點及"轉注"使用的時代背景。

---

① 按,其中輾轉反復注釋解說體現在:分別以蒙、小過二卦解說正月,分別以豫、隨、解、震、漸四卦解說二月,分別以訟、臨、大壯三卦解說三月,分別以需、師、小畜、大有、蠱、晉、井、巽八卦解說四月,分別以噬嗑、數、咸、家人、夬、姤、鼎、渙八卦解說五月,分別以坤、履、否、革、節五卦解說六月,用同人卦解說七月,分別以觀、賁、大畜、兌四卦解說八月,分別以剝、無妄、萃、困、既濟五卦解說九月,分別以泰、益二卦解說十月,分別以屯、復、習坎、歸妹四卦解說十一月,分別以謙、頤、大過、明夷、睽、蹇、損、升、艮、中孚十卦解說十二月等。

② 李學勤《十三經注疏·周禮注疏(標點本)》P1109,北京大學出版社,1999年。

③ 李學勤《十三經注疏·儀禮注疏(標點本)》P946,北京大學出版社,1999年。

④ 李學勤《十三經注疏·周禮注疏(標點本)》P115,北京大學出版社,1999年。

⑤ 參看《十三經辭典·周禮卷》P182,陝西出版集團,陝西人民出版社,2010年。

⑥ 李學勤《十三經注疏·周禮注疏(標點本)》P1092,北京大學出版社,1999年。

　　我們考察發現，西漢之前文獻中的"注"一般都是表示"灌注"之義。如《詩經·大雅·泂酌》："酌彼行潦，挹彼注兹，可以濯溉。"而沒有表示"注釋""解說"的含義的，也沒有文獻注釋訓解以"注"命名的。直到東漢時班固《漢書·藝文志》、鄭衆《周禮注》和許慎《說文解字》中才開始有了"轉注"之名，然前二家並未談"轉注"爲何義，許慎的說解中倒是能夠體現出"注"可能跟"說解"有關，但也並未明確說明其中的"注"就是"注釋""說解"的意思。那是什麼時候，"注"字開始明確表示"注釋""說解"的意思呢？

　　考察結果發現，"注"字開始明確表示"注釋""說解"含義正是在漢代這個時期。東漢荀悅（148～209）《前漢紀》卷十九中提到："延年次弟彭祖，有才藝，學春秋，明傳、經、注、記，即名《嚴氏春秋》也。官至左馮翊太子太傅，不求當世，爲儒者宗。"其中提到的西漢時期嚴延年（？—前58）的弟弟嚴彭祖，明曉傳、經、注、記。其中"注"與"傳""經""記"相並列，應當已經是表示"注釋""解說"一類的文字了。又《前漢紀》卷二十五："中興之後，大司農鄭衆、侍中賈逵各爲《春秋左氏傳》作解注。孝桓帝時，故南郡大守馬融著《易解》，頗生異說。"

　　荀悅與鄭玄的時代大致相同，對之前的董仲舒、劉向、劉歆以及後來的鄭衆、賈逵、馬融等的情況都是十分熟悉瞭解的，他稱當時的大司農鄭衆、侍中賈逵各爲《春秋左氏傳》作"解注"，更明確說明"注"表示"注釋""說解"的含義，並成爲一種注釋名稱，與"解""傳"等並稱，這些都是早于許慎《說文解字》和後來鄭玄的《三禮注》的。而解釋"轉注"的許慎是賈逵的弟子，鄭衆自己又在《周禮注》中講到"轉注"，且"轉注"的名稱與語言文字有關，則其中的"注"與鄭衆、賈逵曾經作的《春秋左氏傳》之"解注"的含義很難說意義沒有聯繫。

　　這一點我們在南朝·宋范曄的《後漢書·馬融列傳》也可找到證據："（馬）融才高博洽，爲世通儒……嘗欲訓《左氏春秋》，及見賈逵、鄭衆注，乃曰：'賈君精而不博，鄭君博而不精，既精既博，吾何加焉？'但著《三傳異同說》。注《孝經》、《論語》、《詩》、《易》、《三禮》、《尚書》、《列女傳》、《老子》、《淮南子》、《離騷》。"其中不僅提到賈逵、鄭衆都曾爲《左氏春秋》作注，而且賈逵也給群經作"注"。可見"注"表示"注釋""說解"的含義當時是很普遍的，也是與以往表示"灌注"義相區分的一個意義。如果說"六書"中與語言文字緊密相關的詞語"轉注"之"注"不表示"注釋""說解"的意思，而仍表示與液體密切相關的"灌注"之義，反倒有些迂曲了，畢竟這應該是有意義聯繫但卻截然不同的兩個義項。

又考唐代賈公彥《序〈周禮〉廢興》中轉述這段文字作：“是以《馬融傳》云：‘徒有里人河南緱氏杜子春尚在……鄭衆、賈逵往受業焉。衆、逵洪雅博聞，又以經書記轉①相證明爲解，逵解行於世，衆解不行。兼攬二家爲備，多所遺闕。然衆時所解説，近得其實。’”這裏提到的“轉相證明爲解”就不僅解釋了“注”的含義，還提到“轉”了。

鄭玄也有過類似表達。如《文選·應吉甫〈晉武帝華林園集詩〉》“越裳重譯充我皇家”李善注：“《尚書大傳》曰：‘成王之時，越裳重譯而來朝，曰：“道路悠遠，山川阻深，恐使之不通，故重三譯而朝也。”’鄭玄曰：‘欲其轉相曉也。’”②此處唐李善引用鄭玄注釋解釋古代南海國越裳前往中原朝拜，因爲相隔遙遠、山川阻隔而致其使臣無法與中原使節直接交流，因此需要輾轉翻譯（重譯）才能交流。③ 鄭玄注釋説：“欲其轉相曉也。”正是説想要通過這樣輾轉解釋使得對方能够明白。

由此可見，西漢嚴彭年以來開始有、而東漢時期盛行的“注”表示“注釋”“説解”的意思應當是東漢時期“轉注”的“注”的含義。那麼鄭衆的“以經書記轉相證明爲解”和鄭玄的“流轉注”“轉相曉”是否就是他們的“轉注”觀念呢？這一點，我們從其後晉代郭璞的注釋中能看到類似的觀點。郭璞在注釋中曾多次談到“轉相訓”“轉相解”“轉相釋”“輾轉相解”，與鄭衆的“轉相證明爲解”及鄭玄的“轉相曉”含義相當。如：①《爾雅·釋詁》：“展、諶、允、慎、亶、誠也。”郭注：“轉相訓也。《詩》曰：‘慎爾優遊。’”又“粵、於、爰，曰也。爰、粵，於也。”郭注：“轉相訓。”又“永、悠、迥、違、遐、逖、闊，遠也。永、悠、迥、遠、遐也。”注：“逖亦遠也。轉相訓。”又“勝、肩、戡、劉、殺，克也。”郭注：“轉相訓耳。《公羊傳》曰：“克之者何，殺之也。”②《爾雅·釋器》：“繫謂之罿。罿，罬也。罬謂之罦。罦，覆車也。”注：“今之翻車也。有兩轅，中施罥

① 此“轉”，阮元校勘記校作“傳”，未必爲確論。宋代的王應麟《玉海》卷三十九、章如愚《群書考索》卷四、明代的王應電《周禮翼傳》卷一、章潢《圖書編》卷十三、朱睦㮮《授經圖義例》卷十九、柯尚遷《周禮全經釋原》卷首、清代的江永《禮書綱目》卷首上、朱彝尊《經義考》卷一、秦蕙田《五禮通考》卷首第二等多書中提到此段文字，皆作“轉相證”。
② 《鄭玄集·鄭玄佚注·尚書大傳注》三，《齊魯文化叢書6·文獻集成·鄭玄集（下）》P545，齊魯書社，1994年。
③ 《漢書·平帝紀》：“元始元年春正月，越裳氏重譯獻白雉一，黑雉二，詔使三公以薦宗廟。”顏師古注：“譯謂傳言也。道路絕遠，風俗殊隔，故累譯而後乃通。”

以捕鳥。輾轉相解,廣異語。"③《爾雅·釋草》"華,荂也。華、荂,榮也。"郭注:"轉相解。"④《爾雅·釋魚》:"蠑螈,蜥蜴;蜥蜴,蝘蜓;蝘蜓,守宫也。"注:"轉相解,博異語,別四名也。"⑤《方言》卷五:"盂,宋楚魏之間或謂之盌。盌謂之盂,或謂之銚銳。盌謂之櫂,盂謂之柯。"郭注:"轉相釋者,廣異語也。"⑥《方言》卷十二:"逭,道,轉也。逭,道,步也。"郭注:"轉相訓耳。"

不難看出,郭璞的意見與鄭衆、鄭玄的意見是一脈相承的。因爲郭璞注釋的例子很多,我們也能够分析出,郭璞的"轉訓"觀的含義,就是凡是《爾雅》《方言》中幾個詞如 A、B、C 之間具有輾轉相訓的特點,那麼就可以叫做轉注,或叫"轉相訓""轉相解""轉相釋"等。這樣的講法是符合郭璞轉注的實際的,又如《爾雅·釋水》:"水注川曰溪,注溪曰谷,注谷曰溝,注溝曰澮,注澮曰瀆。"郭注:"此皆道水轉相灌注所入之處名。"這裏面明確講到的"轉相灌注"也説明了"轉注"的特點,即同一個"水"先後注入瀆、澮、溝、谷、溪、川,但名稱不同,而這些名稱之間具有遞相承接的特點,因此叫做"轉相灌注"。

此外,我們還發現鄭玄曾經提到的兩條材料也證明郭璞的轉注觀由二鄭觀點發展而來。

(1)《禮記·文王世子》:"庶子以公族之無事者守于公宫,正室守太廟。諸父守貴宫貴室,諸子諸孫守下宫下室。"鄭注:"下宫,親廟也。下室,燕寢也。或言宫,或言廟,通異語。"①

(2)《禮記·内則》:"炮,取豚若將,刲之刳之……爲稻粉,糔溲之以爲酏。"注:"刲、刳,博異語也。……糔、溲,亦博異語也,糔,讀與滫瀡之滫同。"②

第一條材料中鄭玄解釋"宫"和"廟"實際是一樣的,即所謂的"通異語"。第二條材料中,提到"博異語",即説明"刲"與"刳"含義相當,"糔"與"溲"含義相當,都具有某個共同的意思。鄭玄説的"通異語"和"博異語",而後來的郭璞《爾雅注》提"輾轉相解,廣異語""轉相解,博異語,別四名也""轉相釋者,廣異語也"。兩相比較,很明顯,郭璞的觀念和鄭玄基本相當,只是更明確説了"博異語""廣異語"的解釋方式都是屬於轉注,或叫"轉相解釋"或"輾轉相解"。相比而言,鄭玄這兩條注釋中還只

---

① 李學勤《十三經注疏·禮記正義(標點本)》P643,北京大學出版社,1999 年。
② 原文標點作"《博異》語",誤。李學勤《十三經注疏·禮記正義(標點本)》P856,北京大學出版社,1999 年。

是説明互訓就是"博異語",而郭璞則用"博異語"等進一步説明了只有互訓中的遞訓才屬於轉注。

當然,鄭玄注中還提到"轉"可以表示"聲轉"的意思,如《詩經・周頌・有瞽》:"應田縣鼓,鞉磬柷圉。"傳:"應,小鞞也。田,大鼓也。縣鼓,周鼓也。鞉,鞉鼓也。柷,木椌也。圉,楬也。"箋云:"'田'當作'㡡'。小鼓在大鼓旁,應鞞之屬也,聲轉字誤,變而作田。"①這是否是鄭玄的轉注觀呢? 我們認爲鄭注中的"聲轉",是與西漢以來的揚雄所説的"聲轉"相當,晉代郭璞也曾在其《方言注》和《爾雅注》中多次談"語轉""語聲轉""聲轉""聲之轉"②,但都與轉注的觀念是不同的。比如郭璞在注中就明確將"聲轉"與他所提到的"轉相訓"等用語有著明顯的區分。由此我們也認爲郭璞有意區分"轉注"和"聲轉",這應當是與鄭玄的觀念一脈相承的。

鄭衆、鄭玄、郭璞的以輾轉相解、遞相訓釋爲轉注的觀念,後代學者遵從者很多。如唐賈公彥《周禮注疏》③:"云轉注者,考老之類是也,建類一首,文意相受,左右相注,故名轉注。"宋毛晃《增修互注禮部韻略》卷三"考"字下:"《周禮》'六書':'三曰轉注,謂一字數義,輾轉注釋而後可通。後世不得其説,遂以反此作彼爲轉注。"④清代江聲《六書説》⑤稱"取一意以概數字者爲轉注"、戴震《答江慎修論小學書》⑥稱:"轉注之云古人以其語言爲名類,通以今人語言,猶曰'互訓'云爾。轉相爲注,互相爲訓,古今語也。《説文》於'考'字訓之曰'老也',於'老'字訓之曰'考也',是以《序》中論轉注舉之。《爾雅・釋詁》有多至四十字共一義,其六書轉注之法歟? 別俗異言,古雅殊語,轉注而可知,故曰'建類一首,同意相受。'……數字共一用者,如'初、哉、首、基'之皆爲'始','卬、吾、台、予'之皆爲'我',其義轉相爲注,曰'轉注'。"戴震的弟子段玉裁在《説文解字注》⑦中對其師觀點作了更深入的闡釋:"劉歆、班固、鄭衆亦曰轉注。轉注猶言互訓也。注者,灌也。數字輾轉互相爲訓,如諸

① 李學勤《十三經注疏・毛詩正義(標點本)》P1327－1328,北京大學出版社,1999年。
② 吳吉煌《古代"轉語"各説析評》,《勵耘學刊(語言卷)》2011年第1輯,學苑出版社。
③ 李學勤《十三經注疏・周禮注疏(標點本)》P354,北京大學出版社,1999年。
④ 迪志文化出版有限公司,書同文電腦技術開發有限公司:文淵閣《四庫全書》電子版,上海人民出版社和迪志文化出版有限公司,1999年。
⑤ 張斌、許威漢《中國古代語言學資料匯纂・文字學分冊》P200,福建人民出版,1993年。
⑥ 張斌、許威漢《中國古代語言學資料匯纂・文字學分冊》P200－201,福建人民出版,1993年。
⑦ 段玉裁《説文解字注》P755－756,上海書店出版社,1992年。

水相爲灌注,交輪互受也。轉注者,所以用指事、象形、形聲、會意四種文字者也。數字同義,則用此字可,用彼字亦可。漢以後釋經謂之注,出於此,謂其引其義使有所歸,如水之有所注也。……轉注之説,晉衞恒、唐賈公彦、宋毛晃皆未誤,宋後乃異説紛然。戴先生《答江慎修書》正之,如日月出矣,而爝火猶有思復燃者,由未知六書轉注、假借二者,所以包羅自《爾雅》而下一切訓詁音義,而非謂字形也。"

　　在此之後又有清代洪亮吉《六書轉注録·自叙》[①]、王筠《説文釋例》[②]、陳慶鏞《六書轉注録序》[③]、近代劉師培《轉注説》等都持類似觀點。不過,總體來看,唐以後諸家研究對鄭衆、鄭玄及其後郭璞的轉注觀都重視不够。

　　至於鄭衆、鄭玄列"轉注"于"會意"之後的原因,段玉裁稱"所言非其叙"。結合郭璞、毛晃、戴震、段玉裁等的意見,我們認爲,如果先、後鄭這樣的排序真是有所考慮的話,那麼最有可能的是用"轉注"來説明:可以用同義類聚的辦法彙聚同義字詞,也就是"博異語",類聚的字詞之間具有輾轉互訓的關係[8][1]。

3. 結語

　　以上,我們搜集能够反映鄭衆和鄭玄的"轉注"認識觀念的材料,結合前代學者的分析和研究,對鄭玄及其所從鄭衆的"轉注"觀作了初步的考察。這些意見還是初步的、不成熟的,發表出來,希望能够得到各位專家和同行的批評指正。

參考文獻:

[1]陳燕《〈説文〉"同意"説》,《語言科學》2012 年(5)。

[2]段玉裁《説文解字注》,上海書店出版社,1992 年。

[3]迪志文化出版有限公司,書同文電腦技術開發有限公司:文淵閣《四庫全書》電子版,上海人民出版社和迪志文化出版有限公司,1999 年。

[4]李學勤《十三經注疏·周禮注疏(標點本)》,北京大學出版社,1999 年。

[5]李學勤《十三經注疏·毛詩正義(標點本)》,北京大學出版社,1999 年。

---

① 張斌、許威漢《中國古代語言學資料匯纂·文字學分册》P211,福建人民出版社,1993 年。
② 王筠《説文釋例》P8-9,中華書局,1987 年。
③ 張斌、許威漢《中國古代語言學資料匯纂·文字學分册》P225,福建人民出版社,1993 年。

[6]李學勤《十三經注疏·禮記正義(標點本)》,北京大學出版社,1999年。

[7]李學勤《十三經注疏·儀禮注疏(標點本)》,北京大學出版社,1999年。

[8]李運富《〈說文解字〉的析字方法和結構類型非"六書"說》,《中國文字研究(十四)》,大象出版
社,2011年。

[9]李運富《〈說文解字〉"含形字"分析》,《民俗典籍文字研究(6)》,商務印書館,2009年。

[10]李運富《漢字漢語論稿》,學苑出版社,2008年。

[11]孫鈞錫《中國漢字學史》,學苑出版社,1991年。

[12]王力《古代漢語》,中華書局,1999年。

[13]王筠《說文釋例》,中華書局,1987年。

[14]劉夢溪《中國現代學術經典·黃侃劉師培卷》,河北教育出版社,1996年。

[15]張斌、許威漢《中國古代語言學資料匯纂·文字學分冊》,福建人民出版社,1993年。

常用形聲字聲符表音功能研究 *

——以手、口二部首爲例

胡雲鳳

（臺灣海洋大學通識教育中心助理教授）

1. 前言

　　漢字是以形聲結構爲主的文字系統①，這是漢字的主要特點。形聲字由形符與聲符結合而成，形符提示形聲字的字義，聲符提示形聲字的讀音。這樣的結構使漢字的形、音、義三者形成緊密的聯結，可以以有限的形符和聲符創造出無限的組合樣式，應付一切文化的記錄需要。有學者說它是最完美的造字方法②，是十分正確的。因此，要了解漢字構形的規則與特點，形聲字無疑是一個很重要內容。也因此，從古至今形聲字一直是漢字研究的重要課題。此外，由於目前世界掀起一股學習中文的熱潮，有許多學者從對外漢字教學的角度對漢字的結構特點進行重新檢視。從學習對象及學習主體分別論述在對外漢字教學中形聲字教學的重要性。例

＊　　本論文接受國科會 101 學年專題研究計畫補助，特此致謝。

①　李孝定《漢字史話》對甲骨文、小篆、宋代楷書三種字體的象形、指事、會意、形聲進行統計，其中形聲字在甲骨文約佔 27.24％，小篆增至 81.40％，宋代楷書的形聲字已佔總數的 90％（P41，臺北：聯經出版社，1977 年 7 月）；李國英在《小篆形聲系統研究》一書也指出："小篆之後的漢字系統實際上形成了以形聲爲結構主體的基本格局。"（P2，北京師範大學出版社，1996 年）

②　李孝定《漢字史話》P41，臺北：聯經出版社，1977 年。李國英也說"形聲字是漢字構形中的最優結構"（《小篆形聲系統研究》P2，北京師範大學出版社，1996 年）。

如：費錦昌在《對外漢字教學的特點、難點及其對策》中的主張"增加表音偏旁的教學內容①"；(德)柯彼德在《關於漢字教學的一些新設想》一文中也説："在現代化的漢字教學中，應該多發揮聲旁的作用②"；葉德明調查了 62 位外籍生對漢字六書結構認讀的難易程度後，顯示外籍生對形聲字的認讀難度遠遠高於象形、指事、會意三種結構③；石定果、萬業馨在《關於對外漢字教學的調查報告》中指出歐洲、西亞學生高度重視漢字聲旁的價值，應該加強漢字字音教學④。學者們一再提出應該依據漢字的特點，在對外漢字教學中加強聲符的教學。我們知道形聲字聲符的數量非常多，而且表音情況又十分複雜，對外漢字教學的教師在缺少相關參考資料的情形下⑤，往往回避聲符的教學。如何爲對外漢字教學的教師提供一份完整而系統的現代形聲字聲符的基礎知識，顯然是一個非常迫切而且重要的課題。目前對於現行形聲字的研究，主要集中於二個部分，一是聲符表音功能的分析，例如：龔嘉鎮《現行聲符表音功能分析》⑥；一是同聲符讀音規則的歸納分析，例如：李大遂《略論漢字表音偏旁及其教學》⑦。本文的研究重點鎖定於臺灣常用繁體形聲字聲符表音功能分析，研究對象以 1979 年教育部編著《常用國字標準字體表》所收 4,808 個常用字爲主。希望透過本研究能够對繁體形聲字的聲符表音率有更具體的認識。但因爲時間關係，目前僅能提出對手、口二部首 419 個形聲字聲符表音功能的初步分析結果。

---

① 費錦昌説："與表義偏旁相比，表音偏旁的數量要多得多，形體要複雜的多，表音功能也遠不能讓人滿意，大家都感到表音偏旁教學相對義義偏旁教學要困難的多。但是這不能成爲我們輕視或是有意無意地回避表音偏旁教學的理由，我們不能把困難留給學生。惟其困難，我們才更應該加強表音偏旁的教學研究。"(引自趙金銘主編《對外漢字教學研究》P136，商務印書館，2006 年)
② 引自《對外字教學研究》P135，原文收錄於《第四屆國際漢語教學討論會論文選》，北京語言大學出版社，1995 年。
③ 葉德明《漢字認讀與書寫之心理優勢》《中文教學理論與實踐的回顧與展望》P72，臺北：師大書苑有限公司，2005 年。
④ 《語言教學與研究》P48，1998 年(1)。
⑤ (德)孟坤雅曾指出："到現在爲止還没有一本按照聲旁而排列的並且適合外國學生使用的現代漢語詞典或字典。"(《通用漢字中的理想聲旁與漢字等級大綱》，引自趙金銘主編《對外漢字教學研究》P145；原文收錄於《第七屆國際漢語教學討論會論文選》，北京大學出版社，2004 年)
⑥ 《現行漢字形音關係研究》，湖北人民出版社，1995 年。
⑦ 趙金銘主編《對外漢字教學研究》P127-143，原文收錄於《中國對外漢語教學學會北京分會第二屆學術年會論文集》，北京語言文化大學，2001 年。

2. 繁體形聲字聲符表音功能研究背景

　　大陸在聲符表音功能的研究上，自 80 年代以來逐漸受到重視，學者們從不同角度討論分析聲符表音的能力，除了上引龔嘉鎮《現行聲符表音功能分析》一文之外，尚有周有光《漢字聲旁讀音便查》①、范可育、高家鶯、敖小平《論方塊漢字和拼音文字的讀音規律問題》②、李海霞《現代形聲字的表音功能》③、李燕、康加深《現代漢語形聲字研究》④等，整體來看，對於現行聲符表音功能的統計分析已具有初步的研究成果。但必需指出的是，以上諸文所分析的對象均爲目前流通在大陸的簡化字，以簡化爲原則所形成的簡化字系統，對於傳統漢字的形聲結構已造成了部分的改變⑤。因此，大陸在此課題上雖已具初步的研究成果，但那畢竟是屬於簡化字系統，僅符合大陸對外漢字教學的需求。那麼，我們確實有必要對臺灣現行的文字系統的聲符表音功能進行研究分析，以呈現繁體字聲符表音功能具體的面貌⑥。

　　檢視臺灣目前對現代形聲字聲符表音功能的探討，有少數學者已進行了分析研究，例如：竺家寧《形聲字聲符表音功能研究》⑦、黃秀仍《常用形聲字聲符表音功能探究－國語讀音》⑧、劉英茂、蘇友瑞、陳紹慶《漢字聲旁表音功能》⑨等，諸論文集

---

①　周有光《漢字聲旁讀音便查》，吉林出版社，1980 年。

②　《文字改革》，1984 年(3)。

③　《西南師範大學(哲學社會科學版)》P74－76，1992 年(2)。

④　《語言文字應用》P74－83，1995 年(1)。相關的論文尚有史有爲《漢字的重新發現》，收入中國社科院語言所編《漢學問題學術討論會論文集》P177－178，1988 年；馮麗萍《對外漢語教學用 2905 漢字的語音狀況分析》，《北京師範大學學報》(社會科學版)P94－101，1998 年(6)；王小寧《從形聲字聲旁的表音度看現代漢字的性質》，《清華大學學報》(哲學社會科學版)，第 14 卷第 1 期，P66－69，1999；寧《現代常用形聲字聲符系統研究》，天津師範大學漢語言文字學碩士論文，2007 年；張海娟《現代漢字形聲字聲符研究》，蘭州大學碩士論文，2007 年，等篇，均對聲符表音功能作了研究分析。

⑤　拙著《由簡化字看漢字形聲結構的變化》統計正體字的形聲字至簡化字變成非形聲字例共 163 組，見《育達人文社會學報》第 8 期，P201－209，2012 年。

⑥　陳瑩漣《對外漢字教學中「同聲旁字組」分析與應用》提到大陸學者研究形聲字聲旁表音功能時也曾指出："因大陸讀音和臺灣不儘相同，所使用的又是簡化字，研究者認爲仍需依照本地讀音再予統計。"(臺灣師範大學碩士論文，P12，1999 年)

⑦　《第五屆文字學全國學術研討會論文集》P49－52，1994 年。此文亦收於中國文字學主編《文字論叢》P43－53，文史哲出版社，2004 年。

⑧　逢甲大學中國文學研究所碩士論文，1997 年。

⑨　高雄復文圖書出版社，2001 年。

中於繁體字聲符表音功能率的探索。下面，筆者對以上三篇論文的研究內容及成果作一簡單的介紹。

a. 竺家寧《形聲字聲符表音功能研究》

此論文以抽樣的方式從《國語常用標準字體表》中挑選人部 175 字、犬部 42 字、木部 169 字，共 386 個形聲字。分別統計分析聲符的表音力。他將聲符表音的情況分爲七種類型，分別爲：i 完全具有表音功能（ex：仃、伏）；ii 聲符不單獨成字卻常用作聲符，且讀音一致，易於類推（ex：俊【峻、竣】）；iii 聲符單獨成字，且念法不同，但用作聲符時，卻另有一致的讀法，易於類推（偉【緯、葦】）；iv 聲符有破音，所用之聲爲其中一讀（ex：仲）；v 形聲字有破音，其中一音與聲符同（ex：任）；vi 廣義的諧合，即聲韻皆同，只聲調有異（ex：仿、住）；vii 聲符喪失表音功能的形聲字（倚、位）。表音力的統計採寬嚴兩種方式，寬統計是將前六種類型均納入計算，嚴統計僅計算 i 類。人、犬、木三部形聲字聲符的嚴統計表音率約在 60％上下；寬統計表音率約在 35％左右。

b. 黃秀仍《常用形聲字聲符表音功能探究－國語讀音》

此論文根據沈兼士《廣韻聲系》對 2,815 個常用字進行分析，整理出 2,135 個形聲字，並根據聲符的表音狀況將此 2,135 個形聲字分爲三類統計，其統計結果表列於下：

表 1

	聲符與形聲字讀完全相同：聲符與形聲字讀音皆爲唯一，且兩者聲、韻、調皆相同。	聲符或形聲字爲多音，其中聲符有一音與形聲字讀音相同者。	聲符與形聲字讀音相近：聲符與形聲的聲韻相同，而聲調不同。
舉例	疤：巴 芽：牙 歌：哥	鍋：咼 託：乇 盒：合	媽：馬 駕：加 鴉：牙
總字數	400 字	440 字	146 字
比率	17.74％	20.60％	6.84％

　　作者依據以上三種情形計算出常用形聲字聲符表音率 46.18%①。論文初步勾勒出傳統漢字（正體字）形聲字聲符表音功能的面貌，十分值得肯定。但可惜的是作者對所分析的對象 2,815 個常用字，並未說明其來源，而且，聲符與形聲字讀音關係分類不夠細致，則甚爲可惜。

c.劉英茂、蘇友瑞、陳紹慶《漢字聲旁表音功能》

　　此研究基本根據周有光《漢字聲旁讀音便查》分析簡化字聲旁有效表音率的統計方式，對正體字的聲旁表音功能進行比較分析，分析對象爲《常用中文詞的出現次數》②所收繁體漢字，依據周有光的分析模式，將繁體字分爲以下三類：

表 2

	字數	比例
聲旁	836	15%
含旁字③	3,865	70%
孤獨字④	807	15%

　　再根據三類數據統計聲旁的表音功能⑤，計算漢字中聲旁的有效表音率爲 29%⑥。由於此研究的統計模式完全依循周有光的《漢字聲旁讀音便查》，而統計範圍亦包含了象形、指事、會意的表意字，例如：

表 3

聲旁	含旁字
父	斧、釜、交⑦
目	鉬、眥、相⑧

---

① 《常用形聲字聲符表音功能探究—國語讀音》P30—46。
② 劉英茂、莊仲仁、王守珍編，六國出版社，1975 年。
③ 所謂"含旁字"是指擁有相同聲旁的合體字，例如：杖、仗。
④ 所謂"孤獨字"即該字聲旁不作爲他字聲旁，以及該字不作他字聲旁，例如：汰（包含"太"的含旁字僅有一個）。劉英茂、蘇友瑞、陳紹慶《漢字聲旁表音功能》P1—2。
⑤ 計算數值的標準爲：同音聲旁爲 1，多音、異音爲 0，不成字聲旁減半（《漢字聲旁表音功能》P4）。
⑥ 計算內容請參見《漢字聲旁表音功能》P4—5。
⑦ 《漢字聲旁表音功能》P21。
⑧ 《漢字聲旁表音功能》P23。

上表中的"交"爲象形,"相"爲會意,作者均視其中的部件作聲旁。此種將"部首以外的半邊一概視作聲旁",而依此所作的聲旁表音率的統計,恐怕無法真正呈現形聲字聲旁表音率的實際情況①。

此外,該書對部分形聲字聲旁的分析亦誤,例如:

表 4

聲旁	含旁字
象	像、橡、豫②
米	迷、糜、咪、氣③

上表中的"豫"聲旁應爲"予",卻誤爲"象";"氣"的聲符應爲"气",卻誤作"米",文中不乏此種誤析聲旁的例子,亦大大影響其統計結果。

透過以上三篇臺灣相關研究的介紹,可知對於繁體字聲符表音功能的研究,學者們已試圖進行統計分析,但由於分析對象的字集數目偏低,或統計範圍過於寬泛,而減弱了其統計結果的可信度,十分可惜。因此,筆者認爲對於繁體字聲符表音功能的分析,仍有必要進行系統而全面的研究。

3.形聲字聲符表音功能分析舉例

本文的統計分析對象爲《常用國字標準字體表》中手、口二部首所收全部的 419 個形聲字④。現將分類標準及分析的原則列述於下:

a 從聲、韻、調的角度將形聲字與聲符的關係分爲八種類型⑤:

　(1)聲、韻、調全同,例如:拌(bàn)—半(bàn);

---

① 龔嘉鎮:"那種'把部首以外的半邊一概視作聲旁'的作法,實際上是把非形聲字中的偏旁和形聲字中的聲符混在一起了;據統計出來的表音率,似乎已不再是聲符的表音率了。"(《現行漢字形音關係研究》P75)
② 《漢字聲旁表音功能》P31。
③ 《漢字聲旁表音功能》P43。
④ 手部總字數爲 220 字,形聲字有 212 字。口部總字數爲 244 字,形聲字有 207 字。
⑤ 此分類標準參考李燕、康加深《現代漢語形聲字聲符研究語言文字應用》P74—83,1995 年(1)。

(2)聲、韻同，調不同，例如：抿（mǐn）－民（mín）；

(3)聲、調同，韻不同，例如：拐（guǎi）－另（guǎ）；

(4)韻、調同，聲不同，例如：捕（bǔ）－甫（fǔ）；

(5)聲同，韻、調不同，例如：挪（nuó）－那（nà）；

(6)同韻，聲、調不同，例如：抄（chāo）－少（shǎo）；

(7)調同，聲、韻不同，例如：扯（chě）－止（zhǐ）；

(8)聲、韻、調完全不同，例如：抒（shū）－予（yǔ）；

　　b 對於形聲字及聲符讀音的確定，參考《正中形音義綜合大字典》①、《漢語大字典》②及教育部"重編國語辭典修訂本"（數位版）③。

　　以上爲本文初步確立的分類原則及分析標準，筆者即基本依此對手、口二部首所收 419 個形聲字進行統計分析。現將統計分析的結果論述於下：

3.1　手部形聲字聲符表音功能分析

　　《常用國字標準字體表》手部共收 220 字，其中形聲字有 212 字。此 212 個形聲字和聲符的讀音關係初步統計成下表：

表 5　手部形聲字與聲符讀音關係表

	字數	百分比	字例
1 聲、韻、調全同	65	30.66％	扒、托、抗、抖、扶、扼、承、拌、拄、拂、抹、拒、拔、拇、抵、抬、挖、拭、拽、指、拷、括、契、挾、掀、捷、掩、掛、捫、掄、授、掙、採、搗、描、揀、揉、搂、插、捶、援、換、揚、搪、搭、搬、搗、撤、摑、摧、撐、撕、撩、擋、據、攜、播、擒、擰、撞、攔、擷、攀、攫、攬
2 聲、韻同，調不同	37	17.45％	扣、把、抓、抿、招、披、抱、拘、拎、按、拱、捨、捂、捆、捏、挺、控、捲、掏、捻、摒、搞、搜、摔、摸、搜、摯、摹、撲、撈、擁、擊、擱、攏、攙、攪

①　高樹藩編著、王修明校正《正中形音義綜合大字典》，正中書局，1971 年 3 月初版，1974 年 8 月第二版增訂本。
②　漢語大字典編輯委員會《漢語大字典》，湖北辭書出版社、四川辭書出版社、湖北省新華書店，1986 年。
③　教育部國語推行委員會編纂，1997 年。網址 http://dict. revised. moe. edu. tw/.

续表

	字數	百分比	字例
3 聲、調同,韻不同	6	2.83%	拐、拮、摇、摩、撒、擘
4 韻、調同,聲不同	8	3.77%	拗、捕、捐、挫、推、掊、揪、擔
5 聲同,韻、調不同	11	5.18%	打、扛、抑、拉、抨、拆、挪、掀、搾、擲、擺
6 同韻,聲、調不同	24	11.32%	抄、批、扳、押、拍、拯、振、接、捧、掌、揆、揖、搔、擅、撻、撼、操、撿、擎、擠、擦、擬、攀、攤
7 調同,聲、韻不同	10	4.71%	扭、扯、挽、捱、掃、掣、摺、撓、撮、撤
8 聲、韻、調完全不同	51	24.05%	扔、技、扭、抒、扮、投、拓、拈、抽、拙、拚、拖、拼、持、拾、拴、挑、捎、捉、挨、掠、探、掘、措、排、掉、揩、揣、提、握、揭、揮、搓、搏、損、搶、撇、摘、撞、撰、撥、播、撫、撚、撬、擇、擴、撞、攔、攝、抉
總計	212	100%	

上表的部分字例需稍作説明:

    a 承字,《説文》:"𠬞,奉也,受也。从手从卪从収。"爲會意字。而朱駿聲認爲:"从手从丞省,會意,丞亦聲①。"視爲亦聲字。就楷書"承"字形來看,結構"承"形應與"丞"有關,"丞亦聲"説可從。

    b 撤字所從"㪔",不成字。但其在撤、徹、澈、轍諸形聲字中明顯具有表音功能,故將"㪔"聲符列入。

    c 抉字聲符"夬",讀音有 guài、jué 二音,爲多音聲符,但"jué"非現代漢語所使用的讀音,故將此音排除②。而將抉、夬的讀音關係歸入聲、韻、調完全不同一類。相近的例子,尚有拼、并③。

    d 抑字,《説文》:"卬,按也。从反印。抑,俗从手。"抑(抑),在本形"卬"加表意偏旁,"卬"可視爲聲符,"抑"可視爲形聲字,字後誤作"抑"。由於"抑"字源於"抑",故將"抑"歸入形聲結構。

---

① 朱駿聲《説文通訓定聲》P37,宏業書局,1974 年 11 月再版。
② 但從"夬"聲符的決、抉、訣、缺、缺等形聲字,其讀音卻高度一致,顯示聲符"夬"在這些形聲字確實具有表音能力。
③ 形聲字拼有 pīn、bìn 二讀音,爲多音形聲字,但 bìn 非現代漢語所使用的讀音,將此音排除。

　　由上表的統計可知，手部的形聲字與聲符讀音關係的分佈，聲、韻、調完全相同，也就是聲符能够完全表音的形聲字共有 65 字，百分比爲 30.66％。而聲、韻、調完全不同，即聲符完全不表音的形聲字共 51 字，百分比爲 24.05％。二類的字數及百分比率很接近。但是如果將"聲調"排除在外，將(1)及(2)二類合併統計，形聲字共有 102 字，百分比爲 48.11％；(7)及(8)二類合併統計，形聲字共有 61 字，百分比爲 28.76％；其餘形聲字與聲符具有雙聲(即第 3 類及第 5 類)、疊韻(第 4 類及第 6 類)關係有 49 字，百分比爲 23.1％。我們可以説在手部形聲字中，聲符的表音率約佔總字數的一半；而聲符完全不表音率佔總字數的四分之一强。

3.2　口部形聲字聲符表音功能分析

　　《常用國字標準字體表》手部共收 244 字，其中形聲字有 207 字。此 207 個形聲字和聲符的讀音關係初步統計成下表：

表 6　口部形聲字與聲符讀音關係表

	字數	百分比	字例
1 聲、韻、調全同	90	43.47％	可、叮、叼、叭、吐、吋、吰、呎、吧、呃、吩、吱、味、呻、呼、咐、呱、和、咚、呢、咋、哉、咦、咫、咻、哼、哲、唔、哩、哮、唧、啪、啦、啞、啡、啃、啊、啕、啥、啜、唬、唳、喧、喂、喃、唤、喉、嗑、嗤、嗯、嗚、嗡、嗾、嘛、嘉、嘍、噉、嘖、嘟、嘈、嘹、嘲、嘿、嘴、嘘、嘶、噲、噫、噹、喋、噸、噥、噯、噬、嚎、嚀、嘈、嚇、翯、嚓、嚨、嚶、嚼、囁、囀、囈、囉、嚏、囑、噘
2 聲、韻同，調不同	26	12.56％	叩、吾、呀、咕、哎、咪、咯、喑、哪、唱、喝、喇、喻、喱、嗨、嗓、嗪、嗎、嗣、嘔、嘻、嘹、嘩、噗、嘰、嚕
3 聲、調同，韻不同	6	2.89％	呐、呸、嗽、咯、噎、嚴
4 韻、調同，聲不同	8	3.86％	召、叨、吵、命、哺、喟、啾、噴
5 聲同，韻、調不同	10	4.83％	叫、句、吒、吭、吞、吻、咽、哈、唧、喔
6 同韻，聲、調不同	17	8.21％	吁、吸、吟、呵、呷、咆、咬、哄、唉、唯、啼、喘、喋、喳、嗶、嘗、噪
7 調同，聲、韻不同	13	6.28％	吼、咖、咀、哨、員、啻、單、嗟、嗅、嘯、嚟、嚏、吮
8 聲、韻、調完全不同	37	17.87％	叱、台、吏、吃、吝、否、呈、君、含、咄、哀、咨、咳、哇、哂、唐、哼、唆、唉、哦、啄、問、啤、售、喊、唾、喲、喬、嗜、嗆、嘀、嘆、嘎、噢、嚅、嚷、囊
總計	207	100％	

上表的部分字例需稍作説明：

a 嘔字，聲符"區"有 qū、ōu 二讀，爲多音聲符，其中"ōu"的讀音，仍見於現代漢語，作爲"姓氏"使用。因此，將區(ōu)視爲具有提示形聲字嘔(ǒu)讀音的聲符。

b 單字，甲骨文作"𤉩"，本義捕獸器，屬象形字①。《説文》："大也。从吅甲，吅亦聲。"爲形聲字，今依楷書字體從《説文》訂爲形聲字，聲符"吅"，音 xuān。

c 售字，《説文》："賣去手也。从口，雔省聲。"聲符本由"雔 chóu"省爲"隹"。"隹"音 zhuī，與"售"音 shòu，屬聲、韻、調完全不同一類。

由上表的統計可以看到，口部形聲字與聲符讀音關係的分佈，聲、韻、調完全相同，也就是聲符完全表音的形聲字共有 89 字，百分比爲 42.99％；聲、韻、調完全不同，即聲符完全不表音的形聲字共有 37 字，百分比爲 17.87％。口部二類的字數及百分比的差距較大。然而，同樣的將"聲調"排除後，將(1)、(2)二類合併統計，形聲字聲韻相同共 115 字，百分比爲 55.55％；將(7)、(8)二類合併統計，形聲字聲韻不同的共 50 字，百分比爲 24.15％；其餘形聲字與聲符具有雙聲(即第 3 類及第 5 類)、疊韻(第 4 類及第 6 類)關係有 42 字，百分比爲 20.28％。此數據則和手部的統計趨於一致，其聲符的表音率約佔總字數的一半；而聲符完全不表音率佔總字數的四分之一強。

4. 結語

由以上的手、口二部首所收全部形聲字與聲符讀音關係初步分析，顯示繁體常用形聲字聲符的表音率約在 50％上下，而聲符完全不表音率約在 25％上下，聲符與形聲字具有雙聲和疊韻關係，也就是在不同程度上提示形聲字讀音的示音率約 20％。

值得注意的是，在聲、韻、調完全不同的字例中，有部分形聲字的讀音與聲符讀

---

① 參朱歧祥先生《甲骨文字學》P164，臺北：學生書局，2002 年。

音的主要元音和韻尾是相同的,例如手部此種形聲字例有:拈(niǎn)－占(zhān)、挑(tiāo)－兆(zhào)、拳(quán)－关(zhuàn)、捎(shāo)－肖(xiào)、搶(qiǎng)－倉(cāng)、撚(niǎn)－然(rán)、攘(rǎng)－襄(xiāng);口部有吝(lìn)－文(wén)、呈(chéng)－壬(tǐng)、君(jūn)－尹(yǐn)、哦(ó)－我(wǒ)、問(wèn)－門(mén)、喊(hǎn)－咸(xián)、喬(qiáo)－高(gāo)、嗆(qiàng)－倉(cāng)、嘎(gā)－夏(jiá)、嚷(rǎng)－襄(xiāng)、囊(náng)－襄(xiāng)。不可否認,這些形聲字的聲符也在某種程度上提示了形聲字的讀音。

　　因此,就目前抽樣統計結果來看,現代漢字系統中,繁體常用形聲字聲符是具有一定程度的表音能力。具體的說,聲符表音是繁體漢字結構中的一種優勢,一種特質。在漢字教學中應該全面的利用這種優勢,使漢字的學習及記憶更有系統、更有效率。

參考文獻:

[1]陳瑩漣《對外漢字教學中"同聲旁字組"分析與應用》,臺北:臺灣師範大學,2010年。

[2]范可育、高家鶯、敖小平《論方塊漢字和拼音文字的讀音規問題》,《文字改革》,1984年(3)。

[3]高樹藩編著,王修明校正《正中形音義綜合大字典》,臺北:正中書局,1974年。

[4]龔嘉鎮《現行漢字形音關係研究》,湖北人民出版社,1995年。

[5]胡云鳳《由簡化字看漢字形聲結構的變化》,《育達人文社會學報》,2012年(8)。

[6]黃秀仍《常用形聲字聲符表音功能探究－國語讀音》,臺中:逢甲大學中國文學研究所,1997年。

[7]李國英《小篆形聲系統研究》,北京師範大學出版社,1996年。

[8]李海霞《現代形聲字的表音功能》,西南師範大學(哲學社會科學版),1992年(2)。

[9]李孝定《漢字史話》,臺北:聯經出版社,1977年。

[10]李燕、康加深《現代漢語形聲字研究》,《語言文字應用》,1995年(1)。

[11]劉英茂、蘇友瑞、陳紹慶《漢字聲旁表音功能》,高雄:高雄復文圖書出版社,2001年。

[12]萬業馨《關於對外漢字教學的調查報告》,《語言教學與研究》,1998年。

[13]葉德明《漢字認讀與書寫之心理優勢》,臺北:師大書苑有限公司,2005年。

[14]趙金銘主編《對外漢字教學研究》,商務印書館,2006年。

[15]朱駿聲《說文通訓定聲》,臺北:宏業書局,1974年。

[16]朱歧祥《甲骨文字學》,臺北:學生書局,2002年。

[17]竺家寧《形聲字聲符表音功能研究》,《第五屆文字學全國學術研討會論文集》,1994年。

［18］周有光《漢字聲旁讀音便查》，吉林人民出版社，1980 年。

［19］第四屆國際漢語教學討論會論文選編輯委員會《第四屆國際漢語教學討論會論文選》，北京語言大學出版，1995 年。

［20］漢語大字典編輯委員會《漢語大字典》，湖北辭書出版社、四川辭書出版社、湖北新華書店，1986 年。

［21］教育部國語推行委員會編纂《重編國語體典修訂本》，http：//dict. revised. moe. edu. tw/，1997 年。

漢字偏旁化與異體字的發生與發展

耿　銘

（上海醫藥高等專科學校）

1. 引言

　　王玉新在《漢字認知研究》中提出了"漢字偏旁化"的概念,並具體討論了漢字偏旁化的基本内涵:"所謂漢字的偏旁化是指一個獨體字當用作偏旁構成合體字時所發生的一種形體變化現象。一個獨體字,當作爲合體字的偏旁使用時,隸變之後其形體往往會發生某些變化……通過這種變化,取消了一個漢字作爲獨體字獨立的資格,由一個獨立使用的漢字變成了一個偏旁。我們把這一變化過程叫做偏旁化。"(王玉新,2003:102)

　　對於漢字的偏旁化過程,裴蓓在王玉新研究的基礎上進一步探討提出"漢字偏旁化的過程本質上就是人類認知領域範疇化的過程在漢字字形上的映射,……人類認知的基本範疇是漢字偏旁化產生和發展的基礎;在這個基礎上,部分古獨體字歷經異化、同化而最終定形爲我們所説的偏旁,在其定形過程中對稱原則、接近連續原則發揮了重大作用;隨著偏旁的定形,人們開始自覺應用偏旁—類化。……漢字偏旁化的過程其實也正是漢字系統化過程的體現,構形基本範疇的古獨體字的產生、發展演變、定形爲偏旁以及對偏旁的自覺運用反映了漢字系統的主要成員的構成、成員間的相互聯繫、組織原則及方式,乃至整個體系的運作。"(裴蓓,2006:37)

　　王玉新和裴蓓的意見是"漢字偏旁化"問題的"一體兩面":

　　從漢字形體變化的角度出發,偏旁化使獨體的漢字擺脱了原來字形意義的束縛,獲得了構字的功能和意義;從認知思維的物質表現來看,能够發生偏旁化的漢字往往就是人類認知的基本範疇的代表字。

在《漢字認知研究》中,王玉新(2003:179—214)運用"偏旁化"的理論探討了"漢字形體的分化"問題,具體結合"同源字"、"古今字"這兩類漢字發展史上重要的文字分化現象,分析偏旁在漢字發展歷史上的重要作用。其實,由於"漢字偏旁化的過程本質上就是人類認知領域範疇化的過程在漢字字形上的映射"(裴蓓,2006:37),而客觀事物本身的屬性、功能是複雜多樣的,既具有區別性,也具有關聯性,既具有平行發展的特徵,也存在交會融合的可能;同時,人類在認知客觀事物之時,也並不會完全按照某一種規定模式、某一種不變視角,一成不變地去完成自身的認知實踐。這樣,在漢字形體的發展過程中,就會出現在同一認知範疇中的漢字形體產生交叉匯合的可能。這種存在於"認知範疇"中的交叉匯合,使漢字中的形聲字中表示意義範疇的形旁產生替換更迭的可能,從而促使新的字體不斷產生,這也就成爲異體字形成的重要原因之一。

2. 從認知範疇的角度對漢字偏旁化的例證分析[①]

2.1　對偏旁"口"及其相關偏旁的考察分析

"口"是漢字中常見偏旁。"口"字的本義指人的口,《説文・口部》:"口,人所以言食也。"所謂"口",就是"人或動物飲食、發聲的器官"(漢語大字典編輯委員會,1986—1993:567)。

作爲人體的重要器官,"口"的主要功能就是"言語"和"飲食"。王玉新(2003:129)認爲,"口"作爲偏旁主要有如下幾種作用:(1)作形旁,是類化符號,表示與口有關的器官,如"嘴、脣"。(2)作形旁,是類化符號,表示與口有關的行爲,如"吐、喝、叫、喊"等。(3)有些擬聲字也從"口",如"呱、哇、啪、喇"等。

的確,"口"字作形旁,作爲類化符號,表示與口有關的行爲的例字中,"叫、喊"

[①]　本文所用異體字例,是以《玄應音義》中收録的異體字爲主要例證。因篇幅所限,其作爲異體字的考證過程從略。

就屬於"言語"行爲，"吐、喝"就屬於"飲食"行爲。如果關注的視野集中在現代漢字，僅著眼於單獨的"口"作偏旁的作用，這個描寫和分析無疑是正確的。但如果聯繫其它與"口"有關聯的漢字一起分析，並且把研究的範圍擴展到漢字歷史變化演進的歷程的話，那麼這個描寫和分析，尤其是對"作形旁，是類化符號，表示與口有關的行爲"的分析就有進一步深入和豐富的必要。

2.1.1 "口"旁與"言"旁

漢字中能表示人的"言語"的偏旁並不止"口"一個。"言"字本身就是一個記錄"言語"行爲的字，漢語大字典編輯委員會（1986－1993：3936）"言：説話；説，講。《説文・言部》：言，直言曰言。"記錄的正是人説話的行爲。這樣，從"口"之字和從"言"之字就可能發生交叉融匯，當它們相互替代的現象出現時，就可能有異體字産生。

下面爲變"言"旁爲"口"旁的例子。

訥——吶（卷第二十五《阿毗達磨順正理論》第四十三卷"陋訥"條）①

訛——吡（卷第十二《普曜經》第二十八卷"訛言"條）

詆——呧（卷第十二《義足經》"欲詆"條）

諭——喻（卷第十四《四分律》第五十三卷"諛諂"條）

誓——嘶（卷第十三《佛入涅槃金剛力士哀戀經》"誓碎"條）

下面爲變"口"旁爲"言"旁的例子。

噫——譩（卷第十三《佛大僧大經》"噫乎"條）

暗——諳②（卷第十三《太子本起瑞應經》"暗唶"條）

---

① 引例皆出自《玄應音義》，爲節省文字，引例標明卷次、佛經名及卷次和詞條。《玄應音義》有多個版本，本文主要以高麗藏本爲底本，校以磧砂藏本、慧琳音義。

② "暗"、"諳"二字《説文》皆存，且以爲兩個不同的字。暗，《説文・口部》："暗，宋齊謂兒泣不止曰暗。從口，音聲。"段玉裁注按語："暗之言瘖也，謂啼極無聲。"根據以上所列舉之《玄應音義》例證，"暗"字凡八見，玄應無一不解爲"大聲"之義。並在"瘖瘂"條中進一步指出"暗啞"的"暗"應作"瘖"，讀音也不同。按照《説文》的釋義，"兒泣不止"應該有兩种情形出現，一種是段玉裁所言"啼極無聲"，另一種也可能是大聲嚎啕。《説文》的釋義留下了詞義理解的多種可能。諳，《説文・言部》："諳，悉也。從言，音聲。"段玉裁注："烏含切。元應書卷廿一云：'《説文》：諳，於禁切。大聲也。'豈所據本異與？"檢《玄應音義》卷第二十"暗厄"條："《説文》作諳，於禁切。大聲也。""諳"爲"暗"形近之誤。《玉篇零卷・言部》："諳，於含反。……《説文》大聲也。或爲暗，字在口部。"《玉篇・言部》："諳，烏含切。記也。知也。或作暗。"據此可以判斷，"暗"、"諳"二字在《説文》時代是有區分的，但在歷史使用過程中曾經出現了混亂的情況，《玉篇》和《玄應音義》的時代"暗"、"諳"二字都用於記錄"大聲"的意義，後世之人又依據《説文》的解釋重新爲二字的用法做了分工。

喑——�（卷第十三《太子本起瑞應經》"暗喑"條）

由於認知範疇的這種重疊交匯,使得一些原本完全獨立的兩個字形發生關聯,造成一些誤用,這也從反面證明人的認知範疇的對文字字形變化的反作用,《玄應音義》中就指出了不少這樣的現象。如上文的"喑"、"諳"就屬於這種情況,再如:

諧——喈①（卷第十三《舍頭諫經》"諧耦"條）

誘——唀②（卷第十六《善見律》第十四卷"誘訹"條）

2.1.2 "口"旁與"齒"旁

"齒",甲骨文寫作"𠚕"。于省吾(2009:243):"甲骨文齒字,象口內齒牙形。"自金文始加聲旁"止",構成形聲字。"齒"的本義是牙齒。由於牙齒與人的年齡有關,所以常借用牙齒來代指年齡,如《廣雅·釋話》:"齒,年也。"

王玉新(2003:128－129)認爲"齒"常作爲類化符號,充當形旁,作用如下:(1)表示年齡,如"齡"。(2)表示與牙齒有關,如"齔、齧"等。但他忽略了"齒"的最主要的功能,那就是"咀嚼食物","咀嚼食物"是"飲食"之"食"的重要環節,更是"口"的主要功能之一,因此在"咀嚼食物"這一點上,"口"又可以和"齒"互相替換而形成異體字。如:

呞——齝（卷第十五《十誦律》第三十八卷"牛呞"條）

嚊——齈（卷第十五《僧祇律》第二十二卷"嚊嗅"條）

齘——吤③（卷第十五《十誦律》第十一卷"齘齒"條）

"呞、嚊、齘"這幾個字都和"咀嚼食物"這個意義有關:

"呞:牛反芻。"(漢語大詞典編委會 1986－1993:121444)

---

① 《玄應音義》:"諧耦……經文作喈謂,非體也。"認爲"諧"寫作"喈"是不正確的。謹案:"諧"、"喈"本是兩個不同的字。諧,《説文·言部》:"諧,詥也。從言,皆聲。"《龍龕手鏡·言部》:"諧,戶皆反。和調偶合也。"喈,《説文·口部》:"喈,鳥鳴聲也。"《龍龕手鏡·口部》:"喈,音皆。鳥聲。""喈"在經文中被借用作"諧",雖然依然未能獲得"諧"的異體字地位,但這種誤用除去讀音相近的原因之外,也存在着"言""口"相通的因素。

② 《玄應音義》:"誘……律文作唀,非也。"直接表明律文中"誘"寫作"唀"是錯誤的。謹案:誘,《説文》中,"誘"是"羑"的或字,《説文·厶部》:"相訹呼也,從厶羑。誘,或從言秀。"唀,《説文》未見,《龍龕手鏡·口部》:"唀,俗。音誘。誘訹也。"《玄應音義》雖認爲"律文作唀,非也",但在《龍龕手鏡》中已經被行均認爲是"誘"的異體字了。

③ 齘,《説文·齒部》:"齘,齒相切也。"吤,《説文》無,《龍龕手鏡·口部》:"吤,俗。正作齘。切齒怒也。"玄應不認爲"齘"寫作"吤"是正確的,但《龍龕手鏡》已經認爲"吤"爲"齘"的俗字了。

"嚵：嚼；嚼堅硬物。"（漢語大字典編輯委員會，1986—1990：666）

"齘：牙齒相摩切。"（漢語大詞典編委會 1986—1993：121451）

2.1.3　"口"旁與"欠"旁

"欠"，甲骨文寫作"𣢪"，象人跪地張口的側面圖形。按王玉新（2003：114）的分析，"欠"作爲偏旁，常作類化符號，有如下作用：（1）表示欠缺，如"歉"，（2）表示與口有關的行爲，如"吹、飲"等。這樣的話，"欠"和"口"在意義範疇上就產生了交疊，就可以互換而形成異體字。

以下爲表示"飲食"行爲的"欠"、"口"互換例：

嘔——歐（卷第一《法炬陀羅尼經》第二十卷"多嘔"條）

歕——噴（卷第十九《佛本行集經》第二十卷"灑歕"條）

噏——歙（卷第二十五《阿毗達磨順正理論》第四十二卷"吸水"條）

"欠"作爲偏旁，還常常與人的氣息有關。《說文·欠部》："欠，張口气悟也。象气从人上出之形。""口"也是人氣息的一個重要通道，因此在與"氣息"相關的一些字形中也可以替換"欠"而形成新的字形，産生異體字。例如：

欷——唏（卷第十二《長阿含經》第四卷"歔欷"條）

喟——歕①（卷第十五《僧祇律》第三十二卷"喟嘆"條）

"口"旁與"欠"旁也有誤用的例子：

歊——呞②（卷第十五《僧祇律》第二十二卷"歊歊"條）

欬——咳③（卷第十五《僧祇律》第三十五卷"聲欬"條）

2.1.4　"口"旁與"肉（月）"、"鼻"旁等

咽——胭④（卷第十五《十誦律》第十卷"咽病"條）

---

① "喟、歕"二字並非僅更改了形符，但其改易字形的思維方式依然是改"口"爲"欠"。

② 《玄應音義》："歊……律文作呞，非也。""呞"字諸字書未收，然其形符符合字形變化的規律，應爲"歊"字的訛俗異體字。

③ 《玄應音義》："欬……律文從口作咳，非體也。"現代常用"咳"而不用"欬"。玄應批評律文中"欬、咳"混同的現象是爲了正字的目的，而這樣的現象也恰恰反映了使用認知範疇相近的偏旁所構造的字容易造成意義的混同，在使用中就會相互替代，加之後世的使用習慣，可能就會出現越俎代庖的現象，就像"咳"最終取代了"欬"的位置一樣。

④ 胭即頸之異名也。或作腥、膃，皆古字也。經從口作咽，非也。頸音經郢反。咽音宴。瓩音項江反。"胭脂"之"胭"最早見於《廣韻·先韻》，或者在玄應時代"咽"、"胭"應該是異體字。

哽——腰①(卷第二《大般涅槃經》第一卷"哽噎"條)

嚏——鼽②(卷第十五《十誦律》第三十八卷"嚏故"條)

3.小結

3.1 對偏旁"口"及其相關偏旁的認知範疇的層次分析

從以上例證我們可以看到,"口"字在做偏旁時,是可以替換"言"、"齒"、"欠"、"肉(月)"、"鼻"等偏旁字的,這些字多數也是可以替換"口"字而產生新的字形的。同時,也必須認識到"口"是這些偏旁字所代表的人的認知範疇的最大合集,而"言"、"齒"、"欠"、"肉(月)"、"鼻"等偏旁的字都只是這個最大合集的某一個子集,這就意味著"口"與"言"、"齒"、"欠"、"肉(月)"、"鼻"等偏旁字並不處於認知範疇的同一層面上,"口"可以與"言"、"齒"、"欠"、"肉(月)"、"鼻"等偏旁字中的任何一個發生替換,而"言"、"齒"、"欠"、"肉(月)"、"鼻"等偏旁字之間相互替換的可能性就微乎其微,其中的原因就在於它們彼此間不能够形成認知範疇的交叉與重疊。我們用圖表可以把"口"與這些偏旁字之間的關係做一個描寫:

表一

認知範疇及層次關係			可替換偏旁	例字	説明
口	功能	説話	言	訥、呐;訛、吪;詆、呧;諭、喻;噫、譩;譸、嚋	
		飲食 飲	欠	嘔、歐;歕、噴;噏、歙	"噏、歙"是"飲"或"食"的行爲
		飲食 食	齒	咽、齟、齠;哺、齠;齰、鰊;嚌、齝;吢	"齒"强調咀嚼動作。
		呼吸	欠、鼻	欪、唏;歕、呦;唱、歊;欬、咳;嚏、鼽	

---

① 字典辭書中多不以"哽、腰"爲異體字,而以"骾、腰"爲異體字。骾,《説文·骨部》:"骾,食骨留咽中也。從骨,更聲。古杏切。"《集韻·梗韻》:"骾、腰,《説文》:'骾,食骨留咽中也。'或從肉。"《康熙字典·肉部》:"腰,《玉篇》或作骾。"獨玄應以爲"哽、腰"同,或許有錯,但也反映出"口"與"肉"存在的認知範疇的關聯。

② "嚏、鼽"爲兩個形符、聲符均不同的形聲字,但一個選"口"爲形符,一個選"鼻"爲形符,"口""鼻"相連的相關性爲這種選擇提供了認知思維和心理基礎。

续表

認知範疇及層次關係	可替換偏旁	例字	説明
口　構成成分	肉(月)	哽、腰	
鄰近器官	鼻	嚏、齅	與功能也有交疊。

3.2　其它偏旁字的例證簡析

形聲字可以換易形符的現象,前輩學者已經注意到了。羅振玉就曾指出:"卜辭中隹(許訓短尾鳥者)與鳥不分,故隹字多作鳥形。許書隹部諸字,亦多云籀文從鳥。"①這種可以換易的形符,往往其意義相近。陸宗達、王寧(1994:30)在討論形聲字時也曾指出:"(形聲字)是半標形,半標聲。標形的一半也只是借別的字義來表明它本身意義的類別……它的形與義的聯繫是間接的,成批的,帶有概括性的。對於義類相同之字,它們的區別在於標音的那一面。所以這類形體在索義時可以提供的依據是比較籠統的。"就像從"辵"、從"走"、從"止"的字"它們的意義都與行走有關"。形聲字形符的表義特徵就是人的認知範疇的具體表現,它的表義類別的籠統性也是認知範疇籠統性的表現。

3.2.1　與"足"旁相關偏旁考察分析

"足、止、走、辵"這四個偏旁字也可以替換而産生新的異體字。其原因也在於"足"和"止"的本義就是"足部"、"足趾"、"足"。止,《説文·止部》:"止,下基也。象艸木出有址,故以止爲足。"《説文·足部》:"足,人之足也,在下。"作爲人足的最基本的功能就是行走,故而"走、辵"二字的形體也從"止"。《説文·走部》:"走,趨也。從夭、止。夭止者,屈也。"《説文·辵部》:"辵,乍行乍止。從彳止。""走、辵"二字偏旁化后依然以表示"行走"義爲基本類化意義,"足"字也常用("止"已不太常用)於表示與"足趾"有關的事物或行爲,這樣就出現了"足"與"走、辵"替換而産生新字形的現象,這些新字形往往就是異體字。如:

"足"與"走"之間替換例:

趒——跳(卷第十二《賢愚經》第十四卷"趒牆"條)

躁——趮(卷第十四《四分律》第三十四卷"輕躁"條)

---

① 轉引自《古文字詁林》第四冊 P83 引羅振玉《殷虛書契考釋》卷中。

蹟——趚(卷第十四《四分律》第六十卷"慎蹷"條)

趚——蹺①(卷第十六《僧祇比丘尼戒本》"趚腳"條)

"足"與"走、辵"之間替換例:

进——趹——赿(卷第十四《四分律》第四卷"进石"條)

"足"與"止"之間替換例:

跟——艮(卷第十四《四分律》第三十九"卷跟"條)

踵——歱②(卷第十二《普曜經》第三卷"骬踵"條)

企——㐬(卷第十五《五分律》第十卷"企行"條)

　　人體的各個器官組織都是相互聯繫的,有的聯繫還十分密切,如"骨"、"肉"、"皮"的關係,有的器官則就是由這"骨"、"肉"、"皮"所共同組成的,如"足"。在人們的感知中,對"肉"的感覺似乎顯得更爲豐富、更爲直接,在這樣一些關聯事物的認知範疇裏,"肉(偏旁化後常寫作'月')"字起到了可以替換"骨、皮、足"的作用。例如:

股——骰(卷第十《地持論》第十卷"兩股"條)

臏——髕(卷第十《普曜經》第六卷"拍臏"條)

髖——臏(卷第十四《四分律》第三十一卷"凸髖"條)

脛——䯒(卷第十四《四分律》第四十九卷"捉脛"條)

骹——髍(卷第十三《舍頭諫經》"爆其"條)

3.2.2　"土"與"瓦"

　　"土"是瓦器製作的原料,也是瓦器燒製過程的一個環節,處於尚未燒製之前的階段,《説文·瓦部》:"瓦,土器已燒之總名。""土"與"瓦"在認知範疇中有著天然的關聯性,因而"土"與"瓦"在構字中就常常可以相互換易。例如:

甄——塼(卷第十五《十誦律》第五十七卷"甄甄"條)

坏——瓸(卷第十五《僧祇律》第十九卷"甄坏"條)

---

① 《玄應音義》:"趚……戒文作蹺,非也。"案:《説文·走部》:"趚,行輕兒。从走,堯聲。一曰趚舉足也。"蹺,《玉篇·足部》:"蹺,舉足也。"《集韻·蕭韻》:"趚蹺:《説文》行輕兒。一曰趚舉足也。或从足。"《集韻》已經認爲"趚"、"蹺"爲異體字。

② "踵"、"歱"雖在《説文》被區分爲兩個字,而後世字書卻盡以爲同字。

瓨——堈①（卷第十六《善見律》第九卷"大瓨"條）

案：以上三例中，以"瓦"爲形旁的"甄""砡"二字，皆可以"土"旁換易"瓦"而構成新的字形。雖然玄應指出的是"瓨"與"堈"同，形符、聲符都作了改變，但其形符依然是"土""瓦"之間的改換。

3.3　漢字偏旁化與漢字字形的"同步演變"

漢字的偏旁化是通過改變某些漢字獨體字功能的手段，使這些獨體字由原本的"識別符號"變化爲"類化符號"和"區別符號"，成了與變化之前功能不同的字元。這些字元所形成的功能變體以特定的思維方式，表達認知的結果，從而構造新字。在漢字演變過程中，有些原本就已經是異體字關係的字形，可能會遵循相同的思維方式，採用相同的"類化符號"，這時就會形成文字字形演變中一種特別的演變現象，這種現象類似語法中的"同步變化"和詞義中的"同步引申"，我們也姑且稱字形演變爲字形的"同步演變"。請看下面的例子：

糂—餕　糁（粦）—餣（餘）

餘餕古文餘、糂、糈、粦四形，今作粦，同。桑感反。《説文》：以米和羹也。一曰粒也。律文作粲，非也。（卷第十五《十誦律》第五十四卷）

"糁"本爲"糂"的古文，段注本《説文·米部》："糂，以米和羹也。从米，甚聲。一曰粒也。糈，籀文糂，从晉。糁，古文糂，从參。""糁"字的聲符"參"在俗字中常常訛變爲"糸"或"糸"，因而"糁"常被寫作"粦"或"粦"，《龍龕手鏡·米部》以"粦"爲"糂"的或字，《玄應音義》則如上文所引例證"今作粦"，《敦煌俗字典》引 S. 388《正名要録》也以"粦"爲"糂"的今字。同理，"餘"爲"餣"的訛變俗字，而"餣"卻是由"糁"改換形符"米"爲"食"而産生的字形，《類篇·食部》："糁或作餣。"《龍龕手鏡·食部》又以"餣"、"餕"爲"糂"的俗字，"餕"字乃"糂"的換旁俗字。這樣"糂"、"粦"兩個字形，各自換易形符"米"爲"食"而産生了"餕"和"餘"這兩個新字形。

這樣的一個演變過程，如果我們以《説文》中的"糂"、"糁"爲演變的起點的話，那麼後出的兩個字形"餕"、"餣"就是"糂"、"糁"同步演變的結果，"糂"、"糁"遵循的都是把表示食物範疇的"米"旁改爲"食"旁的方法，遵循了相同的思維方式，採用相

---

① "瓨"與"堈"形符、聲符都作了改變，但其形符依然是"土""瓦"之間的改換。

同的"類化符號",構造出新的字形。

參考文獻:

[1]陸宗達、王寧《訓詁與訓詁學》,山西教育出版社,1994 年。

[2]裴蓓《從認知的角度看漢字字形演變》,上海師範大學人文学院,2006 年。

[3]漢語大詞典編委會、漢語大詞典編纂處《漢語大詞典》,上海辭書出版社,1986—1993 年。

[4]漢語大字典編輯委員會《漢語大字典》,四川辭書出版社、湖北辭書出版社,1986—1990 年。

[5]王玉新《漢字認知研究》,山東大學出版社,2003 年。

[6]許慎(東漢)《説文解字》,中華書局,2004 年。

[7]玄應(唐)《玄應音義》,高麗藏本。

[8]于省吾《甲骨文字釋林》,中華書局,2009 年。

[9]張湧泉《敦煌俗字典》,上海教育出版社,2005 年。

擬聲類用字的内緣詞性

藍世光

（臺灣高雄師範大學華語文教學研究所）

1. 引言

1.1　動機、目的、問題

對擬聲類詞的説明，一般語法書不會疏忽，但大多以多音單純詞表態。本文對擬聲類用字論述其内緣詞性。引起研究動機的現象：一、每個漢字兼具形、音、義，爲何還有少部分漢字"只是記録了一個没有意義的音節。（楊錫彭，2003：26、28、95、222）"的説法？二、擬聲類用字例如風吹關門聲"砰"。甲："砰！"擬聲類用字可有詞性？

研究目的：一、解析外來詞建構的因素。二、對比式提出内緣詞建構的因素。三、展現擬聲類用字的詞性。這要凸顯擬聲類用字與其他獨立成詞的字，地位相等。

研究問題：一、外來詞建構的因素爲何？二、内緣詞建構的因素爲何？三、擬聲類用字具足詞性嗎？從這裏要看出不同語言的詞的建構的共性與個性各爲何。

1.2　名詞解釋

擬聲類用字：學界一般認爲，大多數漢字能單字獨立運用（即單字詞），少數漢字不能。本文依竺家寧（2009：6）"聲音造詞"的分類，把那少數字所組成的連綿詞、音譯詞、擬聲詞,統稱爲擬聲類詞。其中連綿詞又稱聯綿詞、連語、璉語;擬聲詞又稱摹聲詞、象聲詞、狀聲詞。在"擬聲類詞"中,因"連綿詞"例如"崢嶸"的取義成分一般比上述後三者高,而且後三者都有"聲"字。爲凸顯該類主要發揮聲音的作用,因此以是否爲"擬聲類"爲分類的標準名稱。進一步將其内含的單字歸爲一類,以"擬聲類用字"呼之。

内緣詞:内緣指構成漢字的形、音、義,及三者建構漢字過程的關係。詞性指含獨立語素,並具有單獨成句能力的性質。内緣詞是從單一漢字的本體現象解析而得的詞的内含性質。

外構詞:内緣詞外加内緣詞而成外構詞。

詞素/語素:詞素、語素同義。就詞而言是詞素,就語言而言是語素。是詞之下的音義結合體,可有書面形式。因此有語素音、語素義、語素形。考慮詞的内部有階層關係,本文多不納入"最小"意旨。

字元:周祖庠(2011:43)指,字元又叫字位、字根、獨體偏旁。研究者將其他構字的非字元元件稱爲"準字元",即如筆畫、不成字構件、字綴、不成字偏旁、不成字部首、不成字聲首等。字元是構字的主要元件,本身獨立成詞,即許慎的"獨體爲文"。需要時和準字元相配,合構成詞。這些元件,古、今漢字皆然。因此不受古、今漢語之別的限制。現象上,字元、準字元對應於獨立詞素、附著詞素與非詞素。

1.3　需要内緣詞的理由

一、爲使人類的語言知識更加精細:洪蘭(2002)在她譯著的"策劃緣起"中説:"背景知識就像一個篩網,網越細密,新知識越不會流失"。内緣詞作爲人對詞的背景知識之一,將使人類的語言知識更加精細,人際更易於相互交流,也可以使人對詞的運用更加仔細。

二、需要增加一個"看得見"的構詞體系:語言學的原文書《An Introduction to Language》(Victoria Fromkin, Robertr Rodman, Nina Hyams, 2011)和翻譯版本《語言學新引》(黄宣範審閲, 2011)都只提到手語構詞學(Sign Language Morphology)。手語是看得見的表達(詞彙)符號。既然有手語構詞學,當然也可以有文字(在這裏指漢字)構詞學。這裏的"看得見"包括心理辭典的"看得見",即也指構形,不限於書面形式。

三、爲提煉出更多中、西語言的共性與個性因素:《漢語字基語法》(程雨民,2003)只是"以語素爲基礎的漢語語法。"漢字的詞性還待挖掘。内緣詞提供認識個性又不傷共性的契機。把語素從形、音、義解析,卻不失"詞"是音義結合體。

四、爲不失本位地傳承與發揚中、西語文精華以促進交流:在强調漢字本位時,也不能疏忽英語的"詞本位"精華。漢字自我展現的"新姿"是内緣詞。内緣詞凸出詞性,讓人看到從語言符號、詞素單位到單用的語詞,都是漢字的屬性。

五、爲更積極有效地學習、教育:可使米勒所説"口語清楚"(洪蘭,2002:74)的方法之一是:對單字義的深入解析。因爲意義度因此比較清晰而豐富。當然,構式語法語義的呈現,也有内緣詞外構的基礎。當"構字法"和"構詞法"(部分或全部)契合,教學雙方的成效都會提高。

六、爲協助改善語言使用的不協調的現象:語言學存在語言符號對譯、語法系統、語法論述的不協調現象①。某些現象固然無法或不需去除,但已顯示漢、英字、詞進一步交流的需要。内緣詞可因交流而改善這些現象。

七、爲釐清漢字元及英字母在詞中的對應關係:内緣詞是拼字元成詞。字元本身便是詞。字元和字元或"準字元",可以合構成詞。就文字構詞學説,字元和英文的字母相對;就傳統音義構詞學説,字元和詞素相對。這般釐清,使關係更和諧。

2. 文獻探討

2.1　對擬聲類詞文獻探討

李靜兒(2007:1、50—51、147、114)的《現代漢語擬聲詞研究》是少有的擬聲詞專書。它除了説明擬聲詞"用語音模擬自然聲音"是"以音記音"之外,有兩點值得在此提出。

一、"擬聲詞本身是模仿聲音而造的詞,而不是表示概念的詞。"這有討論空間,二、她引萊昂斯(John Lyons)的話:"擬聲詞有代表著一定對象的抽象意義。"對照其

---

① 例如"漢字"的英譯,語言學無"字"條目,單純詞卻有兩語素,少數服從多數的"語素文字"的天生缺陷:"琵琶"硬被劃歸單語素。

列舉的 167 個單音節擬聲詞(佔其總列舉數的百分之 19.76),以及單音擬聲詞獨立成句的例子:"噹！噹！噹！上課鈴響了。"讓人看到單音擬聲詞的詞用。

2.2 對解析語詞文獻探討

楊錫彭(2003:前言 4、59、61、102)《漢語語素論》是少有的語素論述專書。他的觀點大致是:一、在共時系統對語素與詞的探究,不能没有歷時的考慮因素。二、不能拘泥於漢字形義關係的辨析。三、對漢字"没有語音形式的存在,不能憑空指認語素的存在。"認爲"字符是語素識別的參照,但不能作爲依據。"他的理論基礎是"字法與詞法不是一回事"。

2.3 對漢字屬性文獻探討

周祖庠(2011:397、28)的書名雖有"古漢字"三字,但前説"漢字的基本性質並無任何改變",後説"新的詞匯層出不窮"。這表明古、今漢語之異在詞匯,不在漢字。

周書提示隱、顯性的表音,隱、顯性的表義,結合形、音、義三位一體的漢字,建立了漢字的新面貌。然而,"古代漢字是詞文字;而非像現代漢字一樣,是詞(語)素文字。"這和本文的看法不同。

周祖庠(2011:28)指出"古漢字是音義皆表的第三種文字",並以"'音義皆表''詞——音節'文字"稱之。(該書目録及内文)將"詞"與"文字"連結在一起,是正確的創舉。

3.研究方法

3.1 理論與作法

一、現象學方法論的運用(外來詞現象);二、學術思想的相互滲透(對比英、漢的構詞因素);三、語言中的人文精神(觀照外來詞,揭示漢字本位);四、從反思異常以發現真理的角度(英語有詞符——字母串和音標,漢語有什麼和注音符號?);五、從形、音、義入手(字法,或可稱"微型語法")。以理論伴隨具體論述。

　　本研究先爲詞（含形、音、義）定位，再探索提取語素（詞素）的順序與方法，然後才揭示擬聲類用字的内緣詞性。這樣期使論述紮實進步。

3.2　從現象歸納外來"詞"

3.2.1　完整外來的詞性

　　根據黃宣範（2011：390、55）及其原文書的信息，整理英語詞的性質即其詞性於下：

　　具有形：獨立橫式看得見的一串字母。"……字串 house（語言的書寫形式）所代表的音是指 ⌂ 這個概念。"具有音：獨立聽得到，内含音素，最少有一個音節，和特定意義相關的一串音。"所謂詞就是和特定意義相關的音串。"具有義：獨立能感知，必含或等於獨立詞素，但是在成俗慣例中，且是武斷而成的意義。"有些詞素本身就是詞，如 boy……稱做獨立詞素（free morphemes）。"

　　詞除了形、音、義之外，當然還有三者之間的連結關係。人發揮心理詞典的功能，結合形、音、義的詞性内涵成就内緣詞。但詞素爲構詞可能變形、變音、變義：例如 webinar（由"Google 翻譯"查詢，播放，擬音：DJ：[ˋwebinaː]）是網絡研討會的意思。由 web 和 seminar 拼綴而成。形：web 被切割，seminar 部分捨去。音：web 連結其他成分，seminar 部分捨去。義：web 從"網絡"到"網絡的"；seminar 從"研討會"到"的研討會"。這是分析詞素時不能忽視的環節。

3.2.2　外來詞建立的考慮因素

　　從外觀特徵説：外來詞當下現象的"一串"顯然是研究"詞"必須考慮的因素。它並没背離音、義結合的"詞"本質。

　　從内裏説：屬於詞的内部成分是，甲、語素與非語素："詞素是聲音加上語意。"（黃宣範 2011：54、55）有無意義成爲判斷的標準；乙、附著語素與獨立語素："有些詞素本身就是詞，如 boy……稱做獨立詞素（free morphemes）。其他詞素像－ish……，無法單獨構成一個詞，……。這些詞綴（affixes）稱做附著詞素（bound morphemes）。"能否獨立成詞成爲判斷的標準；丙、詞與非詞：米勒説"可以單獨説出當作句子的形式"（洪蘭，2002：62）。能否單獨成句，成爲判斷的標準。

　　這種定義顯示：需先能獨立成句，其次能獨立成詞，才能是獨立詞素。這種由大而小的因果關係，只能作爲由上向下的分析理路，不能作爲討論最小音義結合體——語素的本質(本性)依據。因爲語詞的運用需要看有無適當的語境,那並不影響詞本具的特性:形、音、義的獨立性與關連性。

整理外來詞在未呈現於書面時,建立的考慮因素:一、獨立的"一串";二、音義結合體;三、有能力獨立構句,在適當語境能呈現句子功能。

4.發現與討論——内緣詞建立的考慮因素

4.1 獨立的一串相對於獨立的方塊

"没有任何一個書寫系統會把一個詞當中幾個不同的詞素加以隔開,雖然説話者都知道詞素何在。"(黄宣範 2011:747)反向説,既然有隔開的現象,就代表不同詞素。因此,將兩個漢字累加,是兩個獨立音的漢字(音、形已隔開)代表不同的詞素。將漢字累加兩字以上而説是單純詞,顯然和西方的認知不同。

本研究從句中單一漢字的整體向内(下)看,分析出語素、成分。這樣才是同等級地和西方詞對比。方塊的内容類比於英語的一串,除了是書寫的形,也是心理辭典中的獨立單位。

4.2 音義結合

4.2.1 音的部分

語言的共性是音比符容易變化。英語因此有字母詞和音標之别。在這共性的基礎上,相對於漢語的個性,便有漢字詞與注音符號(或漢語拼音或其他標音系統)之别。上述周祖庠(2011)"古漢字形體的表音機制"及"古漢字的音義關係"都表明漢字是音符。音標例如 KK:[aI]不同於音符例如"I",而是英語"音標與英語拼字對應"表(黄宣範 2011:292)的音標。内緣詞的音符類比於英語字母串,就是漢字。

音標只表音,音符(漢字)音義皆表。(周祖庠,2011:27)語音是語義的符號,音符是語音的符號。英語的字母串因此成爲"語言的符號"。如果漢字不做音符,漢字如何成爲"語言的符號"? 漢字是經過造字原則組合的方塊音符。

既然漢字與英語詞都是音符,探討英語詞不從音標入手而從字母串這音符入手,探討漢語詞當然也不從注音符號或漢語拼音入手而要從單一漢字這音符入手。

如果把注音符號或漢語拼音拼合而成的那"一個語音塊"當成唯一的語素音,進而判定單一漢字只有一個語素,就不符合"語素作爲最小音義結合體"的基礎。因爲内緣詞的音節只有一個,語素音卻可以不只一個。詞音一定要含語素音嗎? 漢語的詞音呈現不同於英語,漢語内緣詞的音,從語素到詞過程中的變化比較大,自然不能用英語的標準看待語素音。但這並不表示兩者没有語音的關係。因此,這無礙漢語的語素音的地位。請看以下論述。

4.2.2 義的部分

文字構詞學,除了"漢字作爲音符"之外,漢字更在義的層面發揮。"語言符號畢竟是語音、語意的結合體,因此不能拘泥於漢字形義關係的辨析。"(楊錫彭 2003: 95)。但如果從形義關係能解析出音義結合的語言符號,那形義關係便是解析詞性的利器。我們要説:漢字作爲音符,同時也是義符、形符。

瑞士語言學家索緒爾提到(周祖庠,2011:435)①:

對漢人來説,……在談話中,如果有兩個口説的詞發音相同,他們有時就求助於書寫的詞來説明它們的意思。

漢字的形既然有助於辨義,當然可用於辨别語素義,而對辨别詞和詞素有所助益。可惜的是,華語圈惑於流行理論,而將字法排除於詞法之外。

從音符(字)入手,字的義是首要考慮,因爲語音(音符)是爲意義服務的。如果没有義,再多的音都不是語素。例如英語單純詞 boycott 中的 boy 不是語素。相反的,有義無音可以是圖形符號具有表達功能,這在漢字内部是常事,例如"上"字中標誌上位的那點標誌,對比於英語 Monster 的兩個音節是 mon+ster 也是無義的。因此要先確定語素義,再探究語素音。確定語素義(義素)的數量後,再針對該語素探究語素音。所以,"知道一個詞,意味著知道某一音串所代表的語意。會説英語的人能輕易的把那一連串的語音斷開"(黄宣範 2011:46)。知道"意義",可以斷詞,可以探討詞素音。

4.2.3 結合成詞

值得注意的是,"tsk 在 Xhosa 語屬於語音,但在英語裏卻不是。""一般而言,各個語言中能組成詞的一套語音,或多或少都與其他語言不同。"(黄宣範 2011:260)

---

① 引索緒爾《普通語言學教程》P47—48,商務印書館,1980 年。

説的是語音,卻透露出"不同語言"内"結合成詞"不同的過程跡象。

楊錫彭(2003:40)提到"字法與詞法不是一回事",並説"在紀録語言成分時,"湖"是以一整體起作用的,並不是聲旁表示聲音,形旁表示意義。"

現在以擬聲類用字"琵"爲例。它的聲音確從"比"變音而來,它的意義確從"玨"縮義而來。"琵"是"叫做'琵'音的一種樂器"。"比"、"玨"兩者音、義俱全,又和"琵"的意義具有結構關係,當然是其語素。至於"比"義、"玨"音無關"琵"的義、音,並不影響語素和詞的關係。字法和詞法不是一回事,但是"可以相通"的一回事。因此我們可以從字法抽繹出(解)詞法,依序:析義,解形(構形,非專指書面形),求音。含變通方法如從義直接得音與從音直接得義。

對語言的感知,心理學家認爲"兼具由上而下(top-down)及由下而上(bottom-up)兩種處理過程。"(黄宣範 2011:515)上例從字法分析出兩個語素,是由上而下;將兩個語素結合成詞,是由下而上。這樣的感知,符合對漢語的理解。"建構語意的每一步驟都是根據知覺信息與伴隨的詞彙訊息。"(黄宣範 2011:514)語音有助於找出語素義。這語音是"知覺信息",但這是就英語説的,就漢語説,可以來自語形即字形。因此,"玨"音與"比"音不内含於"琵"音("比"和"琵"有同韻關係)的問題得到解決:一是外來詞音大多不同於語素音,而且語素爲造詞常變音。二如果"琵"的音是"玨比",它便内含"玨"音;但漢語是造成單音節的"琵"音,所以不内含"玨"音是正常的。

"比"義:並列。"玨"義:二玉相和。當然,我們在解析詞義、語素義時,不要忘了米勒説的至理:"一種語言分析家並不需要知道它的意義,只要説這種語言的人了解它的意義即可。"對從事漢語研究的分析家來説,從字法或詞法解析而得的意義"囫圇一團",並不是楊錫彭(2003:102)認爲的不足取,而是正常現象,只要那意義確實存在,説、聽者明白即可。其實每個漢字既然都是形、音、義俱全,無論它用於何處,尤其擬聲類詞。

4.3　獨立發揮功能完成任務

依文字構詞法,"孑"的語素是"孑"、"子"、"⼀";"孓"的語素是"⼇"、"子"、"丶"。其中"子"是獨立語素。

"請問您,紙上'孑然一身'的第一個字怎麼念?"的答案可以是"孑(ㄐㄩㄝˊ、

jué)。""子"已完成單獨成句的任務。這個例子的特殊處：一、例子不是上述"複合型"的内緣詞"琵"；而是附加詞綴型的内緣詞"子"、"了"。二、語境變化，詞用也會變化。關於後者，請看下述。

一、語境的幫助和限制：無論"子"、"了"以獨立語素身份獨立造詞，還是以詞的身份獨立成句，都有語境的幫助和限制。重要的是，這些都是詞之用，不是詞之性的範疇。其實，要講"詞用"最便捷又清楚的，是從"子"到"子了"，以及從"了"到"子了"的使用。那兩個一組的前、後詞的表現，最能顯示語意同一性（不一定義同）。即因此證明這種詞用是"合乎規矩"的。

二、詞的内在變動性："忸怩"與"忸忸怩怩"共存説明了："重新分析"（reanalysis）可以在共時層面的語素探討中發揮正面的作用。由於語境的幫助和限制，詞性的内容會隨時間、空間的條件而變化。楊錫彭（2003－2004）所説語素義"有意義的"及"虛化"，及習晏斌（2006：211）所説"詞的潛與顯"，都説明了詞性内容的動態變化性也是詞性。詞性不受詞用限制。

既然連綿詞的字往往無定型（王松木，2004：90；竺家寧，2009：6），癲沛、巔沛、顛配的音可代顛沛的音它們各自一經表音所表的義，卻是同義（顛沛）。這些音因此有意義的同一性。就此而言，所謂音義結合中意義的同一性，漢語語素或詞的意義的同一性就更廣了，因爲同音字多。

4. 結論

爲内緣詞的成分補充説明：語素形：漢語"文字構詞"有時透過周祖庠（2011：105）的隱性表音機制。以形表義，再以義（符）表音：例如"刹"之"刂"表類屬義，與"杀"結合，再由"刹"表音。遂行構詞任務。語素音：造詞過程或音變造成的語素音不同於詞音，如"刹"的獨立語素：形：杀（也用於"殺"）。音：無音，擬音"ㄕㄚ"（在下表以括弧表示，例如（ㄕㄚ）。）這是由上向下擬音：刹既由下而上從"殺"省聲，現在要由上而下析詞，自然可由上而下擬音，以還原下位成分。

語素義：内緣詞（單一漢字）的義，依周祖庠（2011：187、280）所論，有構音義、語音義、構形義、形體義、詞彙義。他所説的詞彙義，無論從音來還是從形來，都包含對外構詞即多音詞的意義論述。這和内緣詞不同層次，本文不採該説。構音義和構形義可呈現本義;語音義和形體義是歷時中某點的呈現,這個某點包括當下(共時)的呈現,最符合我們從現象解析詞義的要求。因此,研究者採語音義和形體義爲主,構音義和構形義爲輔,對語素義論述。

　　就上述提及的擬聲類用字,依類舉例成表。漢語拼音在注音符號之後以括弧表示,無音而所擬之音也以括弧表示。

表1　擬聲類用字的語素、詞性、詞用分類舉例表

	用字	字義	語素:語素形(書寫符號)、語素音、語素義、構詞功用	詞性	詞用
聯綿詞:顛沛	沛 ㄆㄟˋ(pèi)	水草叢生的沼澤地。	1.形:水(氵)。音:ㄕㄨㄟˇ(shuǐ)。義:河流,分子式是 H_2O 的流動物質。 2.形:貼圖。音:無音。義:叢生的草類,含"多"義。以形表義,再以義表音。	獨立語素:水(氵)。	充沛
音譯詞:梵刹	刹 ㄔㄚˋ(chà)	土、土田、國土;寺廟。是"刹多羅"的省稱。	1.形:刀(刂)。音:ㄉㄠ(dāo)。義:切割的工具之一種。以形表義,再以義表音。 2.形:杀。音:(ㄕㄚ)(shā)。義:寺廟。以音表義。	獨立語素:刀、杀(殺、刹)。	古刹
擬聲詞	琵 ㄆㄧˊ(pí)	一種撥弦樂器。P1358	1.形:珏。音:ㄐㄩㄝˊ(jué)。義:雙并玉。以形表義,再以義表音。 2.形:比。音:ㄅㄧˇ(bǐ);以音表義。義:一種特定的樂器。以音表義。	獨立語素:珏、比	琵露琵雅絲、玩琵家族

　　擬聲類用字既然具足詞性,加上原已單字成詞的漢字,這說明:漢字是詞性文字。本研究對語言學的影響在此。研究者願接受專家指教,期盼文字構詞學能昂步向世界。

參考文獻:

[1]程雨民《漢語字基語法——語素層造句的理論與實踐》,復旦大學出版社,2003年。

[2]李靜兒《現代漢語擬聲詞研究》,學林出版社,2007年。

[3]古衍奎《漢字源流字典》,語文出版社,2008年。

[4]王松木《傳統訓詁學的現代轉化——從認知觀點看漢語詞義演化的機制》,高雄:高雄復文圖書出版社,2004年。

［5］楊錫彭《漢語語素論》，南京大學出版社，2003 年。

［6］周祖庠《古漢字形音義學綱要》，上海辭書出版社，2011 年。

［7］竺家寧《詞彙之旅》，正中書局，2009 年。

［8］George A. Miller 著，洪蘭譯，《詞的學問：發現語言的科學》，臺北：遠流出版社，2002 年。

［9］Victoria Fromkin、Robert Rodman、Nina Hyams；黃宣範審閱，謝富惠、洪蕙如、洪媽益譯，《語言學新引》，臺北：文鶴出版社，2011 年。

［10］Victoria Fromkin，Robertr Rodman，Nina Hyams. *An Introduction to Language*. Wadsworth：Cengage Learning，2011.

談甲骨文的區別符號

朱歧祥

（東海大學中文系）

一、前言

上古先民初造字，基本上是“近取諸身，遠取諸物”①，根據實物外觀作共相的描繪，再經過長期的約定和調整而成的。文字的點畫理論上都是實有所指的，然而又並非全然如此，若干筆畫是由於字體間形近異義而必須作出的增省改變，以方便彼此的區隔辨識。這種屬於區別的字用功能而産生的筆畫變化，不能與單純的文字實義結構混爲一談。以下，試以殷商甲骨文字爲例，觀察文字結體虛實的關係。

二、甲文點畫有屬實物實指

甲骨文字的筆畫常態是描述實物的具體部分，是實有所指，呈現實義的共相内容。如以下諸字例中的點：

雨（𤳹②）、水（𣲁）、沈（𤃭）、泉（𠂢）、益（𥁝）諸字中的點表示水點。

火（𤆑）、燎（𤊙）諸字中的點表示火花。

次（𣢏）象口水。

---

① 語見許慎《説文解字》序。
② 本文甲骨字形，參考中國社會科學院考古所編《甲骨文編》、姚孝遂編《殷墟甲骨刻辭類纂》。

疾（⿸疒𠂤）象汗水。

毓（⿰𠫓㐬）象生子的羊水。

眔（⿱罒氺）象眼水。

改（⿰攴蛇）象擊蛇的血水。

祭（⿱肉又）象祭肉的肉汁。

以上諸字筆畫中的點，都是取象具體實物的象形。

三、甲文點畫有屬虛指

若干文字的發生，其中筆畫結構並不取象任何實物之形，而是虛形造字的方法。文字的點畫並沒有任何實指，反倒只是單純的約定或屬抽象符號。這種虛指的文字結構相當於六書中的指事字，可分作兩類：

1.虛物虛指。

如：上（二）、下（⌒）、一（一）、二（二）、三（三）、四（亖）、小（小）等。字形的全體均屬硬性規定的點畫組合，並不存在任何實義的理解。

2.實物虛指。

如：亦（亦）、弘（弘）、甘（甘）、身（身）等。這些字所附的點畫都是虛指記號，亦沒有實義。它只有強調另一部件中的某一特定位置的功能。如人身兩側腋下位置，弓身最彎曲的部位、咀巴裏面美味的所指、人身的腹部地方。

以上二、三兩項，一屬象形、一屬指事，字例的點畫與甲骨文的區別符號無涉。

四、增區別號而呈現新的形體（屬縱線關係）

文字的發生，由造字的本形本義起。其後字的功能性改變，於是產生了引申、假借等不同的用法。這是站在字的本體而言。區別，則是相對性的觀念，指字與字之間的關係。同一個字的縱線演變當中，由於功能衍生的繁雜，不得不調整筆畫以區別彼此間用法上的差異，以方便辨識。而這種調整的筆畫並沒有實質的意思，它只有區別的作用。調整後字的形體和字的用義隨即分化改變，但和調整前的字形仍有一段含混的共用時期。另造的新形,有仍屬同字異形,亦有衍生出新的字。 無論如何,是屬於文字縱線的區別關係。調整字形筆畫的方式,有:

1.增虛畫(a)

(1)隹 ♦ (n)→ ♦ (n)族名

(2)羊 ♈ (n)→ ♈ (n)族名

(3)刀 ♦ (n)→ ♦ (n)族名

2.增虛畫(b)

(1)矢 ♦ (n)→ ♦ (v)至

(2)凡 ♦ (n)→ ♦ (v)盤旋

(3)自 ♦ (n)→ ♦ (v)遣師

3.增口符

(1)目 ♦ (n)→ ♦ (n)人名

(2)弓 ♦ (n)→ ♦ (n)族名

(3)隹 ♦ (n)→ ♦ (n)地名

4.調整形體

(1)人 ♦ (n)→ ♦ (n)族名

(2)豕 ♦ (n)→ ♦ (n)族名

(3)虎 ♦ (n)→ ♦ (n)族名→ ♦ (n)人名

(4)五 ✕ (n)→ ✕ (n)族名

(5)八 ♦ (n)→ ♦ (n)地名、婦名

五、增區別號作爲區隔字與字之間的功能(屬平衡對應關係)

不同的文字在同一時空中出現,由於彼此形同或形近的關係而容易引起辨識和書寫上的混淆,於是相對的字形不得不作出一些硬性筆畫調整或增減的要求,以相互明確區隔彼此的字用功能。當然,在筆畫調整前彼此字形仍會有一段混同的狀態。相互間筆畫調整的方式,有:

1.增虛點或虛畫①

(1)周田↔田田；上甲⊞

(2)日◇囗↔璧○○㔾；丁囗；宮㗊

(3)月☽／☾↔夕☽／☾；肉☽☽

(4)寅↑↑↑↔矢↑

(5)帝↔燎

(6)舌↔言↔音

2.調整形體②

(1)火↔山

(2)玉↔王

(3)丑↔又

(4)戌↔戊

(5)壬↔工↔示

(6)見↔望

(7)兄↔祝

(8)土↔士（偏旁：牡；吉）

---

① 近人論字，忽略文字本身有區別義的功能，往往率以實義來誤判字形。如一周字，甲文有作田，增四點是爲與形近的田和殷先祖上甲加以區分，近人不察，誤四點爲田中植物。如：徐中舒理解周字爲"其中小點象禾稼之形"，參徐著《甲骨文字典》P94，四川辭書出版社，1989年。温少峰謂"象田中種植作物之形"，參温著《殷墟卜辭研究—科學技術篇》P200，四川省社會科學出版社，1983年。鄭慧生更認爲是"象一方田中種滿了粟米"，參鄭文《商周文字中的義符》，宋鎮豪編《甲骨文與殷商史》新二輯 P190，上海古籍出版社，2011年。其後周金文的周字增从口，亦只是强調區別作用，並無實義。如一日字，甲文有作囗、◇，增虛點只是要與同形的璧、丁、宮等字有別。但近人卻有火鳥、黑子之説。如：王襄言"日中有鳥烏"，徐灝《説文段注箋》稱"日中黑子"，説參于省吾主編《甲骨文字詁林》第二册 P1089，中華書局，1996年。又如一月字，甲文有作☽，增短豎是要與同形的夕、肉字相區隔，特別是月和夕二字在甲骨不同斷代時期會以中豎的有無來作區別，更可證豎畫只有別義的功能。但近人卻生月影之説。如：王襄言"月，中畫象月之暗處"，參《甲骨文字詁林》第二册 P1111 頁引。其他如寅之與矢、帝之與燎、言音之與舌等例所增添的橫畫和部件，都只是表示區隔的作用，不能以實義視之。

② 以下諸字，如火與山，丑與又，壬與工與示，百與白等，都有混用的例子。對文字的解讀，不能單純由字形來看，必須同時注意字在上下文文例的用法，才能客觀地破解字義。

(9) 百 [甲骨文] ↔ 白 [甲骨文]

(10) 舌 [甲骨文] ↔ 叶 [甲骨文]；[甲骨文]

以上四、五兩項字例，無論是縱線的抑或是橫線的，談的都是字與字之間的關係。由於需要呈現形近字之間的區隔，才會作出筆畫單獨或相互對應的調整。這些筆畫增省或改變，與單純的文字個體實義分析並沒有必然的關係。因此，吾人在了解文字的本體本義時，必須要考慮或清楚認識這些具備區隔功能的特殊點畫，才能正確的掌握文字形體的真相，並客觀了解文字筆畫的時代意義。

六、由區別號觀察字形用例——以目、昌二字爲例

甲骨文的目字，獨體象形，象眼睛①。臺灣學者張秉權在《殷虛文字丙編考釋》210 頁中區分目字用法有三："一、用作人身器官之名者，二、用作地名者，三、用作人名者②。"細審卜辭辭例，目字的用法除了作爲本義眼睛，如"疾目"〈集 456〉、"王目"〈集 1748〉；作爲地名，如"呼雀圍目"〈集 6946〉、"王其田殺，至于目北"〈集 29285〉、"王其田目"〈集 33367〉；作爲人名，如"子目"〈集 3201〉等三種用法外，復有作爲附庸，如"用目來羌"〈集 229〉、"叀王令目歸"〈集 32929〉、"目入"〈懷 889〉；作爲動詞專注、監視的意思，如

"呼目舌方"〈集 6194〉③。

目字的用法總括有上述五種。其中值得注意的，是用爲人名的"子目"，由文例互較，目字有增口符作冒。例：

〈集 14034〉庚午卜，賓貞：子目冥，妫？

〈集 10432〉□卜，㱿貞：子冒冥，不其妫？

"子目"、"子冒"俱見於第一期卜辭，同用爲殷武丁時有身孕的女子。當屬同一人名的異形。"子目"一文例自是目、冒爲同字異形過渡的重要橋梁。目字本作眼目形，剛開始有借爲人名的用法，但因爲其後要突出人名用法的專屬，復要與其他用

---

① 《說文解字》目部："目，人眼，象形。"
② 參張秉權《殷墟文字丙編》，中央研究院歷史語言研究所出版，1957 年。
③ 于省吾編《甲骨文字詁林》第一冊 P554，目字按語："用作動詞，其義不詳。"

法加以區隔。因此，作爲人名時會增口符以示意。目字增口作爲人名，單在"子目"一例的書寫上顯然仍未固定。由姚孝遂編的《殷墟甲骨刻辭類纂》中分別收録"子目"、"子眲"的用例各都有五條可見。但眲字用爲第一期祭祀的先祖名時，卻已擁有較常態和一致的寫法①。如：

1.〈集 14749〉貞：燎于王亥？

貞：燎于眲？

☒恒？

按：本版燎祭的眲，與殷先祖王亥、王恒同版。

2.〈集 1051〉貞：屮于眲：十人？

屮于眲：卅人？

按：本版侑祭眲，同版另見"屮王矢"、"屮于☒"、"屮于父乙"例。父乙，即小乙。

3.〈集 938〉反勿祸屮于眲：豕？

按：本版侑祭眲，同版另見"眲于示壬"、"眲于唐"例。示壬即〈殷本紀〉的主壬，唐即成湯。

4.〈集 14689〉祀眲？

5.〈集 14688〉☒卜：叀魚酓眲？

6.〈集 10100〉奉年于眲？

7.〈集 14685〉☒勿祐眲？

8.〈集 14686〉反勿燎，祢于屮眲？

9.〈集 13507〉貞：作邑？

貞：☒于眲？

按：本版祭祀眲，同版見卜問興建城邑的吉凶。

10〈集 410〉☒卜，敵貞：燎眲：一羌☒？

11〈集 12846〉☒眲，雨？

字形由目而眲，固定的用爲專有名詞某祖名。由以上辭例，見殷人崇敬的以不同祭儀（燎、侑、祀、酓、祐、祢）祭拜祖先眲，祈求豐年、降雨，以及作邑。眲用作殷商的

---

① 2002 年考古研究所安陽工作隊在小屯村南新掘出的午組卜辭，有"戊午卜，燎目，奉雨"〈村中南 299〉，仍見目、眲作爲殷祖先人名用法過渡的痕迹。

遠祖名，與示壬、王矢、🐍①、唐等先公見於同版。〈集 14749〉一版更見殷人多次順序燎祭旹和王亥、王恒②。劉桓曾在《甲骨徵史》〈甲骨文旹字一解〉一文中推論旹應是〈殷本紀〉振的父親冥③。旹，莫六切，明母覺部（miəuk）；冥，莫經切，明母耕部（mien）④。二字聲母相同，韻尾部位相當，元音高低卻不相同。但由祭祀的順序看，認爲旹即殷先祖冥，亦可備一說。然而，劉於文末卻說："旹字所从的口也許是如🐍（出）、🐚（各）所从，是表示地穴形，則🐚當爲察視穴居之義。"則明顯大誤，他並不了解目、旹本屬同字源的關係，从口只是字的功能性改變（轉用爲人名）而增加的區別符號，遂加以曲解字形，終未能真正呈現該字字義的本來面目，殊爲可惜。

七、結語

考釋文字，不宜單執著於文字本身的結構，亦要考量同形異字或形近字的用例異同。本文由字用的角度，強調了解古文字中區別符號的重要性。消極的說，認識區別號的存在，幫助我們不流於強解或誤解字形，還字形的本來面目；積極的說，它能幫我們了解字與字之間的縱線和平衡的關係。讓我們分析文字時，除了就字論字，針對個體結構進行討論外，更要懂得抽離的、立體的由對比的狀態考慮文字筆畫部件的真相。對於研究文字的方法言，足以提供多一個思辨方向。

參考文獻：

[1]陳夢家《殷虛卜辭綜述》，中華書局，1988 年。

[2]董作賓《甲骨文斷代研究例》，臺北："中研院"歷史語言所專刊，1965 年。

[3]郭錫良《漢字古音手册》，北京大學出版，1986 年。

[4]劉桓《甲骨文旹字一解》，《甲骨徵史》，黑龍江教育出版社，2002 年。

---

① 董作賓釋作契，參董著《甲骨文斷代研究例》P11，《中央研究院歷史語言所專刊》之五十附册，1965 年。
② 《楚辭·天問》殷先祖的順序是：季一該一恒，《史記·殷本紀》世系是：冥一振。王國維在《觀堂集林·殷卜辭中所見先公先王考》一文中首先考釋出甲文中的王亥，相當於文獻中的該、振。恒爲王亥之弟，而季是該、恒之父，相當於《殷本紀》的冥。相關的討論，參陳夢家《殷虛卜辭綜述》第十章 P336 有關《殷本紀》先公與卜辭對照。
③ 劉桓《甲骨文旹字一解》，《甲骨徵史》P311，黑龍江教育出版社，2002 年。
④ 切語參段注《說文》；古音參郭錫良《漢字古音手册》，北京大學出版，1986 年。

[5]王國維《觀堂集林》,中華書局,1959 年。

[6]宋鎮豪編《甲骨文與殷商史》新二輯,上海古籍出版社,2011 年。

[7]温少峰《殷墟卜辭研究・科學技術篇》,四川省社會科學出版社,1983 年。

[8]徐中舒《甲骨文字典》,四川辭書出版社,1989 年。

[9]許慎《説文解字》,臺北:洪葉文化事業有限公司,1998 年。

[10]姚孝遂編《殷墟甲骨刻辭類纂》,中華書局,1989 年。

[11]于省吾主編《甲骨文字詁林》第二册,中華書局,1996 年。

[12]張秉權《殷墟文字丙編》,臺北:"中研院"歷史語言研究所,1957 年。

[13]中國社會科學院考古所編《甲骨文編》,中華書局,1978 年。

牛肩胛頸刻辭順序的再認識

吴麗婉　　曹兆蘭

（深圳大學文學院）

　　在《牛肩胛頸刻辭順序試探》[①]一文中，筆者已經論證，殷人在牛肩胛頸上刻辭有一定的規律，左右卜辭的契刻有先後順序，即無論左右肩胛頸，靠近切去臼角，有切口一邊的刻辭在先。根據這一結論，筆者進一步全面檢視了《甲骨文合集》[②]（以下簡稱《合》）1—6 册的牛肩胛頸，並對照了《甲骨文合集釋文》[③]（以下簡稱《釋文》），認爲共有 74 例的牛肩胛頸刻辭順序應當重新排列。這 74 例大約可以分爲以下三類：

1. 左右刻辭干支同日或相距 30 日[④]的順序

　　《釋文》一般選擇干支間距天數短的來論先後。這種選擇，在面臨干支同日或相距 30 日的刻辭時，尤其束手無策。而按照"靠近切口一邊的刻辭在先"這一規律，就可以迎刃而解。

1.1　左右刻辭干支同日的順序

　　在《牛肩胛頸刻辭順序試探》一文中，筆者已經列出《釋文》對《合》377、《合》

①　吴麗婉、曹兆蘭《牛肩胛頸刻辭順序試探》，《深圳大學學報》（人文社會科學版），2011 年（3）。

②　郭沫若總編《甲骨文合集》，中華書局，1978—1983 年。

③　胡厚宣《甲骨文合集釋文》，中國社會科學出版社，1999 年。

④　甲骨卜辭的計日法有以所卜之日始計的，也有以所卜之次日始計的，詳見黄天樹《古文字論集》P422—423，學苑出版社，2006 年。爲了與六十甲子相結合，本文皆採用以所卜之次日始計的卜辭計日法。

1534 正、《合》5357、《合》6197－6200 等七例的錯誤排序。此外,還有以下 8 例:

1.1.1　《合》5815(右線右先①):

5815

《合》5815,用觀線條的方法可斷定此爲右肩胛頸,切口應在右。其右辭"乙亥卜,亘,貞:其□",契刻順序應在先。而《釋文》誤爲:

⑴乙亥(卜).□.貞其……啓不……
⑵乙亥卜.亘.貞其□.

1.1.2　《合》6399(左線左先):

6399

《合》6399,用觀線條的方法可以判斷爲左肩胛頸,左辭"庚申卜,[殼殳②],貞:今者[王]循……"契刻順序應在先,而《釋文》誤爲:

⑴庚申卜.殼.貞今者王循伐土方.
⑵庚申卜.[殼]貞今者[王]循……

　　類似此類錯誤的還有《合》7982、《合》9055、《合》14585 正、14586 正、14587 正、《合》17074 正。

　　以上可以大致看出,《釋文》排序在前的刻辭往往較爲完整清晰。這固然方便今人的閱讀,卻不能反映甲骨刻辭的真實順序。

1.2　左右刻辭干支相距 30 日的順序

　　肩胛頸左右干支相距 30 日的刻辭,《合》1－6 册中共有四例,其中《合》16788、《合》16935 正等二例,《釋文》排序有誤,而另二例排序正確。在《牛肩胛頸刻辭順序試探》一文中,筆者已經列出《合》16788、《合》16935 正的錯誤排序,此不贅。

---

①　1.左肩胛頸用"左"表示;右肩胛頸用"右"表示。2.判斷左右肩胛頸的方法"看切口"用"切"表示;"據鑽鑿"用"鑽"表示;"辨殘存"用"殘"表示;"觀線條"用"線"表示;"察兆序"用"兆"表示。3."左先"表示肩胛頸左邊卜辭先契刻,"右先"表示肩胛頸右邊卜辭先契刻。"右線右先"的意思是:右肩胛頸,用觀線條的方法判斷,右邊卜辭先契刻。

②　在沒有對應的現代漢字時,筆者多採用通用字或形近字楷化,有些楷化不同於《釋文》。

2. 左右刻辭干支不同的順序

左右刻辭干支不同可以細分爲兩種情況：

2.1　左右刻辭干支不同，其刻辭爲成套刻辭。

2.1.1　《合》564 正（左兆左先長）是成套刻辭之二（《合》僅著録此一版）：

《合》564 正，用察兆序的方法判斷爲左肩胛頸，左辭"甲辰"條順序應在先，而《釋文》誤爲：

(1)甲午卜，貞戠多僕。二月。　二
(2)甲辰卜，貞气令吴氐多馬亞省，在南。
　　二

564 正

甲午至甲辰 10 天，甲辰至甲午 50 天，大概是因爲甲午至甲辰的天數較短，所以《釋文》將"甲午"條置前。而筆者認爲，"卜辭干支表面上所間距天數的長短，不能視爲判斷刻辭先後的充要條件……無論左右肩胛頸，靠近切去臼角有切口一邊的刻辭在先"①。

2.1.2　《合》6185（左線左先）是成套刻辭之四（《合》僅著録此一版）：

《合》6185，用觀線條、察兆序的方法可以判斷爲左肩胛頸。因此，左辭"庚寅"條契刻順序應在先。而《釋文》誤爲：

(1)戊寅卜，㱿，貞勿于自般从燮。　四
(2)庚寅卜，㱿，貞勿冒人三千于望盂方。
　　四

6185

戊寅至庚寅 12 天，庚寅至戊寅 48 天，《釋文》將"戊寅"條排序在前，大概也是因爲戊寅至庚寅的天數較短。

---

① 　吴麗婉、曹兆蘭《牛肩胛頸刻辭順序試探》，《深圳大學學報》（人文社會科學版），2011 年（3）。

類似此類錯誤的還有《合》2954、《合》2955、《合》17360 正。

2.2　左右刻辭干支不同，其刻辭非成套刻辭

筆者在《牛肩胛頸刻辭順序試探》一文中已經列出《釋文》對《合》299、《合》6226 二例的錯誤排序，此外還有：

2.2.1　《合》268 正（右線右先）：

《合》268 正，用觀線條、辨殘存的方法可以判斷爲右肩胛頸，右辭"丁酉"條順序應在先，而《釋文》誤爲：

⑴癸酉卜，䶂，貞翌甲戌用（口）氐羌，
　　易日。甲口用自上甲，允易。
⑵丁酉卜，凹，貞告……

癸酉至丁酉是 24 天，丁酉至癸酉是 36 天，《釋文》將 "癸酉"條排序在前，其理由大概是癸酉至丁酉相距天數

268 正

較短，且"癸酉"條清晰完整。

2.2.2　《合》2774 正（右線右先）：

《合》2774 正用觀線條的方法判斷爲右肩胛頸，右辭 "甲寅"條順序應先，而《釋文》誤爲：

⑴丁丑卜，爭，貞却于祖辛十寧。　一
⑵甲寅卜，爭，貞勿却帝螺于（毋）庚。

2774 正

丁丑到甲寅 37 天，甲寅到丁丑 23 天。《釋文》將"丁丑"條排列在前，"甲寅"條 排列在後，大概是因爲"丁丑"條爲"禦"，"甲寅"條爲"勿禦"，將這兩條卜辭誤爲對 貞卜辭，所以將正貞卜辭置前，反貞卜辭置後。但是，此版並非對貞卜辭，而是在不 同時間，因爲不同原因、占卜向不同的祭祀物件進行祭祀，不過湊巧一爲"禦"，一爲 "勿禦"。

2.2.3　《合》10229 正（左切左先）：

《合》10229 正，從切口在左可判斷爲左肩胛頸，左辭"辛未"條在前，而《釋文》 誤爲：

(1)辛酉卜，韋，貞今夕不其…… 一

　二告 三 四

(2)辛未卜，亘，貞往逐豕，隻。 一

　二 不玄冥

　一

10229 正

此外，《釋文》對兆序的安排也有誤。從拓本上可看出，條及"辛未"左邊兆序"一"均爲瘦筆，"辛酉"條及其餘的兆序"一二三四"均爲肥筆，所以兆序"二"應歸屬于"辛酉"條。

2.2.4　《合》12052 正(右線右先)：

《合》12052 正，用觀線條的方法可判斷爲右肩胛頸，右辭"戊申"條順序應先，《釋文》誤爲：

I2052正

(1)乙酉卜，宁，貞宁，貞夢不隹之。

　三

(2)戊申卜，㘟，貞今日其雨。 一

乙酉至戊申 24 天，戊申至乙酉 36 天，《釋文》可能根據乙酉至戊申天數較短，將"乙酉"條排前。

此肩胛頸出現了兩處"賓貞"，其中一處應是衍文。

類似此類錯誤的還有《合》180、《合》849 正、《合》4576、《合》5522 正、《合》8810 正、《合》9715、《合》9790 正、《合》9966、《合》10199 正、《合》10594、《合》12309、《合》14703、《合》15619、《合》16230 正、《合》16722、《合》16768、《合》16790。

3. 左右刻辭缺一干支的順序

左右刻辭缺一干支(包括缺天干或缺地支)，又可以細分爲三種情況：

3.1　兩條卜辭，一條有干支，另一條缺干支。

在筆者《牛肩胛頸刻辭順序試探》一文中，已經列出《釋文》對《合》174、《合》

3099、《合》3286 正、《合》5111 等四例的錯誤排序。此外,還有:

3.1.1　《合》16357(左線左先):

　　　　　　　《合》16357,用觀線條的方法判斷爲左肩胛頸,左辭
　　　　　　　"己卯"條順序應先,而《釋文》誤爲:

　　　　　　　⑵貞业彳。
　　　　　　　⑶己卯卜,貞不若。

　　　　　　　3.1.2　《合》14513(右線右先):

　　　　　　　《合》14513,用觀線條的方法判斷爲右肩胛頸,右辭
　　　　　　　"貞自"條在前,而《釋文》誤爲:

　　　　　　　⑴甲辰卜,旦,貞业于河。　一
　　　　　　　⑵貞启……其【雨】……

　　類似此類錯誤的還有《合》2003 正、《合》3010 正、《合》12313、《合》13536 正、
《合》16281。

3.2　兩條卜辭,一辭有干支,另一辭缺干支。但是,兩條卜辭實爲對貞或選貞。

　　在筆者《牛肩胛頸刻辭順序試探》一文中,已經列出《釋文》對《合》41、《合》
1661、《合》4304、《合》4405、《合》6220、《合》6303、《合》6316-6317 等 8 例的錯誤排
序,類似此類錯誤的還有 1 例:

3.2.1　《合》10085 正(左線左先):

　　　　　　《合》10085 正,用觀線條、察兆序、辨殘存的方法
　　　　　　可以判斷爲左肩胛頸,左辭"**貞桒**"順序應在前,而《釋
　　　　　　文》誤爲:

　　　　　⑴辛酉卜,宁,貞桒年于河。　二
　　　　　⑵貞桒年于夒九牛。　二

3.3　兩條卜辭,一辭有干支,另一辭缺干支。但是,該版卜辭實爲成套卜辭。

在《牛肩胛頸刻辭順序試探》一文中,筆者已經列出《釋文》對《合》6294－6295的錯誤排序,此外還有:

3.3.1　《合》547(右線右先)－548(左切左先)是成套刻辭:

547　　　　　　　　　　　　548

《合》547 爲成套卜辭之一,用觀線條的方法可判斷爲右肩胛頸,右辭"貞勿"條順序應在前,而《釋文》誤爲:

(1)辛酉卜,爭,貞勿乎氏多模伐舌方.
　帚其受业又。　一
(2)貞勿衆多模乎望舌方,其酋。　一

《合》548 爲成套卜辭之二,用看切口的方法可判斷爲左肩胛頸,左辭"貞勿"條順序應在前,而《釋文》誤爲:

(1)辛酉卜,爭,貞勿乎氏模伐舌方,帚
　其受业又。　二
(2)貞勿衆多模乎望舌方,其酋。　二

《釋文》將"辛酉"條置前,可能是因爲"辛酉"條的前辭完整,而"貞勿"條省略了前辭。

3.3.2　《合》1184(右線右先)－1185(左線左先)可能是成套卜辭:

1185

1184

《合》1184 是成套卜辭之一,用觀線條的方法判斷爲右肩胛頸,因此右辭"貞允"條順序應先,而《釋文》誤爲:

　⑴辛卯卜,畫,貞彡酒于上甲七告。九
　　月。　一
　⑵貞允隹。　一

《合》1185 是成套卜辭,用觀線條的方法判斷爲左肩胛頸,左辭"己酉"條順序應先,而《釋文》誤爲:

　⑴辛卯卜,畫,貞彡酒于上甲七告。九
　　月。
　⑵己酉卜,宁,貞王夢隹人囚。

雖然《合》1184"貞允"條省略了干支,但是參照《合》1185 的左辭"己酉"條,可知其干支本爲"己酉"。由此可知,有些成套刻辭所缺的干支,實際上是從與之配套的成套卜辭而省。這種情況還見於《合》6294－6295(參見《牛肩胛頸刻辭順序試探》),表面上看,《合》6295 右辭"戊申"條前辭詳,應列于前,其實,其左辭"貞勿"條乃承成套刻辭之一《合》6294 的右辭"丁未"條而省。

類似此類錯誤的還有《合》6257、《合》6855 正、《合》6856。

4. 結語

　　筆者發現《釋文》中牛肩胛頸刻辭需要重新排序的共有 74 例,其中《牛肩胛頸刻辭順序試探》已列 25 例,本文所列 49 例。從以上的論述可知,《釋文》基本上是按照刻辭的干支所間距的天數來排序,有時也根據正反貞、刻辭是否完整清晰來排列刻辭的順序,但是這些作法都存在一定的缺陷,不能正確地反映刻辭本來的先後順序。牛肩胛頸刻辭的排序應按照"靠近切口一邊的刻辭在先"這一規律來進行。

參考文獻:

[1]郭沫若總編《甲骨文合集》,中華書局,1978－1983 年。

[2]胡厚宣《甲骨文合集釋文》,中國社會科學出版社,1999 年。

[3]黄天樹《古文字論集》,學苑出版社,2006 年。

[4]吴麗婉、曹兆蘭《牛肩胛頸刻辭順序試探》,《深圳大學學報》(人文社會科學版),2011 年(3)。

説“臣”

——兼談漢字表形構件的探源價值[*]

陳曉强

（蘭州大學文學院）

“構件用與物象相似的形體來體現構意，我們就説構件具有表形功能。”（王寧，2002：49）表形構件具有與物象相似的特徵，因此根據物象來探求漢字形象[①]所表之意是考釋象形古文字的重要手段；但是，物象不等於形象，物象要變爲漢字形象，還要經歷主觀取象和物象轉形的過程。例如，甲骨文“𦣞”與“𠂤”都取象於人的眼睛，但“𦣞”與“𠂤”的用法和所指卻截然不同。透過古人造字時選取物象和轉化物象的認知心理，可以爲漢語詞源的探求提供重要線索。下文以“𠂤”的考釋爲例談表形構件的探源價值。

1.“𠂤”的取象

甲骨文“𠂤”與“𦣞”都取象於人目，關於二者之區別，趙誠（1988：58）指出：“豎目和橫目這兩種形體區別甚嚴。如甲骨文看見作𥄎，因爲是一般地看，所以從人從橫目（眼睛在自然狀態下的形象），張望、遠望的望作𥈠，因爲張望、遠望要極力

---

* 本文是教育部人文社會科學研究青年基金專案“形聲字聲符示源功能叢考”（09XJC740003）的階段性成果。

① 爲了便於論述，本文用“形象”來指稱漢字形體的外觀、形態，這一用法，與一般的“形象”概念有別。

睜目,所以從人從豎目(眼睛在變形狀況下的形象)。又如甲骨文眉毛的眉作𦣻,象眼睛上面有眉毛之形,所以從自然狀況下的横目;驚懼之懼古文作𥈾,人如驚懼目必變形,故從豎目。"從物象特徵看,人眼只能處於横目狀態,①古人在造字取象時將横目變爲豎目,應該出於以下考慮:①誇張地表達眼睛圓睜的狀態;②在字形系統中與"𥃩"對立並互補,"𥃩"表示一般地看,"𦣻"表示睜大眼睛地看。趙誠先生認爲"𦣻"是"眼睛在變形狀況下的形象",指出了"𦣻"不同於"𥃩"之處。當然,如果從物象寫實的角度觀察,眼睛如何變形,都不可能成爲豎狀,這種變形,其實是古人造字取象時對物象特徵的誇張表達。從造字取象角度而言,"𦣻"應有睜大眼睛看的意思,這一意義,可以在以"𦣻"爲構件的"𦣻(望)""𦣻(睪,驚走也)""𦣻(睪,舉目驚睪然也)"諸字中看出。"𦣻、𦣻"同,字形都取象於人驚懼時雙眼圓睜之狀,"𦣻、𦣻"之造意又與"𦣻、𦣻"通,"𦣻、𦣻、𦣻、𦣻"核心形素的提取則爲"𥃩"。"𦣻、𦣻"爲豎目,"𦣻、𦣻"爲圓眼,"𥃩"爲大眼,從字形的相互對比中也可觀察出"𦣻"之字形的取象含有睜大眼睛的意思。

2. "𦣻"的本義

"𦣻"取象於張目而視,然而在甲骨卜辭和後世文獻中卻看不見"𦣻"有張目而視義,其原因可能有二:一是"𦣻"的張目而視義被其他字取代,二是張目而視義僅是"𦣻"的造意。根據"𦣻"之字形分化、詞義分化和同源系聯等線索,本文認爲"𦣻"最初具有張目而視義,只不過後來出於詞義分化的需要,"𦣻"之張目而視義由其他字所記録。

郭沫若(1954:308)認爲:"原初的'鑒'就是'監',只是水盆,象一個人俯臨水盆

---

① 郭沫若先生謂"臣"之取象爲"人首俯則目豎"(詳于省吾,1996:629)。人頭下俯,也非豎目,郭沫若先生的觀點,可能與物象的事實不符。

睜著眼睛（‘臣’字即眼之象形文，即古文‘睜’字）看水。”“監”甲骨文作“🜚、🜚、🜚”等，“🜚、🜚、🜚”中的眼睛是豎目（臣）還是橫目（目），從字形上無法清晰界定。①但是郭沫若先生將“臣”與“睜”系聯起來，爲“臣”之詞源意象的考察提供了新的思路。

　　汪寧生《釋臣》一文根據甲骨文“臣”“目”作爲構件的不同表義功能、傣族“隴達（督耕者）”語源爲“統治者的眼睛”、克裏特古文字中睜大眼睛形爲監督者等線索，指出：“今觀‘臣’字，正是從一個人側面畫出其張目而視的眼睛形狀”，“‘臣’字爲‘瞋（睜）’初文，本義爲瞋目望視，原指最早降服監視同類的奴隸，後引申爲爲君主效勞和辦事的人”，“‘臣’‘瞋’二字同屬真部，音亦相通”。（汪寧生，1979：269）

　　汪寧生先生認爲“臣”取象於監工者睜大眼睛監視狀。就此，趙誠、高明先生也有與汪寧生先生類似的看法。趙誠（1988：59）認爲：“🜚有監視之意，而卜辭的臣爲協助君主管理國家的各級官員，自有監臨之義，兩者有相近之處。臣有監臨之義，其面部表情即眼睛之狀況，有時自然有一種與衆不同之處，故以豎目之🜚表示，似爲一種較爲抽象的象形會意字。”②高明（1998：106）認爲：“‘臣’字形體作張目，正説明他擔當的本職是爲統治者監督奴隸之耳目，後來即將形若張目之‘臣’，引申爲君臣之‘臣’，遂更造作張目解的‘瞋’和‘睜’。”同時，高明先生引高鴻縉《中國字例》：“按，董作賓曰‘臣’象瞋目之形，石刻人體上有此花紋是也。此象瞋目之形，故托以寄瞋意，動詞，後借爲君臣之‘臣’，乃另造‘瞋’，‘瞋’行而‘臣’之本義亡矣。”

　　綜上所述，“臣”之本義當爲張目而視，這可從由“臣”分化的“瞋”“睜”諸字中看出。“臣”與“瞋”“睜”諸字之關係，後文“本義的分化”部分將進一步論述，此不贅言。漢字初期，部分字形可以兼表寫實義和抽象義，例如甲骨文“🜚”既可表示寫

---

①　根據甲骨文形符經常兼有表音功能的規律，我們認爲“🜚”很可能從🜚、從🜚（見），🜚兼表聲（見、監音近）。“🜚”之目當爲橫目。

②　趙誠（2007：26）：“‘臣’字之構形爲何如此尚可再研究。”趙誠先生後來認爲“🜚”之構形取象於監臨這一觀點還有待進一步研究。本文取趙誠先生早期的觀點。

實的禾苗義,又可表示抽象的收成義。① 由字形看,"🔥"的寫實義爲張目而視,而在現實中由於監工者的最大特徵是睜大眼睛監督奴隸勞動,由此,"🔥"在其寫實的張目而視義的基礎上產生抽象的監工義。"臣"之監工義的引申,則產生我們所熟知的臣子、大臣義。

3. 本義的分化

"🔥"在甲骨卜辭中頻頻出現,主要指協助君主管理國家的各級官員。官員義和張目而視義無直接關聯,如果最初"🔥"確有張目而視義,那麼隨著官員義的高頻使用則需要有其他字來分化"🔥"之本義。

黄德寬主編《古文字譜系疏證》:"臣,甲骨文、金文作豎目形而突出其瞳孔,乃'頤'之初文。《説文》:'頤,舉目視人貌。從頁、臣聲。(式忍切)'王筠《句讀》:'頤,《檀弓》曰"揚其目而視之",舉目、揚眉相因之事。''望'字初文作 🔥,從人、從臣,會人舉目遠望之意,是其旁證。"(黄德寬,2007:3474)《古文字譜系疏證》認爲"頤"爲"臣"之後出字,也是以"🔥"形所透露的張目而視義爲基點的。從字形孳乳分化線索看,"臣""頤"之間的形、義關聯非常緊密;從形聲字產生的普遍規律看,"頤"之出現,很可能是"臣"加義符"頁"以分化其本義的現象。遺憾的是,在文獻中我們很難看到"頤"之用例,因此要觀察"臣"之本義在後世文獻中的顯現,還需要繼續擴大考察的範圍。

汪寧生(1979:271)指出:"大概自'臣'字假借②爲奴隸監工的名稱後,由於使用日繁,乃造形聲字的'瞋',以表示瞋目望視。戰國時已大量使用。如《莊子·秋水》'瞋目而不見丘山',《韓非子》'瞋目切齒'。我們今天所用的'睜'字更爲後起,似在晉人呂忱《字林》始見。"由於監工、官員義逐漸成爲"🔥"的主要意義,而且這個意義在甲骨文中高頻出現,因此"🔥"最初的張目而視義就需要從"🔥"中分化出去以實

---

① 拙文《論漢字中的一形多本義現象》(《殷都學刊》2007 年第 3 期)對初期漢字兼表寫實義和抽象義的情況有論述。
② 張目而視與奴隸監工之間有意義的關聯,汪寧生先生所談到的"假借"其實相當於詞義引申。

現""表意職能的清晰。《説文》:"瞋,張目也。""真"聲字有盛、大義,如"闐,盛皃""嗔,盛氣也""謓,恚也""瞋,起也""瘨,病也。一曰腹張"①。"瞋"以'真'爲聲符、以"目"爲形符,正好能在音("臣""真"音近)、義("目"有看義)、源("真"聲有張、大義②)等方面取代"臣"之張目而視義。因此,"瞋"作爲"臣"之後出字,成功地分化了"臣"的張目而視義。

同一個"臣"字,既與《説文》的"頤"對應,又與《説文》的"瞋"對應,一些人必然會産生"頤"與"瞋"孰是孰非的想法。其實,造字非出於一時一地,同一個字,完全可以有不同的後出本字。"頤"在"臣"的基礎上加義符"頁"以分化"臣"之本義符合形聲字産生的一般規律,但是甲骨卜辭和後世文獻都不見"臣"有張目而視義,在大多數人僅能感受到語音/zǐən/③有張目而視義而不知道文字"臣"有張目而視義的情況下,從"臣"中分化而出的"頤"的理據對大多數人而言並不清晰。相反,"真"聲有大義,"目"形表眼睛,"目、真"結合的"瞋"能很自然地體現出張目而視義。因此,在"頤"與"瞋"的競争中,"瞋"最終淘汰了"頤",這也正是文獻中幾乎不見"頤"的原因所在。語言(音、義)在不斷變化,文字也隨之不斷變化,何金松(1996:616)指出"甲骨文、金文'臣'字表示從側面看去的一雙眼睛睜開之狀,獨體象事指事字,動詞,是'瞪、盯、睜、瞋、瞠'的初文。""瞪、盯、睜、瞠"諸字,是"瞋"之不同歷史音變和方言音變的結果,將這些字系聯在一起,又可以反過來更清晰地理解和觀察"臣""瞋"之詞源意象。

4. 實義的變化

"臣"在文獻中有俘虜義,如《禮記·少儀》:"犬則執緤,牛則執紖,馬則執靮,皆右之。臣則左之。"鄭玄注:"臣,謂囚俘。"孔穎達疏:"臣,謂征伐所獲民虜者也。"

---

① "瞋、瘨"爲脹起、張大。"脹、張"同源,"張、大"義通。
② 這裏所講的"義"指詞源意義。詞源意義與辭彙意義有本質不同,爲了表述簡練,此處籠統地用"義"表示"真"聲的詞源意義。
③ 擬音根據郭錫良(2010:365)。

“臣”與“犬、牛、馬”相提並論,可見“臣”是低賤的俘虜。① 可是根據趙誠、汪寧生先生的考據,“臣”是睜大眼睛的監工者,“臣”的地位可以説是高高在上。字形考釋理據與周秦文獻例證相抵牾,問題出在何處?

從“臣”之最初來源看,“臣”與戰爭俘虜的關係密不可分。“臣”的俘虜身份,可以通過“𢦏”得到間接證明。

甲骨文“𢦏”學界多認爲是“臧”之初文,如楊樹達(1983:59)認爲:“蓋臧本從臣從戈會意,後乃加爿聲(筆者按,“爿”即“牀(床)”初文)”。于省吾(1996:641)認爲“‘𢦏’爲‘臧’之初文,‘臧’字加爿爲聲符,乃後起字也。”從“𢦏”的字形造意看,“𢦏”給我們呈現的是以戈刺臣的生動而又血腥的畫面,在這副畫面中,我們很難將“臣”與地位高貴的管理者聯繫起來。② 楊樹達(1983:59):“甲骨文臧字皆象以戈刺臣之形”,“臧當以臧獲爲本義也”,“臧爲戰敗屈服之人,獲言戰時所獲,《荀子》注云‘擒得謂之獲’,是也。二字義同,故古人連用也”。楊樹達先生指出“𢦏”爲戰爭所獲俘虜,這很容易使我們聯繫到前文孔穎達所言:“臣,謂征伐所獲民虜者也。”“𢦏”“𦣻”之間的關聯,顯得如此緊密。從“𢦏”的卜辭辭例看,儘管“𢦏”的表層詞義爲善(好),但細玩文意,我們仍能在一些辭例中感受到“𢦏”有獲義,如“王固曰:其隻

---

① 《説文》:“臣,牽也。事君也。象屈服之形。”《禮記》“犬則執紖,牛則執紖,馬則執靮,皆右之。臣則左之”中“紖、紖、靮”爲牽引“犬、牛、馬”之繩索,“臣則左之”與之對應,可看出“臣”爲被牽之俘虜。因此,楊樹達2(1983:77)認爲“臣之所以受義於牽者,蓋臣本俘虜之稱……蓋囚俘人數不一,引之者必以繩索牽之,名其事則曰牽,名其所牽之人則曰臣矣。”“臣”之受名於“牽”,似乎有一定道理,由於缺乏更多證據,我們就此只能存疑。郭沫若先生認爲:“‘臣’之訓‘牽’,蓋以同聲爲轉注,然其字何以象屈服之形,於小篆字形實不能見出。……字於卜辭作‘𦣻’若‘𦣻’,……象一豎目之形,人首俯則目豎,所以‘象屈服之形’。”(《甲骨文詁林》629頁)郭沫若先生揭示出“臣”象目形,與“臣”之古文字形相符,但認爲“人首俯則目豎”則多少顯得有些牽强。于省吾先生認爲“‘臣’字的造字本義,起源於以被俘虜的縱目人爲家内奴隸,後來即引申爲奴隸的泛稱,又引申爲臣僚之臣的泛稱。”(《甲骨文詁林》P634)縱目人是否存在,很難考實,古籍中一些關於“縱目”或“豎目”的記載,很可能和古代一些部落的人在額頭畫豎目以增其威嚴的習俗有關。即便確有縱目人存在,他們和“𦣻”字形之間的關聯也十分牽强。

② 一些學者認爲“𢦏”象以戈刺目,我們認爲此觀點過於拘泥“𢦏”之字形。甲骨文“𣪊”與“𢦏”構意相似。黃德寬(2007:3475):“𣪊,從又,從臣,臣亦聲,會以手擊人目之意,乃‘擊’之本字。……‘擊’從手,爲迭加義符,‘擊’與‘𣪊’音義俱同,‘擊’實即‘𣪊’之後起累增字。《廣雅·釋詁》三:‘擊,擊也。’”“𣪊”爲擊臣、“𢦏”爲刺臣,二者都取象於戰爭中抓獲俘虜之狀。“臣”最初身份爲俘虜,“臣”在文獻中亦有俘虜義,因此“𣪊”“𢦏”中的“𦣻”應指俘虜而非眼睛。

（獲），其隹……其隹乙🈂️"（《合集》三二九七反），"🈂️"之表層詞義爲善，但善之根源卻是獵有所獲。楊樹達（1983：59）指出："獲本義爲獵所獲，引申爲戰所獲。"同樣的道理，"🈂️"本義爲戰所獲，引申則爲獵所獲。"🈂️""獲"在引申中詞義走向重合，因此，"臧獲"結合在周秦文獻中屢見不鮮，如《荀子·王霸》"大有天下，小有一國，必自爲之然後可，則勞苦耗頹莫甚焉；如是，則雖臧獲不肯與天子易執業"，《楚辭·哀時命》"釋管晏而任臧獲兮"。"臧獲"爲俘虜，進而"臧""獲"又都有奴婢義，如《方言》卷三："臧，甬，侮，獲，奴婢賤稱也：荆淮海岱雜齊之間，罵奴曰臧，罵婢曰獲。齊之北鄙，燕之北郊，凡民男而壻婢謂之臧，女而婦奴謂之獲；亡奴謂之臧，亡婢謂之獲。""臣"在文獻中有奴僕義，"臧"亦有奴僕義，二者之間的關聯，又一次使我們把"🈂️"與"🈂️"緊密聯繫起來。

　　根據"🈂️"與"🈂️"的緊密關聯，結合"🈂️"與"🈂️"的甲骨辭例和文獻用例，我們得出的結論是："🈂️"最初指戰爭所獲俘虜，俘虜成爲戰勝者的奴隸，因此"🈂️"又有奴隸義。"🈂️"本指俘虜、奴隸，但是在甲骨卜辭中"🈂️"的地位大多卻高高在上，其中詞義變化的軌跡，與"宰"有比較互證關係。《說文》："宰，罪人在屋下執事者。從宀從辛。辛，罪也。"甲骨文從"辛（🈂️、🈂️）"的"妾（🈂️）、童（🈂️）、僕（🈂️）"諸字，都象額頭施有黥刑的罪人之奴；甲骨文"辟（🈂️、🈂️、🈂️）"象以"🈂️"施刑罰於罪人；"辠"從辛，爲"罪"之本字，《說文》"辠，犯法也"；"辜"從辛，《說文》"辜，辠也"；"辥"從辛，《說文》"辥，辠也"。"宰"甲骨文作"🈂️"，通過對"辛"的構形系統的分析，可以看出"宰"最初只是施有黥刑的罪人之奴，《說文》對"宰"的訓釋無疑準確揭示了"宰"的最初來源。然而，罪人之奴長期服侍於主子之旁，漸漸也取得了飛黃騰達的機會。《周禮》有冢宰、大宰、小宰、宰夫、内宰、里宰，這些"宰"的地位，已經與罪人之奴的身份有天壤之別。到了後來的"宰相"之職，"宰"的地位更是一人之下、萬人之上。"宰"由社會最底層者上升爲地位顯赫的社會上層人士，反映了歷史長河中滄海桑田的人事變化。與主子的親近，命運有了夢幻般的轉變。同樣的道理，"臣"由最初卑賤的戰爭俘虜，也逐漸進入了社會的上層，甲骨文中"🈂️"多爲不同級別的事務關聯者，其道理與"宰"在《周禮》中有冢宰、大宰、小宰、宰夫、内宰、里宰等職完全相同。當然,奴才的地位不管多高,最終仍是難以擺脱奴才的命運。甲骨文中的"🧿"大多地位高高在上,但我們也能從一些辭例中感受到"臣"卑賤而淒苦的命運,如:①"臣"被用作人祭的犧牲,如《殷契萃編》第十三片"……又于帝五臣,又大雨""王又歲于帝五臣,正隹,亡雨",《甲骨文合集》六二四"貞今庚辰夕用禹小臣三十,妾三十于帚";②"臣"因處境悲慘而逃亡,如《粹》一一六九:"壬午卜,賓貞,伲不祥幸多臣,亡羌。""不祥幸多臣"即没有抓獲逃亡的奴隸。① 周秦文獻中,"臣妾"經常連用表奴隸義,如《左傳·僖公十七年》:"男爲人臣,女爲人妾。""臣"是戰爭男虜、"妾"是受刑女奴;同時,《左傳·襄公九年》也有"君明臣忠,上讓下競"等記載,這些"臣"的地位又很高。可見,從甲骨文至周秦文獻,"臣"的地位一直是高貴與卑賤並存②,當然,無論是高貴還是卑賤,"臣"作爲奴才的本質是完全相同的。

5.詞源意象與造字取象的重合

"臣"最初來源於戰爭俘虜,那爲什麼"臣"之造字不取象於俘虜被獲之狀,而是取象於監工大眼監視之狀。這一問題,與事物發展和造字時段的不同步相關。"臣"最初指來源於俘虜的奴隸,隨著時間的演進,"臣"的内部逐漸産生了地位的變化,與主人親近的"臣",可以被主人重用而去監管别的"臣"。用奴才管理奴才,自古以來就是管理奴才的最好手段。這樣一來,就造成甲骨卜辭中"臣"高貴與低賤並存的現象。全面分析甲骨卜辭中的"臣",可以看出:除極少數"臣"地位卑賤外,大多數"臣"的地位已是高高在上。這説明,"臣"在殷商時期大多已是地位較高的監工者、管理者,而殷商時期也是很多漢字的初創時期,在這個時候爲"臣"造字,人們最容易捕捉到的特徵自然是監工者瞪眼監視之特徵,這個特徵落實到字形上,則反映出"🧿"張目而視的取象。

在殷商之前,人們對這些來源戰爭俘虜的"臣"如何稱説,我們無從得知。根據

---

① 于省吾(1996:637)"臣"字按語:"卜辭'臣'爲職官名,無一例外。從未見以臣爲奴隸者,不得以周以後臣之身份爲奴隸,以論斷卜辭'臣'之身份必爲奴隸。"根據甲骨文"臣"之以上辭例,《甲骨文詁林》"臣"字按語恐誤。
② 趙誠(2007:26)對金文中"臣"的各種用法有詳細説明,其中的"臣"有些賤爲奴隸,有些貴爲王臣。

"臣"之語音及由其分化出的"頤""瞋"諸字,我們大體可以推測:在殷商之際,人們爲這些由俘虜、奴隸而來的監工者的命名,捕捉到的也是他們瞪眼監視的特徵,因此,人們用表示瞪眼的語音/ziən/來稱呼這些監工者。由此,"臣"之詞源意象和造字取象相重合,造字取象爲詞源意象的探求提供了重要線索。而詞源意象的明晰,又可以進一步幫助我們系聯和理解由"臣"孳乳而出的"頤"和與"臣"同源的"瞋、睜、瞠、盯、瞠"等。由此,我們可以感受到表形構件的取象在漢語詞源研究中的重要價值。①

參考文獻:

[1]高明《論商周時代的"臣"》,《容庚先生百年誕辰紀念文集》,廣東人民出版社,1998年。

[2]郭沫若《青銅時代》,人民出版社,1954年。

[3]郭錫良《漢字古音手册(增訂本)》,商務印書館,2010年。

[4]何金松《漢字文化解讀》,武漢出版社,1996年。

[5]黃德寬主編《古文字譜系疏證》,商務印書館,2007年。

[6]王寧《漢字構形學講座》,上海教育出版社,2002年。

[7]汪寧生《釋臣》,《考古》,1979年(3)。

[8]楊樹達《積微居小學述林》,中華書局,1983年。

[9]楊樹達《積微居小學金石論叢》,中華書局,1983年。

[10]于省吾主編《甲骨文字詁林》,中華書局,1996年。

[11]趙誠《甲骨文簡明詞典》,中華書局,1988年。

[12]趙誠《金文的"臣"》,《中國文字研究》,2007年(1)。

---

① 表形構件的取象能爲漢語詞源意象的探求提供一定線索,但漢字形象與詞源意象有本質不同,我們反對機械地用漢字形象闡釋詞源意象的作法。關於漢字形象與詞源意象的關係,拙文《詞源意象與漢字形象論析》(《民俗典籍文字研究》第八輯)有詳細論述。

"覓"字源流考

黄海波

（廣西中醫藥大學中醫藥學院）

1. 覓與脈、覛

"覓"字不見載於《説文》，於是關於其字的來源，衆説紛紜。黄侃等學者認爲是"脈（覛）"的形訛："黄季剛先生認爲'尋覓'的'覓'本字……是'脈'。《目部》：'脈，目財視也。'義與'尋覓'同。'覓'是'脈'的訛字。綜觀《説文》，'目'與'見'在偏旁中互用，如'睹'之重文'覩'、'視'之重文'眂'可證。所以'脈'可寫作'覛'，又可寫作'覔'，形訛作'覓'。"①

1.1 脈與覛

我們先考查一下"脈"與"覛"是否異體字。

《鉅宋廣韻·麥韻》："莫獲切，脈，《説文》曰'目繳視也'；覛，《爾雅》云'相也'，《説文》本莫狄切，'邪視也'。""脈""覛"均明母入聲字，按《鉅宋廣韻·麥韻》，二字並非同一字，在《説文》中所屬部首不同，其部首義也不相通。

1.1.1 "脈"在《目部》

《説文·目部》大小徐本："脈，目財視也。"莫獲切；小徐本按："臣鍇曰：'謂目略視之也。'古詩曰'盈盈一水間，脈脈不得語'也。"根據小徐本，"財視"、"略視"、"脈

---

① 陸宗達、王寧《訓詁與訓詁學》P425，山西教育出版社，1994 年。

眽”之“眽”,意思一樣,那又如何一樣呢?

　　首先,“眽眽”之“眽”。《楚辭·王逸〈九思·逢尤〉》:“魂煢煢兮不遑寐,目眽眽兮寐終朝。”舊注:“眽眽,視貌也。”《文選·王延壽〈魯靈光殿賦〉》:“齊首目以瞪眄,徒眽眽而狋狋。”張載注:“眽眽、狋狋,視貌。”李善注引《爾雅》:“眽,相視也。”

　　其次,“略視”。《左傳·昭公二十二年》:“六月,荀吳略東陽,使師偪襏者,負甲以息於昔陽之門外,遂襲鼓滅之。”杜預注:“略,行也。”《史記·趙世家》:“二十年,王略中山地,至寧葭;西略胡地,至榆中。”《資治通鑑·周赧王八年》:“趙武靈王北略中山之地,至房子,遂之代。”胡三省注引杜預曰:“略者,總攝巡行之名也。”依此“略視”就是“巡視”。

　　其三,“財視”。段玉裁注:“財,當依《廣韻》作邪。‘財視’非其訓也。”段玉裁説“財視”非其訓,是正確的。根據《鉅宋廣韻·麥韻》“莫獲切,眽,《説文》曰‘目財視也’”,“財視”當是“纔視”,“財”通“才(纔)”。“財視”即“才視”、“才見”、“僅見”。《集韻·屑韻》“瞥”下注:“《説文》過目也,一曰目翳,一曰財(財通才)見也,或從見作覕。”“財視”謂瞥見。

　　故大小徐本均載“眽,目財視也”,當是不誤,而小徐解釋爲“略視”、“眽眽”之“眽”,即“巡視”、“相視”,及“瞥見”,算是較爲貼切;段玉裁説:“財,當依《廣韻》作邪”,將“眽”“覞”視同一字,且改字爲訓,則未免臆斷。

1.1.2 “覞”在《辰部》

　　《説文·辰部》大小徐本:“覞,邪視也。”莫狄切;小徐本:“臣鍇按,張衡《西京賦》‘覞往昔之遺館’,又《南都賦》‘覞魯縣而來遷’。”小徐本所載籀文爲覓字。依所屬部首偏重派分、邪流之義,認可“覞”爲“邪視”之義,當是無可異議。但是其所舉例證並非“邪視”之義,而是“尋覓”之義。《國語·周語上》:“古者,太史順時覞土。”韋昭注:“覞,視也。”《後漢書·文苑傳·杜篤》:“規龍首,撫未央,覞平樂,儀建章。”李賢注:“覞,視也。”文獻“覞”之義多是“視看”、“察看”,並無“邪視”之義。

　　可見“眽”“覞”只是近義詞而已,雖然也有通用之時,如《漢書·揚雄傳》:“瞰帝唐之嵩高兮,眽隆周之大寧。”此“眽”是“視”之義。雖説《説文》“目”與“見”在偏旁中互用,但“眽”與“覞”在《説文》中卻不是異體字,在文獻使用中亦不可視爲嚴格意義上的異體字。

1.2　覓與眂、覛

1.2.1　我們首先看看“覛”與“覓”的關係

《鉅宋廣韻·錫韻》：“覓，求也，莫狄切；覛同，《説文》曰‘邪視也’。”“覓”之“尋求”義古常用。如晉·陶潛《搜神後記》卷六：“其夜，令又夢儉云：‘二人雖得走，民悉誌之：一人面上有青誌如藿葉，一人斷其前兩齒折，明府但案此尋覓，自得也。’”唐·元稹《遣行》詩之七：“尋覓詩章在，思量歲月驚。”“覛”與“覓”同音，亦可用同“覓”字。清·俞正燮《癸巳存稿·〈野獲編〉目録書後》：“明·吳興、沈德符字景倩著，向覛其書甚難，今得刊印本。”根據《鉅宋廣韻·錫韻》，“覛”字，與“覓”同音同義，文獻使用多是“覓”的含義，故《集韻·錫韻》説：“覓，亦書作覛。”並未見有《説文》云“邪視”之義的用例。

因此，段玉裁《説文解字注》“覛”下注“俗有尋‘覓’字，此篆（覛）之訛體。”段依小徐本解釋説“覛”訛作“覓”字。而朱駿聲《説文通訓定聲》：“否”字下注：“俗有‘覓’字，按：即覛字誤體。”黄侃等學者的觀點應是據此。

1.2.2　再看看“眂”與“覓”的關係

《集韻·錫韻》亦載：“覛，莫狄切。《説文》：‘邪視。’或作‘眂’‘覓’，亦書作覛，俗作覓，非是”。《集韻·錫韻》只是説“覛”或作“眂”，“覛”或作“覓”，而“眂”與“覓”並無必然聯繫，從文獻看，也未見有“眂”與“覓”通用現象。

1.2.3　“辰”與“不”“爪”

首先，“爪”與“不”形近而互訛有之。《説文·日部》：“否，不見也。從日，否省聲。”《集韻·質韻》“否，不見也，或作旨。”否、旨實爲同一字之異體。

“覓”易訛作“覔”。《玉篇·見部》：“覔，同覓，俗。”晉·趙至《與嵇茂齊書》：“涉澤求蹊，披榛覓路。”唐·孟浩然《尋滕逸人故居》詩：“今朝泉壑裏，何處覔藏舟。”可見“覓”又用作“覔”。唐·杜甫《又示宗武》詩：“覓句新知律，攤書解滿牀。”宋·計有功《唐詩紀事·劉昭禹》：“〔劉昭禹〕嘗與人論詩曰：‘五言如四十箇賢人，著一字如屠沽不得；覔句者，若掘得玉合子，底必有蓋。但精心求之，必獲其寶。’”可見“覓句”又寫作“覔句”。

其次，“辰”與“爪”形近而互訛罕見。《文選·張衡〈西京賦〉》：“覛往昔之遺館，獲林光於秦餘。”高步瀛義疏：“案，俗作‘覔’。”這是説“覛”的異體字“覛”俗作“覔”，而"覔"與"覓"實爲一字。《集韻・錫韻》："覔俗作覔,非是。"雖然記載"覔俗作覔",但認爲"非是"。應當這麼理解:覔用作"覔",是事實,但"覔"不是覔的俗字。故"覎"與"覓"僅音義相通,而不是形訛關係。

總之,"覎"與"眽"二字本義與"尋覓"之義,並無必然聯繫。"覎"與"眽"因所從之部首"見"與"目"義相通,故"覎""眽"兩字有同爲"視"義之用例,但並不屬於嚴格意義上的異體字。"覎""覓"音同義近,可同作"尋覓"義用,然而"覎"並非"覓"字的來源,而"眽"則更不是"覓"字的來源。

2. 覓與覎、否

"覓"字最早爲人們所見在字書《玉篇》："覓,索也。覔同上,俗。"因此有人認爲它產生在晉宋之時①。其實,《説文・日部》載有另一字："否,不見也。從日,否省聲。"正是"覓"字早期字書所載之形體之一。大徐本美畢切,古音明母質部字,與"覎"音義俱同。

2.1　覓與否

桂馥《説文義證》否下注："'不見也'者,《玉篇》:否或作旨。《廣韻》誤作旨。案:《玉篇》:'覓,索也。覔同上,俗。'馥謂:本書當爲'覓'也,寫者誤分作'不見'兩字。《魏志・管輅傳》'覓索餘光'。"桂馥所言,不論"覓"爲一字,還是"不見"兩字,其意指否即爲"覔"也。其所舉例,正是《文選・張衡〈西京賦〉》"覎往昔之遺館,獲林光於秦餘"高步瀛的義疏:"案,(覎)俗作'覔'。"應當説"覔"與"覎"同源,而與否或爲先後字形,其變體有旨、旨,正字則爲"覓"。

2.2　覓與覎

《説文・見部》："覎,蔽不相見也。從見必聲。"大徐本莫結切,古音明母質部字。桂馥《説文義證》："'蔽不相見也'者,《玉篇》'覎,覓也。'……"錢坫《説文斠詮》："今俗'覓'字即此。""覓"與"覎"音義一脈相承,然而"覓"未必是"覎"之俗字。

---

① 向熹《簡明漢語史》P491,高等教育出版社,1993年。

黃侃等學者也不認爲"覓"的本字是"覒"字①。

2.3 覒與否

《説文·見部》:"覒,蔽不相見也。從見,必聲。"《説文·日部》:"否,不見也。從日,否省聲。"否爲《日部》字,意味"日光爲蔽,不相見也"。段玉裁注:"此字古籍中未見。其訓云'不見也',則於從'日'無涉。"其字雖不見於古籍,然其訓云"不見也",正與從"日"有關。其音義則與"覒"無別,故可被"覒"所代替。

《集韻·質韻》"否,不見也,或作昚。"與"日"同韻,與"密"同音。又:"覒""蔽"同音,"覒,見也。"又有釋曰:"不見謂之覒。"所謂正反同辭,亦合"否,不見"之意。而"否,不見"意當尋尋覓覓。

故"覓"與"覒"、"否"三字,其形體不同,義實相因。

3. 覓與覒、否及眽、覛

因"覓"字不見載於《玉篇》以前的典籍,其來源亦難確知,致使後人有"覛""覒""覓"正、俗、訛字之爭。其實"覓"字早在西周早期金文中就已出現。《班皀殳》記載周穆王令毛公等率兵伐東域,以安邦衛國靖天下,功成而告於穆王。毛公家臣班記載此事,並作皀殳,藉以光宗耀祖。其中言曰:"班非敢覓,佳(唯)作……"意爲班不敢有所希求,作皀殳以丕顯聖王,並光宗耀祖而已。"覓"字形從爪從見會意,以手加於目上,其創意正是尋覓之義,引申爲索求、希冀之義。《説文》未將此字載作字頭,或因爲許慎未見當時典籍有載,又未見所載之金文;或是歷代傳寫有訛漏。從《集韻》引《説文》資料的考察來看,《集韻》凡説解字義,首引《説文》;而唯釋"否"字,未提及引自《説文》。據桂馥所注觀點,《説文·日部》當曰:"否,覛(覓)也。"這可能是以俗字訓本字,以通行字訓釋不通行之字。王筠《説文句讀》卷十三引桂馥所解,並加"筠案:許君不當用俗字。且'覓'亦當是覛之俗字也,段氏説與此相反,而亦多未安。姑闕之。"王筠尊重事實,採取闕疑的態度。

---

① 陸宗達、王寧《訓詁與訓詁學》P425,山西教育出版社,1994年。

3.1　覓與眽、覕同源

雖然綜觀《説文》，"目"與"見"在偏旁中互用，如"睹"之重文"覩"，但《説文·目部》明言："睹，見也；覩，古文從見。""視"之重文"眡"，《説文·見部》亦明載："視，瞻也；從見、示。眡，古文視。"而"眽"與"覕"雖同屬明母入聲字，但根據《説文》音近義別，可視爲同源，不可視爲嚴格意義上的異體字。"覓、眽、覕"三字在"看視"義上相通，"覓"僅與"覕"音義同，用爲"尋求"義。

3.2　覓與否、日、密、覛同源

3.2.1　"否、日、密"同源。《説文·日部》："否，不見也。從日，否省聲。"段玉裁注："此字古籍中未見。其訓云'不見也'，則於從'日'無涉。其音云'否'聲，則與自來相傳'密'音不合，何不云'不'聲也？""否""密"《廣韻》均美畢切，故段玉裁説"其音云'否'聲，與自來相傳'密'音不合"，而"否"恰與"密"合。《説文·山部》："密，山如堂者。從山，宓聲。""密"有隱蔽不見、閉藏不露之義。《禮記·樂記》："道五常之行，使之陽而不散，陰而不密。"可見"否""密"同源。"日"字古有"密"音，漢武帝時有匈奴國休屠王的太子名金日（mì）磾；段玉裁説："此字古籍中未見。其訓云'不見也'，於從'日'無涉。"而此處正或有涉"不見日光"，"否"字當讀"日"之音，故"否""日"當同源。也正因爲其字古籍中未見，其音義有所掩没。

3.2.2　"覛""密"同源。《説文·見部》："覛，蔽不相見也。從見，必聲。""覛""密"同源於"必"之聲，音義相通，而"否、日、密、覛"亦古音同或近。

3.2.3　按《廣韻·錫韻》"湨同汩"，其聲符"日"與"覓"古音同，且"日"古有"mì"音。故而"覓、否、日、密、覛"一組爲同源字，同與"遮光"或"覓光"之義相關。

總而言之，"覓"與眽、覕同源，與"否、日、密、覛"一組詞亦同源。又《説文·見部》有"覭，小見也。從見，冥聲。"《爾雅·釋詁下》："覭髳，茀離也。"郭璞注："謂草木叢茸翳薈也。"引申爲朦朧不明。《正字通·見部》："覭，暗處密窺曰覭。"故"小見"亦關"少見""暫見""尋見"之義。《廣韻》有"莫經切"，又有"莫狄切"，韻屬陰陽對轉，而義實相因。"莫狄切"恰同"覓"之反切，亦恰到好處地將"覓"與"眽、覕"及"否、日、密、覛"兩組字的"暫見""尋覓"等義有機地結合起來。總之，"覓"與"眽、覕、否、覛"同源，它不是來源於它們，而實是源於它自己，就現在所見資料而言，首見於西周早期金文。

參考文獻：

[1]陸宗達、王寧《訓詁與訓詁學》，山西教育出版社，1994 年。

[2]向熹《簡明漢語史》，高等教育出版社，1993 年。

解析"非"及《説文解字》中的"非"族字 *

雍淑鳳

（巢湖學院文學與傳媒系）

1. "非"是"飛"的分化字

"非"是個獨體字,《説文解字》①（以下簡稱《説文》）《説文解字繫傳》②（以下簡稱《繫傳》）《説文解字注》③（以下簡稱《段注》）《説文解字義證》④（以下簡稱《義證》）《説文通訓定聲》⑤（以下簡稱《通訓定聲》）《説文解字注箋》⑥（以下簡稱《徐箋》）《右文説在訓詁學上之沿革及其推闡》⑦《積微居小學述林》⑧《説文解字約注》⑨（以下簡稱《約注》）、《説文古均二十八部聲系》⑩（以下簡稱《説文古均聲系》）《古文字譜系疏

＊ 本文是安徽巢湖學院 2007 年度社會科學研究一般專案："非"及其字族研究（XYW200710）的階段性研究
　　成果。許慎《説文解字》,中華書局,1963 年。

① 許慎《説文解字》,中華書局,1963 年。
② 徐鍇《説文解字繫傳》,中華書局,1987 年。
③ 段玉裁《説文解字注》,上海古籍出版社,1988 年。
④ 桂馥《説文解字義證》,上海古籍出版社,1987 年。
⑤ 朱駿聲《説文通訓定聲》,中華書局,1984 年。
⑥ 徐灝《説文解字注箋》,上海古籍出版社,1988 年。
⑦ 沈兼士《沈兼士學術論文集・右文説在訓詁學上之沿革及其推闡》P73－185,中華書局,1986 年。
⑧ 楊樹達《積微居小學述林》P171－172,中華書局,1983 年。
⑨ 張舜徽《説文解字約注》,中州書畫社,1983 年。
⑩ 權少文《説文古均二十八部聲系》,甘肅人民出版社,1987 年。

證》①《上古漢語同源詞意義系統研究》②《〈説文解字注〉亦聲研究》③《古漢字同源分化研究》④《"非"字的本義及其同族字考釋》⑤《"非"字族考析》⑥等闡述了他們對"非"字本義及其他義的認識,也分析了一些以"非"爲構字部件的字。綜合分析"非"的形音義,我們認爲:"非"是"飛"的分化字,"非"的本義是"相背","非"也具有"飛"義。因爲:

1.1　《説文》:"非,違也。從飛下翄,取其相背。"⑦《段注》:"'韋',各本作'違',今正。'違'者,'離'也。'韋'者,'相背'也。自'違'行'韋'廢,盡改'韋'爲'違',此其一也。'非'以'相背'爲義,不以'離'爲義。謂'從飛省而下其翄'。翄垂則有相背之象,故曰'非,韋也。'"⑧《説文》中以"非"爲義符的靠、靡、陫可以爲證。《説文》:"靠,相違也。從非,告聲。"⑨《段注》:"今俗謂相依曰靠,古人謂相背曰靠,其義一也。猶分之合之皆曰離。"⑩《約注》:"舜徽按:靠之本義,蓋謂以背相就也。以背相就,則面相反,故許君訓靠爲相違也。今俗猶稱人互以背相倚,或以背就物,皆曰靠,實古語矣。以背相就則安,故引申爲依靠。義非相反,實相成耳。"⑪《説文》:"靡,披靡也。從非,麻聲。"⑫《繫傳》:"臣鍇曰:披靡,分也。故取相違之義。"⑬《約注》:"舜徽按:披靡二字連語,急言之則爲仳。仳者,別也,別即分散之義。物分散則細,引申爲凡細之稱。"⑭《説文》:"陫,牢也。所以拘非也。從非,陫省聲。"⑮《約注》:"徐灝曰:'拘非,《廣韻》引《説文》作拘罪;《玉篇》亦云:拘罪人。今本非字,疑涉非聲而誤。'舜徽按:徐説是也。説解原文,本作'所以拘罪也。'傳寫者誤脱

①　黃德寬《古文字譜系疏證》P3168—3169,商務印書館,2007年。
②　黃易青《上古漢語同源詞意義系統研究》,商務印書館,2002年。
③　何家興《〈説文解字注〉"亦聲"研究》,新疆師範大學,2007年。
④　郝士宏《古漢字同源分化研究》P66,安徽大學出版社,2008年。
⑤　田小艷《"非"字的本義及其同族字考釋》P92—95,《伊犁師範學院學報》,2007年(2)。
⑥　田炳學、姚寧寧《"非"字族考析》P15—17,《唐山師範學院學報》,2009年(3)。
⑦　許慎《説文解字》P245,中華書局,1963年。
⑧　段玉裁《説文解字注》P583,上海古籍出版社,1988年。
⑨　許慎《説文解字》P246,中華書局,1963年。
⑩　段玉裁《説文解字注》P583,上海古籍出版社,1988年。
⑪　張舜徽《説文解字約注》(卷22)P42,中州書畫社,1983年。
⑫　許慎《説文解字》P246,中華書局,1963年。
⑬　徐鍇《説文解字繫傳》P232,中華書局,1987年。
⑭　張舜徽《説文解字約注》(卷22)P42,中州書畫社,1983年。
⑮　許慎《説文解字》P246,中華書局,1963年。

'罪'字上半而成非耳。罪人被拘,則與衆隔離矣,故字從非。"①

　　1.2　沈兼士在《右文説在訓詁學上之沿革及其推闡》中擬定了右文分化的六種公式,並在"本義與借音混合分化式"中,把"非"聲字分化爲五個系列:分違義;飛揚義;肥義;赤義;交文之編織物義。② 何九盈總結説:"這五個意義系列只有'分違義'爲本義,其餘均爲借音。飛揚義的本字假定爲'飛',肥義爲肥之借音,赤義與交文之編織物義,借音無本字。"③黄易青《上古漢語同源詞意義系統研究》認爲:"是非的'非'、正反的'反'、否定的'否',這些抽象觀念的含義,來源於普通的直觀現象背後的自然原理。《説文》'非,違也。從飛下翅,取其相背也。'段注:'非以相背爲義','翅垂則有相背之象。''非'的字形取相對立的分别,取意於一個東西分成兩個相對立的部分。凡詞義關乎分别爲兩個相對立部分者,意義上即指與正反對立的彼方。……與'非'一樣,'反'也是與正對立的'彼'。……北字取兩人相對,是一而爲二,合二爲一,而其意在背,即正面的背面、反面。背面就是負面,背、負,職之對轉、幫並旁紐;北面就是反面(南爲正面)……凡此之類就是前面所説的:凡詞義關乎分别爲兩個對立部分者,意義上即指與正方對立的彼方。對立的彼方,就是反面即負面。那麽,非、反、否,它們來源的自然現象就是,一分爲二之後的反面。……第二,非、反、否同義,因此,它們各自分别的反面即是、正、然也同義。非、反、否是反面的,肯定的是正(十),否定的是負(一)。正面的是肯定的,負面的是否定的。這一點看似簡單,但其作用,一可以認識意義中的是非正誤皆源於自然、日常的正面、反面,二可以深入認識意義系統中一系列與'正''負'分别相關的意義。從自然的數理邏輯上可以説,幾乎所有意義都可以歸爲肯定或否定、正或負兩個相對的方面。"④黄德寬《古文字譜系疏證》:"疑非與北爲同源字。北是背之初文,……象二人相背。……(非)則於人形上各加一短横以與北相區别。違是非的本義,與北(背)義相因。《書·微子》:'卿士師師非度。'《韓非子·功名》:'非天時,雖十堯不能冬生一穗'均用'非'本義。"⑤郝士宏《古漢字同源分化研究》:"就一個字的範圍内由截

①　張舜徽《説文解字約注》(卷 22)P43,中州書畫社,1983 年。
②　沈兼士《沈兼士學術論文集·右文説在訓詁學上之沿革及其推闡》P136-138,中華書局,1986 年。
③　何九盈《中國現代語言學史》P530-531,廣東教育出版社,2005 年。
④　黄易青《上古漢語同源詞意義系統研究》P417-421,商務印書館,2002 年。
⑤　黄德寬《古文字譜系疏證》P3168-3169,商務印書館,2007 年。

除的方式減省,爲研究古文字的學者所熟悉。其實,這種減省方式的性質同在造字時不畫出事物的整體輪廓,而是僅用其具有代表性的部分來作爲記録這一事物的字形是一樣的。……截除性的減省也正如原先是事物整體輪廓的字,今截取其中的能表字義的一部分,而省去其他的部分。對於由截除方式分化而來的分化字,多與原字一併通行。一般多是原字的音義没有發生改變,分化字則與原字有意義上的聯繫並且成爲另一個字。如'飛'與'非',《説文》及古文字學者多以爲是截取'飛下翅,取其相背'而來的,何琳儀對分化過程做了分析。從'非'的字,有一些仍有'飛'意,或多含有'相背'之義。因此,原字'飛'仍按照其固有的語義系統發展,而'非'一方面含有其截取'飛下翅'時的最初意圖所要表達的意義,另一方面仍保留了'飛'的某些遺傳基因,所以有時還可以起一點'部分表全體'的作用。"①

2.《説文解字》中的"非"族字

人們探求漢語中字與字之間的關係,王聖美提出了"右文説"。蔡永貴《"右文説"新探》②把"右文説"定義爲一種"母文表義"的理論,認爲"右文"不是聲符,"右文説"所論對象不是形聲字,而是一種"母文外化字",即在"母文"上加注表示具體事類的偏旁(簡稱"外化符號")爲外部標誌而産生的孳乳字。"右文"即"母文"是孳乳字的核心成分,孳乳字是在"母文"的基礎上加外化符號而産生的,形體上有密切的聯繫,讀音相同或相近,意義相通。③ 運用"母文表義"的理論,我們引用《説文解字》系列文獻資料解析《説文解字》中收録的"非"族字。由於篇幅所限,本篇僅解析"相背"義、"交錯"義的"非"族字,"錯、反對、譏諷"義,"兩兩相從,成雙成對"義、"隱蓋、隱藏"義、"飛揚、上騰"義、"赤"義的"非"族字將另文解析。

2.1　"相背"義的"非"族字

《説文·非部》:"棐,别也。從非,己聲。"④《段注》:"别者,分解也。舊'己'下有

---

① 郝士宏《古漢字同源分化研究》P66,安徽大學出版社,2008 年。
② 蔡永貴《"右文説"新探》P46-53,《新疆師範大學學報(哲社版)》,1988 年(1)。
③ 蔡永貴《"右文説"新探》P46-53,《新疆師範大學學報(哲社版)》,1988 年(1)。
④ 許慎《説文解字》P246,中華書局,1963 年。

聲字,今删。'己'猶'身'。'非己'猶言'不爲我用'。會意,'非'亦聲。"①《約注》:
"舜徽按:'茟'即'非'之後增體。'茟'之訓別,猶'非'之訓'違'耳。"②

《説文・目部》:"睢,大目也。從目,非聲。"③《約注》:"舜徽按:'睢'之爲言韋
也。本書'非'部云:'非,韋也。'此以聲訓是古非韋聲通之證。睢訓大目,猶大莄謂
之葦,宮中之門謂之闈也。韋從口聲,口象回帀之形。睢從非聲,猶從口聲耳。蓋
取義於目匡圓大也。"④

《説文・手部》:"排,擠也。從手,非聲。"⑤《約注》:"舜徽按:排之言八也,謂以
手別物使開也。今語所稱排開、排除,皆其本義。"⑥

《説文・足部》:"跳,跀也。從足,非聲。讀若匪。"⑦《約注》:"舜徽按:《爾雅・
釋言》:'跳,刖也。'郭注云:'斷足。'《尚書・吕刑》:'剕辟疑赦。'《傳》云:'刖足曰
剕。''剕'字不見許書,而經傳沿用之。蓋'剕'之爲言'腓'也,本書肉部'腓,脛腨
也。'跀足而謂之'跳',猶之刖足謂之髕。髕乃卻蓋骨名也,皆就刑時所去者言
耳。"⑧《説文・足部》:"跀,斷足也。"⑨

《説文・衣部》:"襃,長衣皃。"⑩《段注》:"《子虚賦》:'紛紛裶裶'。郭璞曰:'皆
衣長貌也'。《集韻》曰:'或書作袞'。疑作'袞'者是。"⑪《説文》:"袶,長衣皃。"⑫
"襃"與"袶""袞"都是"長衣貌。"

《説文・毛部》:"毳,毛紛紛也。從毳,非聲。"⑬《段注》:"紛紛者,多也。非、分
雙聲。毳毳,猶紛紛也。《廣韻》曰:'細毛'。"⑭《約注》:"舜徽按:許云'毛紛紛'者,謂

① 段玉裁《説文解字注》P583,上海古籍出版社,1988年。
② 張舜徽《説文解字約注》(卷22)P42,中州書畫社,1983年。
③ 許慎《説文解字》P71,中華書局,1963年。
④ 張舜徽《説文解字約注》(卷7)P4-5,中州書畫社,1983年。
⑤ 許慎《説文解字》P251,中華書局,1963年。
⑥ 張舜徽《説文解字約注》(卷23)P29,中州書畫社,1983年。
⑦ 許慎《説文解字》P48,中華書局,1963年。
⑧ 張舜徽《説文解字約注》(卷4)P57,中州書畫社,1983年。
⑨ 許慎《説文解字》P48,中華書局,1963年。
⑩ 許慎《説文解字》P172,中華書局,1963年。
⑪ 段玉裁《説文解字注》P394,上海古籍出版社,1988年。
⑫ 許慎《説文解字》P171,中華書局,1963年。
⑬ 許慎《説文解字》P174,中華書局,1963年。
⑭ 段玉裁《説文解字注》P399,上海古籍出版社,1988年。

毛之叢聚也。……"①《説文·毛部》:"毳,獸細毛也。從三毛。"②《段注》:"毛細則
叢密,故從三毛,衆意也。"③

　　《説文新附·心部》:"悱,口悱悱也。從心,非聲。"④《集韻·尾韻》:"悱,心欲
也。"⑤《論語·述而》:"不憤不啟,不悱不發。"⑥朱熹注:"悱者,口欲言而未能
之貌。"⑦

2.2　"交錯"義的"非"族字(本義"相背"的反義)

　　沈兼士認爲"非"聲字的"交文之編織物"義是"非"字"借音,無本字。"⑧楊樹達
認爲:"'非'聲有交織文一義,兄存疑不知是何本字,弟意即'違'義之反。"⑨正如張
博所説:"詞義衍化是在聯想作用下發生的。……相似聯想、對比聯想和接近聯想
都能引發詞語意義的引申分化。……對比聯想對於詞語意義衍化的作用突出地表
現於'義兼正反'和'反義同源'這兩種語言現象。'義兼正反'指兩個具有互補或反
向關係的義位共存於一個詞的引申義列中,例如'判'有分開、分離義,《説文》'判,
分也';又有配合、撮合義,《周官·地官·媒氏》:'掌萬民之判'鄭玄注:'判,半也,
得偶而合。主合其半成夫婦也。''反義同源'指兩個聲音相同、相近的反義詞有源
流關係或同出一源。"⑩黄易青認爲:"直訓的並列式中,有一種變體,即用對反的兩
個詞並列起來表示一個最小的意義。如:《説文》:'踵,一曰往來貌。'這裏'往來'不
能拆開(既不是'往'也不是'來'),相當於'復'。……實際上是'往'和'來'聯合起
來表示擺動的特徵。又如,《説文》:'袤,一曰南北爲袤,東西爲廣。''南北'和'東
西'都不能分開,'南北'相當於'縱','東西'相當於'横'。類似的情況還有'開合'
'開閉''蕩泆'等。在這種並列式中,二者不是相加關係,而是用相互對立而産生的

---

① 張舜徽《説文解字約注》(卷15)P85,中州書畫社,1983年。
② 許慎《説文解字》P174,中華書局,1963年。
③ 段玉裁《説文解字注》P399,上海古籍出版社,1988年。
④ 許慎《説文解字》P223,中華書局,1963年。
⑤ 丁度《集韻》P326,上海古籍出版社,1985年。
⑥ 程樹德《論語集釋》P449,中華書局,1990年。
⑦ 程樹德《論語集釋》P449,中華書局,1990年。
⑧ 沈兼士《沈兼士學術論文集·右文説在訓詁學上之沿革及其推闡》P73-185,中華書局,1986年。
⑨ 沈兼士《沈兼士學術論文集·楊遇夫先生來書》P182,中華書局,1986年。
⑩ 張博《漢語同族詞的系統性與驗證方法》P239,商務印書館,2003年。

雙向聯繫,表示一個最小的不能再分的意義,任何其中的一個詞都不是這個意義的局部。在意義系統中,這種對立的一對辭彙,可構成的不是兩個對立的意義,而是三個,即開:合:開合。"①在飛行時,鳥的兩個翅膀重復著往返的動作,由此引申出"往來"義。"交錯"義的"非"族字,可以分成兩個小類:

2.2.1　"交文之編織物"義的"非"族字(本義"相背"的反義"交錯"義的引申義)

《説文・匚部》:"匪,器似竹筐。從匚,非聲。《逸周書》曰:'實玄黄於匪'。"②《繫傳》:"匪,如篋。"③《通訓定聲》:"按:古者盛幣帛以匪,其器橢方。……"④《説文句讀》:"當云'竹器,似篋'。此字經典皆借'筐',其僅存者,〈春官・肆師〉:'共設匪雍之禮。'"⑤《約注》:"舜徽按:匪與匚雙聲,實一語之轉,皆受物之器通名也。今經傳作'筐',而用'匪'爲'非不'義,見於《易》、《詩》爲最多。本書竹部'筐,車笭也。'許分爲二字。"⑥《説文・匚部》:"匚,受物之器。象形。……讀若方。"⑦《繫傳》:"臣鍇曰:正三方也。"⑧《段注》:"此其器蓋正方,文如此作者橫視之耳。直者其底,橫者其四圍,右其口也。《廣韻》曰:'或曰受一斗曰匚'。按:囗部云:'圓,規也。'今人皆作圓、作圓。方,本無正字,故自古叚方爲之。依字,匚有榘形,固可叚作方也。"⑨《約注》:"錢坫曰:'象方形也。古方圓字用此。'舜徽按:此文古當作……,象正方之器可以受物之形。爲恐與……相混,因側立其文以相避,亦兼以便於爲他文偏旁耳。自借方爲匚,而匚廢矣。"⑩《説文》:"筐,車笭也。"⑪《通訓定聲》:"筐,車笭也。從竹,匪聲。車前後蔽也。……《三禮圖》:'筐,以竹爲之,長三尺,廣一尺,深六寸,足高三寸,如今小車笭。'"⑫《約注》:"舜徽按:《玉篇》、《廣韻》並云'緋,車箱。'殆皆

---

① 黄易青《上古漢語同源詞意義系統研究》P375,商務印書館,2002 年。
② 許慎《説文解字》P268,中華書局,1963 年。
③ 徐鍇《説文解字繫傳》P249,中華書局,1987 年。
④ 朱駿聲《説文通訓定聲》P563,中華書局,1984 年。
⑤ 王筠《説文句讀》P1834,上海古籍書店,1983 年。
⑥ 張舜徽《説文解字約注》(卷 24)P60,中州書畫社,1983 年。
⑦ 許慎《説文解字》P268,中華書局,1963 年。
⑧ 徐鍇《説文解字繫傳》P249,中華書局,1987 年。
⑨ 段玉裁《説文解字注》P635,上海古籍出版社,1988 年。
⑩ 張舜徽《説文解字約注》(卷 24)P59,中州書畫社,1983 年。
⑪ 許慎《説文解字》P97,中華書局,1963 年。
⑫ 朱駿聲《説文通訓定聲》P563,中華書局,1984 年。

本舊訓。竊疑'筐'篆説解本作車箱也,傳寫者沿下'笭'篆説解而誤爲車笭耳。"①
《説文・竹部》:"笭,車笭也……一曰:笭籯也。"②《約注》:"徐灝曰:'車部:軨,車轖間横木也。'《釋名》云'笭,横在車前,織竹作之,孔笭笭也。'蓋横木於轖間,又織竹以障之,故謂之笭。笭猶櫺也。舜徽按:笭又訓籯者,上文'籯,笭也';'籠,一曰笭也';皆聲近義同俱取於有孔之義。"③《約注》:"戴侗曰:'籠,織竹器也。或以盛土石,或以畜魚鳥。大概籠之爲器空疏,故名。'舜徽按:許君又以笭釋籠,以雙聲爲訓也。亦謂其物有孔隙可自外見内也。凡盛土之具,畜鳥之器皆然,故同謂之籠耳。"④《説文・車部》:"轖,車籍交錯也。"⑤《段注》:"各本'革'作'錯'。李善《七發》注、顏師古《急就篇》注作'交革',今從之。'車箱'各本作'車籍',《七發》注同,《急就》注、《廣韻》作'車藉',皆不可通,今以意正之曰'車箱'。'箱'與'籍',字形之誤也。毛《大東》傳曰:'服,牝服也。箱,大車之箱也。'鄭曰:'大車,平地任載之車。'竹部曰:'箱,大車牝服也。'按:'箱'本謂'大車之輿',引申之而凡車之輿皆得名'箱',此箱不謂大車也。'交革'者,'交'猶'遮'也,謂'以去毛獸皮鞈其外'。《考工記》:'棧車欲弇',注曰:'爲其無革鞈不堅,易坼壞也'。'飾車欲侈',注曰:'飾車,革鞈輿也。大夫以上革鞈輿。'《巾車職》:'士乘棧車',注曰:'棧車,不革鞈而漆之'。王之玉路、金路、象路皆以革鞈,而有玉、金、象之飾,因有玉、金、象之名。革路,鞈之以革而漆之,無他飾,故稱革路。木路不鞈,以革漆之而已,故稱木路。凡革鞈之謂之轖,……鞈之則格空遮蔽,故曰轖。轖之言嗇也,引申之爲結塞之稱,……"⑥《説文・車部》:"軨,車轖間横木。……'軨或從霝',司馬相如説。"⑦《段注》:"'車轖間',蒙上文言之,猶言車輿間也。《木部》曰:'横,闌木也'。'車轖間横木',謂車輢之直者横者也。軾與車輢皆以木一横一直爲方格成之,如今之大方格然。……按:古令或作霝、作靈;零或作霝;笭或作蘦,皆令、霝通用之證。《左傳》:'陽虎載蔥靈,寝於其中而逃。'蔥,蓋本作囪,初江切;靈即軨也。《文選》四十八注

---

① 張舜徽《説文解字約注》(卷9)P23,中州書畫社,1983年。
② 許慎《説文解字》P301,中華書局,1963年。
③ 張舜徽《説文解字約注》(卷9)P23,中州書畫社,1983年。
④ 張舜徽《説文解字約注》(卷9)P20,中州書畫社,1983年。
⑤ 許慎《説文解字》P301,中華書局,1963年。
⑥ 段玉裁《説文解字注》P723,上海古籍出版社,1988年。
⑦ 許慎《説文解字》P301,中華書局,1963年。

引《尚書·大傳》曰：'未命爲士，不得有飛軨'。鄭注：'如今窗車也。'李尤《小車銘》曰：'軨之嘯虛，疏達開通。'蓋古者飾車鞃車，更有不鞃革者，露其窗櫺與。《木部》：'櫺，楯閒子。'"①《約注》："舜徽按：車轄閒橫木謂之軨，猶楯閒子謂之櫺，皆作方格，如窗牖然。軨或作輪，聲義與櫺通矣。"②楊樹達（1950）考證，"聰""明""憭""靈"這四個"義相近似之字，其語源相近似也"。具體而言，"聰"之語源爲囱（窗）、憁（滿襠褲。"憁空，可以受足。"）、蔥（中空的菜），"明"之語源爲囧（透光效果好的窗牖），"憭"之語源爲寮（小孔）、寮（小窗）、遼（莖葉稀疏的草木）、鐐（有孔鑪），"靈"之語源爲櫺（窗上的格子）、"軨（車廂前面和左右兩面用木條構成的大方格圍欄。或做笭。）"③所以，"匪"是古代主要用來盛幣帛的、用相背的橫與縱的竹條交錯構成的有方格孔的橢方形的、象竹筐的器物。

　　《說文·网部》："罪，捕魚竹网，從网、非，秦以罪爲辠字。"④《繫傳》："罪，捕魚。從网、非。秦以罪爲辠字。臣鍇按：《詩》曰：'豈不懷歸，畏此罪罟。'"⑤《段注》："'竹'字蓋衍。《小徐》無'竹网'二字。'聲'字舊缺，今補。本形聲之字，始皇改爲會意字也。……《文字音義》云：'始皇以辠字似皇，乃改爲罪。'按：經典多出秦後，故皆作罪。罪之本義少見於竹帛。《小雅》'畏此罪罟'，《大雅》'天降罪罟'，亦'辠罟'也。"⑥《通訓定聲》："罪，捕魚竹网也，從网非聲。（叚借）爲辠，秦始皇以辠字似皇，改作罪，以形聲字爲會意。《詩》：'天降罪罟'、'畏此罪罟'，此其義也。"⑦《約注》："舜徽按：說解'竹'字非衍文。魚网以結繩爲主，亦有編竹爲之者，其形如簾，豎立水中圈取之，湖湘間多用此捕魚。孟子云：'及陷於罪，然後從而刑之，是罔民也。'可知古人言及刑罰，恒取譬於羅網，故《小疋》、《大疋》之'罪罟'，皆用本義，不當作辠，段說非。"⑧《說文古均聲系》："罪，捕魚竹网。從网，非聲。秦以爲辠字。"⑨裘錫圭《文字學概要》："犯罪的'罪'本來是用'辠'字表示的。到了秦代，統治者嫌

①　段玉裁《說文解字注》P723，上海古籍出版社，1988年。
②　張舜徽《說文解字約注》（卷9）P20，中州書畫社，1983年。
③　楊樹達《積微居小學述林》P171－172，中華書局，1983年。
④　許慎《說文解字》P157，中華書局，1963年。
⑤　徐鍇《說文解字繫傳》P156，中華書局，1987年。
⑥　段玉裁《說文解字注》P355，上海古籍出版社，1988年。
⑦　朱駿聲《說文通訓定聲》P562，中華書局，1984年。
⑧　張舜徽《說文解字約注》（卷14）P55，中州書畫社，1983年。
⑨　權少文《說文古均二十八部聲系》P382，甘肅人民出版社，1987年。

'皇'的字形近於皇帝的'皇'……借本來當'捕魚竹网'講的'罪'字來代替它。今本
《説文》説'罪'字'從网非',段玉裁、王筠等人因爲'网非'之義跟'捕魚竹网'這一本
義不合,認爲'罪'字應是形聲字,《説文》'非'字下本應有'聲'字,爲後人删去……
秦代統治者所以要借用'罪'字,不僅是因爲'罪'與'皇'上古音同韻部,而且是由
於'罪'字還可以當作'從网非'的會意字來看的緣故(《説文》'皇'字《段注》:'罪
本訓捕魚竹网,從网非聲,始皇易形聲爲會意')。'网非'之意跟'皇'字之意並不
切合,但是把爲'非'的犯罪者一'网'打盡,正是統治者的心願。後人删去《説文》
'非'下'聲'字,大概也是看到了這一點。"①《説文·网部》:"网,庖犧所結繩以漁,
從冖,下象网交文。"②《説文·网部》除"网"字外,尚有 33 字,用於捕魚、鳥、獸
等。③《説文·网部》:"罟,网也。"④《段注》:"《小雅·小明》傳曰:'罟,网也。'按:
不言魚网者,《易》曰:'作結繩而爲网、罟,以田以漁',是'网、罟'皆非專施於漁
者。'罟'實魚网,而鳥獸亦用之,故下文有'鳥罟'、'兔罟'。"⑤于省吾《甲骨文字
詁林》:"《廣韻》及《太平御覽》引《説文》:'网,庖犧所結繩以田以魚也,從冂,下象
网交文也。'今本《説文》佚'以田'二字,卜辭或稱'网雉',或稱'网鹿',未見'网
魚'者。《易·繫辭》:'古者庖犧氏之王天下也,作結繩以爲网、罟,以佃以漁。'
《釋文》:'取獸曰网,取魚曰罟。'"⑥所以,"罪"是古代用相背的橫與縱的繩或竹條
交錯構成的有孔的主要用來捕魚的工具。"罪"本義是"捕魚的竹网",表示"罪行"
義,是當借字用,其本字作"皇",秦始皇因"皇、皇"二字相似,故以"罪"爲"皇","罪"
字的"罪行"義成爲它的常用義後,人們就把"罪"字當會意字來理解,此時的"非"義
爲"犯錯誤的人"。

　2.2.2　"往來"義的"非"族字

　　《説文·女部》:"斐,往來斐斐也。一曰:醜兒。從女,非聲。"⑦《漢書·揚雄傳》

①　裘錫圭《文字學概要》P217-218,商務印書館,1988 年。
②　許慎《説文解字》P157,中華書局,1963 年。
③　許慎《説文解字》P157-158,中華書局,1963 年。
④　許慎《説文解字》P157,中華書局,1963 年。
⑤　段玉裁《説文解字注》P355,上海古籍出版社,1988 年。
⑥　于省吾《甲骨文字詁林》P2832,中華書局,1996 年。
⑦　許慎《説文解字》P264,中華書局,1963 年。

"昔仲尼之去魯兮，斐斐遲遲而周邁。"①顏師古注："斐斐，往來貌也。"②《繫傳》："斐，往來斐斐也。從女，非聲。一曰：大醜皃。"③《段注》："當依《廣韻》作'斐斐，往來皃'。《玉篇》'也'亦作'皃'。《小雅》毛傳曰：'騑騑，行不止之貌'，與'斐'音義皆同。"④《説文·女部》中排列在"斐"字左右的六個字都是形容女子醜陋的，或是説女子黑色，或是説女子肥大等。⑤ 歷來人們對婦女的容貌美醜比較注重，長的相貌醜陋的女子被認爲"非女"，正如把頭髮留的長的男孩叫做假丫頭，即"非男"；把頭髮留的短的女孩叫假小子，即"非女"。我們認爲："斐"字本義是"醜皃""大醜皃"，是説女子的相貌與人們對女子的審美要求相違背；因女子遇事時一般比較優柔寡斷，走來走去思考再三，"斐"字別義爲"往來皃""行不止之貌"。

　　《説文·食部》："饡，餽也。從食非聲。陳楚之間相謁食麥飯曰饡。"⑥《繫傳》："饡，餽也。從食非聲。陳楚之間相謁而食麥飯曰饡。"⑦《段注》："《方言》曰：'饡，食也。陳楚之間相謁而食麥饘謂之饡。'"⑧《通訓定聲》："饡，餽也。從食非聲。《爾雅·釋言》：'饡，食也。'《方言一》：'陳楚之內相謁而食麥饘謂之饡。'"⑨《説文·食部》："餽，乾食也。"⑩《釋名》："餽，候也，候人飢者以食之也。"⑪禮節方面"一來一往"。《約注》："舜徽按：許以餽訓饡乃本義也。饡從非聲，古讀當與輩同。蓋饡之爲言糒也。本書米部'糒，乾也。'饡糒雙聲，受義同原。説解又云：'陳楚之間，相謁食麥飯曰饡'乃別義也。語本《方言》。此句上當有'一曰'二字，今奪。"⑫所以，"饡"本義爲"不食，候人飢者以食"義，是把食物加工熟後曬乾以備不時之需，是"非"爲"違背"義的字；別義'陳楚之間，相謁食麥飯曰饡'，是"非"爲"往來"義的字。

① 班固《漢書》P409，中華書局，1962 年。
② 班固《漢書》P3521，中華書局，1962 年。
③ 徐鍇《説文解字繫傳》P245，中華書局，1987 年。
④ 段玉裁《説文解字注》P245，上海古籍出版社，1988 年。
⑤ 許慎《説文解字》P264，中華書局，1963 年。
⑥ 徐鍇《説文解字繫傳》，中華書局，1987 年。
⑦ 許慎《説文解字》，中華書局，1963 年。
⑧ 段玉裁《説文解字注》，上海古籍出版社，1988 年。
⑨ 紀昀、陸錫熊、孫士毅《欽定四庫全書》(第 221 册)，上海古籍出版社，1987 年。
⑩ 朱駿聲《説文通訓定聲》P565，中華書局，1984 年。
⑪ 紀昀、陸錫熊、孫士毅《欽定四庫全書》(第 221 册)P403，上海古籍出版社，1987 年。
⑫ 張舜徽《説文解字約注》(卷 10)P10，中州書畫社，1983 年。

本文解析的《説文》中"非"族總結如下：

本義"相背"——茊、悱、晢、排、跰、斐、裵、蜚

本義"相背"的反義"交錯"義的引申義："交文之編織物"義——匪、罪

本義"相背"的反義"交錯"義的引申義："往來"義——斐、餥

本義"相背"的引申義："隱蔽"義——扉

參考文獻：

[1]班固《漢書》,中華書局,1962 年。

[2]程樹德《論語集釋》,中華書局,1990 年。

[3]蔡永貴《"右文説"新探》,《新疆師範大學學報》,1988 年(1)。

[4]丁度《集韻》,上海古籍出版社,1985 年。

[5]段玉裁《説文解字注》,上海古籍出版社,1988 年。

[6]桂馥《説文解字義證》,上海古籍出版社,1987 年。

[7]黄德寬《古文字譜系疏證》,商務印書館,2007 年。

[8]何家興《〈説文解字注〉"亦聲"》,新疆師範大學,2007 年。

[9]何九盈《中國現代語言學史》,廣東教育出版社,2005 年。

[10]郝士宏《古漢字同源分化研究》,安徽大學出版社,2008 年。

[11]黄易青《上古漢語同源詞意義系統研究》,商務印書館,2002 年。

[12]紀昀、陸錫熊、孫士毅《欽定四庫全書》(第 221 册),上海古籍出版社,1987 年。

[13]裘錫圭《文字學概要》,商務印書館,1988 年。

[14]權少文《説文古均二十八部聲系》,甘肅人民出版社,1987 年。

[15]沈兼士《沈兼士學術論文集》,中華書局,1986 年。

[16]田炳學、姚寧寧《"非"字族考析》,《唐山師範學院學報》,2009 年(3)。

[17]田小豔《"非"字的本義及其同族字考釋》,《伊犁師範學院學報》,2007 年(2)。

[18]王筠《説文句讀》,上海古籍書店,1983 年。

[19]徐灝《説文解字注箋》,上海古籍出版社,1988 年。

[20]許慎《説文解字》,中華書局,1963 年。

[21]徐鍇《説文解字繫傳》,中華書局,1987 年。

[22]楊樹達《積微居小學述林》,中華書局,1983 年。

[23]于省吾《甲骨文字詁林》,中華書局,1996 年。

[24]張博《漢語同族詞的系統性與驗證方法》,商務印書館,2003 年。

[25]朱駿聲《説文通訓定聲》,中華書局,1984 年。

[26]張舜徽《説文解字約注》,中州書畫社,1983 年。

地名漢字研究當受重視

周文德

（四川外語學院中文系）

1. 引言

用於記録地名的漢字就是地名漢字。地名漢字是漢字大家庭中的重要一員，在漢字研究領域裏，地名漢字的研究一直以來都是相對薄弱的。地名漢字研究的成果相對較少，人們對地名漢字研究的關注度並不高，研究也欠深入。

理論上，任何一個漢字都可以用於地名，但，並不是任何一個可用作地名的漢字都能用在日常語言的普通詞彙中去。

地名漢字有自身的特點：地域性、穩固性、形義貼切性。

地名漢字大多具有一定的地域性。這些具有一定地域色彩的漢字，往往與方言詞聯繫緊密，又具有一定的方言色彩。地名專用字是地域文化和地域歷史的反映，具有較強的文化内涵。有些地名漢字，在特定地域内通行，有特定的讀音與意義。這些獨特的地名漢字，既是我們研究地域民俗和地域文化的寶貴資料，也是我們研究方言和古音的珍貴材料。

地名漢字又具有相當强的穩固性。體現在字音和字形兩個方面。地名漢字的讀音往往十分穩固。地名漢字的讀音並不因該漢字的一般讀音發生變化而變化，往往保留作爲地名用字的特定讀音，這是衆所周知的。比如：會稽（guì jī）山、大月氏（ròu zhī）、大宛（yuān）、瓦窰堡（bǔ）、費（bì）縣、東阿（ē）縣等，類似的漢字在地名中的讀音與該字的通常讀音並不一致，這是保留古音的緣故。地名漢字的字形相對於其他普通漢字而言，也要穩固得多。比如：秭歸縣的"秭"字雖然生僻，僅此一用，但是，數千年來未敢擅改。縱然有建議"秭歸"可改作"姊歸"，但爲使地名用字"保持相對穩定"，現在仍"不宜更改"（傅永和，1995：4）。

地名漢字基本上都具有形義貼切性。中國古代的地名漢字非常豐富，且具有鮮明的構字個性：形義貼切。曾深入探索我國古代地名學理論的金祖孟先生就發現："中國最古的地名，往往同一字包括專名、通名兩部，如'嵩'字，上半'山'字爲通名，下半'高'字爲專名；'汾'字，左旁'水'爲通名，右旁'分'字爲專名；'郿'字，左旁'眉'字爲專名，右旁'邑'字爲通名。此外，如岐、岢、岱、崤、岷、嶂、嶧諸山名，汝、江、汶、沁、沂、沅、河、泌、沭、泗、洛、洙、洧、浙、淮、淝、濟、淄、渭、湘、漢諸水名，邠、邢、郯、邳、郃、邦、郫、鄆、鄲、鄭諸地域名，都是古代地名。這種古地名的產生，不僅是'用字命名'，而且是'造字命名'。"（劉保全，2002：2）金先生所舉諸字，構形簡潔明瞭，構字個性鮮明。見形便知地名所在的地形特徵，其讀音標示了具體所指。真正是"視而可識，察而見義"，形義貼切。

地名漢字在漢字系統中佔有相當高的比例，劉保全（2002：2）提出"應該在語言文字領域給它一個特殊的、固定的位置。"

2. 地名漢字是漢民族的文化遺產，應當受到保護

聯合國第 5 屆地名標準化會議 6 號決議提出"地名是民族文化遺產"（2003）。隨後，"中國地名文化遺產保護工程"正式啟動（2004）。我國擁有的衆多古老地名，它們大多具有豐富的文化積澱，是中華傳統文化的"活化石"，是中華文明史的見證，是寶貴的非物質文化遺產。

地名研究正在從傳統的地名考釋中走出來，除傳統的研究字形、字音、字義等內容之外，更應注重揭示和挖掘地名漢字中蘊含的文化信息和民俗特徵。在地名標準化的過程中，既要避免"一刀切"式的把不少的地名專用漢字歸入生僻漢字而加以排斥，又要避免無限寬容式的把地域色彩濃厚的地名專用漢字納入通用漢字範圍，使通用漢字數量過度膨脹，從而增加通用漢字總量。在漢字規範化過程中，如何做到既不"過寬"也不"過嚴"，做到恰到好處，最關鍵的不是靠"檔"或命令，而是要對地名漢字做深入細緻的研究。不容諱言，對地名漢字的研究，我們做得很不

夠。對地名文化遺産的保護就更顯薄弱了。

特定的地名漢字往往流傳時間久遠，少則數百年，多則上千年。地名漢字是一個普通而又特殊的群體。地名漢字是人民群衆智慧的産物，存在於人民群衆的交際之中。這是一群"鮮活"的漢字。地名漢字是漢民族的文化遺産，應當像其他文化遺産一樣地受到保護。地名漢字研究應當受到重視。下面，我們以兩個實例來說明地名漢字研究的重要性。

3. 地名漢字反映了不同地域用字的認知差異

周文德(2012:1)認爲，"具有一定地域色彩的地名專用字，是地域文化和地域歷史的反映，具有較强的文化内涵。特別是有些地名漢字，反映的正是不同地域人民對當地的地理環境、地形地勢的認知成果及認知差異。""沱"與"坨"就是如此。

"沱"與"坨"這兩個字在使用上有南北差異。大致來説，北方多作"坨"，少有作"沱"的；南方則相反。

叫坨的地方多在陸地而不一定鄰水；叫沱的地方多指水域，引申也指靠近該水域的陸上地塊。叫沱的陸上地塊都鄰水，都地處江河邊上。

從土的坨，反映的是北方平原，人們居住忌地勢低窪處，往往擇高臺而居，所以，字形從"土"。《玉篇·土部》："坨，地名也。"如：天津市有王慶坨、東塘坨、牛家坨，北京市有蘇家坨、五裏坨、牛坨，河北省有向陽坨、芝麻坨、蘿蔔坨，河南省有蘇浮坨、老虎坨、神樹坨、前呼坨，等等。

"沱"與"坨"正好相反，不在高臺上。從文字角度來看，"沱"是南方地名通名用字中一個很有特色的漢字；從詞彙角度來看，"沱"是一個方言詞，指江河流速平緩的水灣地帶或回水灣水域，引申後也包括回水灣流水域所在的陸上地塊，或鄰近這個回水灣的陸上地域。

"沱"字反映了多山多水的南方地區江河水流所處的地形與水文特點。河川在西南地區，因其地形因素，水流曲折，在河川轉折處往往形成一定的水灣，水灣裏的水流往往較上、下游的流速要平緩，有的水灣看上去水是靜止的，有的還産生一定的回水灣流(河水倒流)。這樣的水灣或回水灣流區域，西南方言稱爲"沱"或"回水沱"。"沱"字地名就是這一地形和水文特徵的恰當記録。

　　北方通用的"坨"與南方通用的"沱",正反映了北方擇高臺而居與南方逐水而居的不同,反映的是兩種不同的地形地貌,所以,這兩個漢字雖然讀音相同,但在構形上,一從"土",一從"水"。

　　"沱"與"坨"在地名漢字寫法上的南北差異,正是南北方人民對所處環境與地形地勢的認知差異的反應。

4.南方的地名漢字"塆"與"灣"有別

4.1　構字理據

　　"塆"字從土,彎聲。字義有別於"灣",不一定緊挨江河邊,少有水源。"彎"除標示讀音外,還兼表意義,表示地形彎曲低凹。這是一個形聲兼會意字。從"塆"字的構字意圖可知,義爲山間或陸地上的彎曲低凹地帶。"塆"字的構字理據來自對特定地勢地貌環境的客觀寫照。

　　查考重慶地名中帶"塆"字的地方,都不在江河邊,不靠水域。如學田塆、大田塆、人和塆、謝家塆、梨樹塆、文星塆等。上述諸地都處於陸地上的彎曲低凹地帶。所在地形與"塆"字的構字理據契合。

　　除重慶外,南方方言區裏也有帶"塆"字的地名,湖南、湖北、四川、貴州、云南、江西等省都有不少。據萬獻初(1994)考查,在鄂南地區,"塆"是"山邊村莊和山彎內的村莊通名",在咸寧、陽新、通山、崇陽四縣境內,有帶"塆"字村莊名近300個。這些"山邊村莊和山彎內的村莊"也不在江河邊,而是在陸地上,也是指陸地上的彎曲低凹地帶。所在地形與"塆"字的構字理據契合。

4.2　"塆"、"灣"互不相混,不可替換

　　在一些地方的地名用字中,"塆"、"灣"兩字並用且互不相混,更不能替換。以重慶市和昭通市爲例。

　　昭通市的地名中,帶"塆"字的地名如:三條塆、四塆頭、五穀塆、七塆、八户塆、九龍塆、十二塆、水井塆、癩子塆、石硌塆、碾子塆、解鋸塆、筲箕塆、大塆子、柵擔塆、碑塆、魚梁塆、大風塆、背風塆、陰山塆、苦蕎塆、正塆、墳塆、土地塆、廟塆……

　　昭通市還有帶"灣"字的地名,如:頭灣、一灣、二灣、三灣、四灣、四合頭灣子、五穀灣、五個灣、七埂大灣、九把灣、九龍灣、十字灣、把子灣(似拐杖的彎把)、草鞋灣、墳上灣子、鯉魚灣、月亮灣、得卓灣、路家灣……

　　在昭通市,地名用字"壪"是不能寫作"灣"的。因爲,如果把所有的"壪"字都改寫爲"灣",那麼,下面這些成組對應的地名就完全雷同而無法區分了:

表 1

A	五穀壪	九角壪	九龍壪	撮箕壪	生基壪	生地壪	馬路壪	茶樹壪	花椒壪	火石壪	鐵匠壪
B	五穀灣	九角灣	九龍灣	撮箕灣	生基灣	生地灣	馬路灣	茶樹灣	花椒灣	火石灣	鐵匠灣

　　A 與 B 之間的不同,並非漢字的寫法不同,在這裏,"壪"不是"灣"的異體字。"壪"與"灣"是字形不同、字義有別的兩個漢字。A 與 B 是兩組不同的地理名稱,指稱的是兩組不同的地理實體,有的分屬不同的縣、鄉(鎮),有的地處同一個縣、鄉(鎮)的不同地理位置。比如大關縣境內,既有九龍壪,又有九龍灣,這兩個叫九龍 wān 的村落一個在北,一個座南,一個在東,一個居西。九龍壪在 213 國道的西側,九龍灣在 213 國道的東邊,兩地直線距離大約 20 千米。

　　上列"壪"字地名,若都被强制改寫成"灣"字,書面上就無法區分 A 與 B 地名從而變成"三同地名"(周文德,2010:99)了。根據地名標準化的要求,"三同地名"是不允許存在的,是必須要得到清理的。

　　再看看重慶的"灣"、"壪"字地名。

　　僅重慶直轄之前的 11 個區縣裏,《中國地址郵遞區號大全》(2000)中的"灣"字地名有 92 處,還有不少的"灣"字地名沒有出現在這本《大全》裏。據王連勇(2002:108)統計,在重慶 11 個老區、縣裏,"灣"字地名"占都市地名總數的 3.9%"。雖然"灣"字地名數量多,但是並非一開始就寫作"灣"字,其中很多原本都寫作"壪"字。如沙區的土壪,渝北區的大灣鎮,原本都寫作"壪"。《重慶市地名詞典》(1990)中,"土壪"被改寫成"土灣",但"文星壪"、"學田壪"仍然保留了"壪"字。查檢該《詞典》,帶"壪"字地名有 12 條,"灣"字地名 6 條。帶"壪"字地名是"灣"字地名的兩倍。

4.3 "壪"字難廢止

儘管地名書寫標準化要求將"壪"字改寫爲"灣"字,但當地百姓和知識份子並不十分理會這個"標準化"要求。時至今日,老百姓仍慣用"壪"字,在互聯網上隨便一搜或是查看一些地圖,就可見到許多帶"壪"字的重慶地名。比如:唐家壪、深基壪、興隆壪、柿子壪、外郎壪、水井壪、廟壪、黃葛壪、小壪、隔壁壪、師娘子壪、學堂壪……

與普通民衆的寫法相呼應,政府機關也没能完全拒絶"壪"字,甚至又重新接納"壪"字。這方面,最有代表性的是渝中區。在《重慶市公安局渝中區分局關於派出所整合的通告》(2008)裏,正文全部用"灣"字無一處用"壪"字,與之相反,在《通告》的附件(《整合後的各派出所轄區地名門樓牌起止號表》)中,卻無一處用"灣"字,全部寫作"壪"字。附件裏共有 21 個帶"壪"字的地名。

同一份檔裏,爲何出現了兩種截然不同的寫法呢? 我們没有向當局求證。但我們可以猜測。《通告》的正文用"灣"字,代表的是政府機關遵循著"地名書寫標準化"的剛性要求;附件中的表格裏用"壪"替代"灣"字,這恰恰反映了當地群衆的認可程度和書寫習慣(《附件》的文本是由基層單位提交上去的,上級只是原樣匯總)。政府機構爲什麽放棄了"標準化"的地名書寫要求而遷就了群衆的書寫習慣呢? 或者説,政府機構認可了群衆的書寫習慣,或者説,長期以來,這些機構所書寫的原本就是與群衆的習慣一致的,至今也難以改過來。

答案就是:"壪"字難廢止。

問題不止於此:民衆爲何要把"灣"、"壪"這兩個字區別對待? 而且互不相混。"壪"字該不該保留? 這就需要我們進一步探討。

4.4 "壪"字義蘊豐富

"灣"、"壪"是兩個漢字,代表的是兩種不同的地形地貌,是兩個地名通名。"灣"是水流彎曲的地方,"壪"是山溝裏的小塊平地。一個有"水",一個從"土"。《新華字典》的解釋有一定代表性:"灣,水流彎曲的地方。" 又,"壪,山溝裏的小塊平地。多用於地名。"

這兩個字都不見於《説文解字》。

"灣"字見於《廣韻·删韻》："灣,水曲。"此後的字典、詞書均收此字。《康熙字典》、《漢語大字典》、《漢語大詞典》的解釋都差不多。

"壪"字不見於《漢語大字典》,見於《漢語大詞典》："壪,山溝;山坳。亦指山村。"

"壪"字有兩個基本用法:(一)專指山地或坡地的彎曲地帶,特別是坐落於該彎曲地帶内的村落;(二)泛指一般的村落。泛指意義是從專指意義引申而來的。從造字理據上看,"壪"字已提示該字有兩個重要信息:一是不在水裏或水邊,而是在陸地上(從土);二是此地不平不直但也不陡峭,是陸地上的彎曲地帶("彎"除表讀音外,還兼表意義)。從土,還有一層意義,靠農耕爲主的古代居民,土地是最可寶貴的,一旦安定下來,便安土重遷。土地對於百姓和統治者都是最最寶貴的,既是寶貴的自然資源,也是重要的生產資料。孟子就提出土地是最根本的,他把土地列爲三"寶"之首:"諸侯之寶三:土地、人民、政事。"(《孟子·盡心下》)馬克思(1966:109)指出:"土地是一切生產和存在的源泉",土地是人類最寶貴的物質財富。這個"壪"字,是相當契合中國人傳統造字理據的,也符合中國人的造字理念,特別是對非平原地區的人而言。形、音、義三者達到了高度的統一,見形便知音、義。這個字,是勞動人民智慧的結晶。這個字,還反映了過去人們的聚居環境和對聚居地的選擇理念。

與平原地區的居民不同,在丘陵或山區地方,人們擇地修房建村落時,往往有一定的擇地標准和擇地理念,對地勢地形有一定的要求和講究。最適宜建立村落聚居的地方,往往是彎曲形的内彎地帶。這種地帶背靠山丘或山坡,前面相對平坦或平緩,在這個地帶上建立村落自然有他的好處,也與中國古代的風水學原則相一致。這樣的地形正面平緩,視野開闊,背後有山或山坡,兩側有緩丘相扶持。民間常稱這種地形爲椅子形。村落建於這個椅子形的内彎曲地帶,就處於"内斂向心"的圍合之中。選址如此,小到村落大到都邑。這樣的選址理念頗有傳統,《管子·乘馬》:"凡立國都,非於大山之下,必於廣川之上,高毋近旱而水用足,下毋近水而溝防省。因天材,就地利,故城廓不必中規矩,道路不必中準繩。"(黎翔鳳,2004:83)這樣的"因天材,就地利"的選址標準,既有軍事上的意義,進可攻,退能守;又符合風水學上的選址標準,背山有龍脈,左右扶持之緩丘喻青龍白虎之象。毋庸諱言,中國古代的民居、村落、都邑在選址的時候,或多或少地受風水觀念的影響。

正因如此,在南方,地名中帶"塆"字的特別多,幾乎隨處可見。住在同一個塆裏的往往是同姓家族,所以帶"塆"字的地名常常和"家"字並用,形成"某家塆"的地名格式,在湖北、湖南、江西、重慶、四川極爲普遍,舉不勝舉。其他格式的如,湖北的柏樹塆、岩塆;江西省的甘塘塆、上塆、油匠塆;湖南省的大塘塆、大樹塆、松山塆。四川省的倒塆、梅子塆、母豬塆、幹塆。以上這些地名,當地居民的傳統寫法都寫作土旁的"塆",没有寫成水旁的"灣"字。

"塆"字是一個義蘊豐富的地名專用漢字。

4.5　"塆"字該接納

含"塆"字的地名,在南方不勝枚舉。"塆"字在南方地名中得到廣泛應用,我們不應該拒絶這個具有廣泛性和群衆基礎的漢字,而應該接納它。

《現代漢語通用字表》(1988)中有"塆"字,這説明,"塆"字並非生僻字,而是一個規範漢字,是一個通用漢字。

塆、灣,僅僅只是音同,這兩個字的"形"不同,"義"亦有別,只是同音字而已,不是異體字。

可惜的是,在《重慶地名志》(1997)裏,所有的"塆"字地名都無一例外地改寫成"灣"字。儘管如此,民間乃至政府並不完全接受,仍書寫著"塆",已如4.3所述。而且,在新近的官方互聯網上,我們還能看到渝北區"大塆鎮"的寫法。可見,帶有特定内含的地名用字,僅靠一紙檔是很難撼動其歷史傳承寫法的,對於這類漢字,處理時一定要慎重。國務院《地名管理條例》明確規定:

> 必須保持地名的穩定性,除生僻字、異體字以及帶有侮辱性、歧視性等非改不可的地名需要更名外,其他可改可不改的地名原則上不改,這是地名作爲社會公共歷史文化產品屬性的必然要求。

"塆"一不是生僻字,二不是異體字,三不帶侮辱性、歧視性,如此看來,"塆"字不屬於"非改不可"之列,應屬於"原則上不改"的地名。

"塆"字承載著豐富的文化意義和人文内涵,若把"塆"字改寫爲"灣"字,那些豐富的内涵將蕩然無存。所以,在傳統的實際書寫中,没有混淆這兩個字,也没有混用的情况。今天,我們不應該用"灣"字替代"壪"字。地名標準化不應犧牲具有非物質文化遺産性質的地名漢字。

使用範圍如此之廣,出現頻率如此之高的"壪",《新華字典》和《漢語大詞典》收録進去了,這是值得肯定的,而以收録漢字最多著稱的《漢語大字典》①卻未見收録,不知何故。不過,相信再版修訂時,一定應該收録這個"壪"字。否則,是説不過去的。

由此看來,我們没有理由不接納這個"壪"字。

4.6 "壪"字的電腦録入已不是問題

1981 年實施的國家標準漢字編碼 GB2312—80 字形檔只收録了 6763 個漢字,字量太少,"壪"字未被收録,在情理之中。不過,後來的 GBK 漢字字形檔收録了"壪"字,再後的 GB18030—2000《信息技術、信息交换用漢字編碼字元集—基本集的擴充》(2000)收録了"壪"字。至此,"壪"字的電腦録入已完全解决。

其實,早在 1988 年,由國家語委和新聞出版署聯合發佈的《現代漢語通用字表》,儘管收録漢字僅僅只有 7000 字,但其中就有"壪"字。

如此看來,"壪"字並不是一個生僻字,早被納入了通用漢字範圍。可是,後來的地名標準化卻排斥這個並非生僻字的"壪"字,實在没有必要。如果説,在 GBK 編碼和 GB18030—2000 字形檔編碼應用於電腦之前,僅靠 GB2312 編碼無法在電腦中録入"壪"字,迫不得已才把"壪"字改成"灣"字,尚情有可原,那麽,在"壪"字的電腦録入已被徹底解决之後,卻借"地名標準化"之名而抛棄"壪"字不用,就實在説不過去了。

總之,"灣"、"壪"是兩個不同的漢字,意義各别。"壪"字並不生僻,且表義明確。"形"、"音"、"義"結合得很完美。"壪"字在地名漢字中應當保留。

5. 結語

地名漢字是漢字大家庭中的重要一員,有自身的特點:地域性、穩固性、形義貼

---

① 徐中舒主编,四川辭書出版社、湖北辭書出版社,1986—1990 年。

切性。地名漢字在漢字系統中佔有相當高的比例,具有一定的地域色彩,往往與方言詞聯繫緊密,又具有一定的方言色彩。地名專用字是地域文化和地域歷史的反映,具有較強的文化內涵。有些地名漢字,在特定地域內通行,有特定的讀音與意義。這些獨特的地名漢字,既是我們研究地域民俗和地域文化的寶貴資料,也是我們研究方言和古音的珍貴材料。"就漢語地名而言,單純研究其得名之由和通名還不够。漢語地名是用漢字記錄的,研究漢語地名不可不研究地名的用字情況,漢語地名的用字情況很值得研究。"(周文德,2010:100)在漢字研究領域裏,地名漢字不受重視的現狀應該得到改變,地名漢字應當受到重視,我們應當加強對地名漢字的研究。

參考文獻:

[1]傅永和《新中國的漢字整理》,《語文建設》,1995 年(7)。

[2]劉保全《慎重處理地名用字,保護地名文化資源》,《中國地名》,2002 年(6)。

[3]黎翔鳳撰、梁運華整理《管子校注》,新編諸子集成本,中華書局,2004 年。

[4]《馬克思恩格斯選集》(第二卷),人民出版社,1966 年。

[5]邵桂寶《重慶市地名詞典》,科學技術文獻出版社重慶分社,1990 年。

[6]萬獻初《鄂南地名志中的地名俗字評議》,《咸寧師專學報》,1994 年(3)。

[7]王連勇《論重慶都市地名的文化特色與城市形象》,《西南師範大學學報》,2002 年(5)。

[8]周文德《重慶政區重複地名研究》,《重慶三峽學院學報》,2010 年(6)。

[9]周文德《重慶市政區地名用字考察》,《重慶師範大學學報》,2010 年(6)。

[10]周文德《"沱"與"坨"地名的文化差異》,《中國地名》,2012 年(4)。

[11]國家郵政局《中國地址郵遞區號大全》,人民郵電出版社,2000 年。

[12]《漢語大詞典》(第 2 卷),漢語大詞典出版社,1988 年。

百年漢字,兩個時代:鉛字時代與電腦時代

許壽椿

(中央民族大學理學院)

1.從漢字是否落後說起

這是個爭論了近百年的問題。如下兩種極端的、絕對的看法都不可取。一種認爲:作爲表意文字的漢字,處於文字發展最低級階段,必定是落後的;或者説,作爲記錄漢語的漢字,表音功能差,或者不表音、表音不准確,所以必定是落後的。這是一種基於西方過時了的文字理論的結論。另一種認爲:漢字落後論完全是一群激進分子,在亡國滅種危難時刻的一些絕望、無奈舉動的後果[1]。這也不够全面。本文作者以爲:在工業時代,文字處理機械化時代,文字處理設備的必備核心部件是鉛字,也可以説這個時代就是鉛字時代。至少三五千個漢字鉛字與七八十個拉丁字母鉛字,是一種顯著而嚴酷的對比。這使得漢字機械打字,鉛字排版印刷,漢字四碼電報顯著地比英文的笨重、低效、落後、繁難,即這使得漢字的社會化産業應用顯著地落後於拉丁拼音文字。可以説:鉛字是漢字的克星,是逼迫漢字走拼音化道路的強大現實力量[2]。1995年,鉛字在中國和華人世界都被成功地淘汰了,漢字

---

[1] 這兩種觀點主要見於陳海洋《漢字研究的軌跡——漢字研究記事》;費錦昌《新時期語言文字工作記事》;劉慶俄主編《漢字新論》;尹斌庸、蘇培成主編《科學地評價漢語漢字》。

[2] 參見許壽椿《文字編輯與電腦打字》、《文字比較研究散論》、《電腦打字的歷史文化意義——文字信息處理技術的歷史通觀》。

實際上實現了基本復興。漢字不再落後。漢字跨入了電腦時代。但這全新的電腦時代，還遠遠沒有被充分認識、承認、接受。

2. 鉛字時代與電腦時代

中國的鉛字時代，始於十九世紀末，西方的鉛活字印刷術、印字電報，及東洋的漢字機械打字機來到中國的時候。鉛字時代是漢字的厄運時代。中國的電腦時代始於 1995 年鉛字成功被淘汰的時候。西方國家，其鉛字時代從十五世紀中期古登普發明近代鉛字印刷工藝起，直到 1976 年，微型機與針式印表機配套，淘汰了機械英文打字機的時候。中國的電腦時代比西方晚了約 20 年。這二十來年，正是中國漢字電腦化浪潮風起云湧，精彩紛呈，實現從手工或甚低水準的機械化跨入電腦化的時候。注意，西方鉛字的使用，也一直延續到 1976 年。就是説，電腦誕生後的前 30 年，還一直没能够擺脱金屬鉛字的困擾。那時，電腦的控制打字機及行式印表機都不得不使用鉛字。使用鉛字的電腦也就與漢字根本無緣①。

3. 鉛字是漢字的克星，是逼迫漢字拼音化改革的强大現實力量

使用七八十個鉛字，就完成了英文機械打字、英文印字電報、英文鉛活字排版印刷，使得西方迅速進入文字處理高效的機械化時代。拉丁字母和英文打字機伴隨著西歐的殖民主義擴張，流傳到世界。英文機械打字機在非拉丁字母國家的應用，是一種"强權示範"，它逼迫、促進了非拉丁字母文字國家的機械化進程。這裏，漢字遇到了無法克服的困難。至少四五千個漢字鉛活字無法實現英文那樣高效、便捷的機械化。漢字機械打字機的一個鉛活字字盤，含 2450 個鉛活字，已經三四十公斤重。它明顯比英文的傻大笨粗，效率低下，使用繁難。漢字電報無法使用四五千個鉛活字，只好求助於兩次人工翻譯的四碼電報。漢字鉛活字排版印刷，普通印刷廠也不得不配備數百萬或者上千萬的鉛活字，（印一本 50 萬字的書，必須使用

---

① 參見林立勳編著《電腦風云五十年》。

50萬個鉛活字！)不得不忍受一二百平米的排版車間，排版員不得不每日手托字盤行走十餘里進行檢字排版。由於鉛字、鉛版必須不斷的重複鑄造。（鉛版的耐印量爲十萬印，如經濟日報，每日四十萬份，必須每日四次澆鑄鉛版！)[1]漢字的數量龐大和結構複雜，確實給機械化帶來無法克服的障礙，這是無法否認的事實。這正是漢字拼音化改革的合理的、正當的、真實的理由之一；是漢字落後論産生的重要社會技術環境。

4. 鉛字在中國的被淘汰，標誌了漢字的基本復興，電腦化時代的到來，但這實際上並沒有被充分的認識、理解

1995年的中國，漢字機械打字機，漢字四碼電報，漢字鉛字排版、印刷，意外成功地被電腦化的新設備淘汰！漢字信息處理從手工和甚低水準的機械化一下子跨越到自動化、智能化的電腦時代。這還促進、推動、保障了中國全社會迅速走向數字化、網絡化、信息化，全面實現了從鉛字時代到電腦時代的跨越。但這種跨越並沒有被充分認識、理解。關於漢字優劣、前途的爭論依然持續不斷。

文字屬性的比較，機械化時代與電腦化時代，情形大大改變了。電腦時代出現了全新情況及特殊的複雜。具體些説：機械化時期的文字處理設備，如機械打字機，漢字的與英文的比較，其差異是明顯的、外露的、直觀的、感性的。它們的大小、輕重、形狀、顏色使用難易、效率高低等等，對於感官正常的人，是一目了然的。不同人的評價、判斷也往往容易得到一致的結論。如漢字機械打字機，比英文的傻、大、笨、粗，效率低下，這在不同職業及年齡的人群裏，幾乎完全沒有異議。

而在電腦時代，漢字的電腦與英文的電腦之比較，由於核心技術被微型化地封裝在晶片裏，或存儲在硬碟、光碟中，其間的差異不再是明顯的、外露的、直觀的、感性的，而是隱蔽的、内斂的、抽象的、理性的。它們的大小、輕重、形狀、顏色等等感官性狀，可能完全一樣，但一個僅僅能處理英文，另一個卻是漢英文相容的；或者，兩個看上去，在大小、輕重、形狀、顏色，等等方面無一相同的兩個電腦，倒可能是功能完全一樣的。此時，不同人對同一設備、系統的評價、判斷，往往難於得到一致的

---

[1] 參見中華人民共和國電子工業部、新聞出版署、印刷及設備器材協會《七四八工程二十周年紀念文集》。

結論。正確的判斷,需要有起碼的信息技術常識,單單靠正常的感官直覺,無法得到正確判斷。對兩個電子系統的比較,通常要設計、制定、執行具體、詳細、周到的測試方案,並且要對測試結果做細緻、周到、科學的分析。這種新情況,是漢字電腦化明顯成功之後,人們對其評價仍然不能統一,甚至產生截然相反判斷,以至於激烈論戰的一個不可忽視的客觀原因。

漢字信息的電腦化處理確實是在英文之後,許多確實是英文軟件漢化改造的結果。許多人據此估計,漢字電腦化的水準還是不如英文。漢字的數量龐大和結構複雜肯定還會帶來許多比英文額外的麻煩,對漢字電腦化的意義普遍估計不足。

5.漢字電腦處理效率已經反超英文

對此種估計,有人會說是誇大其詞,甚至是胡說。我願做如下概要解釋:

取對外漢語教材《一百句式漢語通》(華語教學出版社,2008 年),選其中六篇課文(具體爲第 2、22、42、62、82、98 課),共包含 16 個句式。每個句式都是漢字、英文和中文拼音對照的。很容易統計出這些課文所含漢字、英文字母、中文拼音字母的個數(對英文和中文拼音需要計入空格數)。三種文本所包含字元的個數,具體統計結果爲:

漢字：英文：中文拼音＝92：381：307＝1：4.14：3.34 近似地＝1：4：3。

由於電腦存儲一個漢字用 2 個位元組,存儲每個字母用 1 個位元組,所以三種表示所耗費電腦存儲量的比例爲 2：4：3＝1：2：1.5。換句話説,同樣內容的三種文本所消耗的存儲量,英文的是漢字文本的二倍;中文拼音的是漢字文本的一倍半;類似地,信息網絡傳輸的時間消耗,英文是漢字的兩倍,中文拼音是漢字的一倍半。

文本信息的編輯加工,實質上是字串的處理,其處理的時間及存儲量消耗與字串的長度密切相關。文本編輯的最基本操作是:插入、刪除、排序、查找。对於插入和刪除,其時間和存儲消耗與字串長度成正比。即英文的比漢字多消耗一倍,中文拼音比漢字多消耗半倍。對於排序操作，其消耗與字串長度的平方成正比。即英文的是漢字的四倍($2 * 2 = 4$)，中文拼音是漢字的 2.25 倍($1.5 * 1.5 = 2.25$)。對於查找操作，如在長度爲 n 的字串裏查找長度爲 m 的詞，其消耗與乘積 n * m 成正比。三種文本信息查找操作的效率比較與排序類似。

這裏所介紹的操作複雜性分析，在當今理工科大學生的演算法或數據結構課程裏已經是基本內容，其正確性不必懷疑。但在公衆中廣泛流行的看法，卻是：電腦是在拉丁字母國家發明、發展出來的；許多年後，才歷經艱難地移植用於漢字。故而斷定漢字處理比英文處理效率低得多。但這最後的結論恰恰與事實完全不符。

6. 漢字字量龐大、結構複雜帶來的種種難題電腦是如何破解的，它就沒有給電腦化帶來什麼麻煩嗎？

漢字的字量龐大、結構複雜，是它的一種與生俱來的品性，鉛字時代和電腦時代，其本身並沒有變化，變化了的確實只是處理技術。這種品性對漢字的電腦化也有巨大影響，最顯著的影響是：它滯後了漢字電腦化處理許多年。1950 年代初期，美國就利用電腦於人口統計。這是拉丁文字電腦處理的開始。從這時算起，漢字電腦化處理至少滯後了 30 多年。一直到淘汰了鉛字的 1995 年，應該說，漢字字形檔依然是電腦的負擔；從無法承受的負擔，到艱難承受的負擔，直到新世紀將至的時候，才變得無足輕重。新世紀以來，電腦、手機考慮的是如何輕鬆、流暢地播放三 D 大片。須知三 D 大片需要的起碼存儲量和運行速度是文字信息需要的許許多多萬倍。從 1990 年代末期起，文字信息就成了電腦能夠處理的種種信息文字、音樂、照片、視頻、三 D 大片等)中最簡單，耗費存儲和時間最少的一種。電腦技術的飛速發展，爲漢字信息處理創造了越來越好的環境。1980 年王選夫婦爲骨幹的北大七四八課題組成功鐳射排印出樣書《伍豪之劍》時使用的電腦，沒有鍵盤和顯示幕，只有 64KB 記憶體，只有一個 6 MB 硬碟(保加利亞產)。2009 年中國國產普通微機，其記憶體是王選使用機器的 16384 倍；外存則是 42667 倍！王選們的智慧與辛勞中，有大量的不得不耗費在應對低檔、蹩腳的設備上。

漢字字量龐大、結構複雜帶來的種種難題，電腦到底是如何破解的，難於一語道破。讓我們看幾個具體事例。

6.1　鉛字與數字化點陣字形檔的比較

鉛字,不論是漢字機械打字機中的,還是鉛字排印廠裏的,每一個必須經過一次金屬的熔煉、鑄造。每一次熔煉、鑄造,其耗費的材料(鉛錫銅合金)、能源、時間和人力與第一次消耗的幾乎沒有差別。一臺漢字機械打字機,配一個字盤的,含2450 個鉛活字,重達四五十公斤;配兩個字盤的,含 4900 個鉛活字,重約百公斤。一個鉛活字印刷廠,至少需配備數百萬、甚至千萬個鉛活字。因爲排印一本 50 萬字的書,必須使用 50 萬個鉛活字;還至少需要數百平米的檢字車間。而大規模積體電路組成的數字化字形檔,小巧、輕盈;其設計製造成本,主要集中於第一個產品的獲得,其後的可以通過簡易的複製得到。新世紀,小小的 4GB 的 U 盤,價格數十元人民幣,重幾克,足以抵得上 5 萬平米的檢字車間,抵得上 240 噸鉛活字,抵得上6000 個漢字打字機字盤。當今,任何一臺漢字電腦,都相當於一個中小規模的、簡繁體兼能的鉛字排印廠。一臺電腦加一臺鐳射印表機,支撐一個打字排版作坊的情況,不是已經司空見慣了嗎?

6.2　電腦高速度對漢字的價值

事例 1. 讓公衆直觀、真切地看到電腦高速度對漢字巨大價值的,是漢字電腦化初期影響最大的漢字操作系統 CCDOS(長城 DOS,是英文 DOS“漢化”得到的)的展覽演示。當演示輸入漢字“爸”:先敲打字母鍵 b(“爸”字拼音首字母),熒幕下方立即顯示出一排漢字,都以 b 爲拼音首字母。這裏,敲打鍵盤後的十分之一秒,電腦就能完成不止五十多萬次或更多的運算,足以在數千、上萬的漢字裏把以 b 爲首字母的漢字都找出來,並顯示在螢幕下部。再敲打字母鍵 a(“爸”字拼音第二字母),螢幕下方立即顯示出一排漢字,都以 ba 爲其中文拼音。這就是用拼音輸入漢字的方法。這裏,彈指間(兩次擊鍵之間的瞬間),數十萬、數百萬次運算能力,足以應付漢字的量大和結構複雜。電腦速度的不斷提升,爲解決漢字種種難題提供了越來越強大的支撐。再看事例 2.大家都知道,漢字點陣字形檔,通常要對不同字體(宋、仿、黑、楷、……)的不同字型大小(七號、六號、……、一號、初號)做出不同精度的($24 * 24$,……$248 * 248$,……)的字形檔。工作量十分龐大。後來發展的曲線字形檔技術大大簡化了字形檔設計。用數學曲線精確描述漢字的字形輪廓，其存儲量與中低檔點陣字形檔規模（如 50＊50）相當，但能夠由其導出各種精度的（24＊24，……248＊248，……）點陣字形檔數據。這就使得每一種字體僅僅存儲一組曲線輪廓信息，就能夠應對各種字型大小和精度。這種工作方式下，有些點陣字形信息可以在需要使用時臨時快速生成。電腦的高速度是這種技術方案的保障。實際上，王選在 1975 年就設計了利用曲線描述複雜筆劃並快速生成點陣字形信息的方法。把字形信息壓縮爲數百分之一，但能夠快速、不失真的复原。這是他專利的核心内容之一，位列他自己總結的二十個關鍵技術的第一位。在王選當時使用的低檔電腦上，能夠做到每秒生成 150 個漢字的精密字形點陣信息。這令當時的外國專家也大爲驚訝。王選在 1976 年，正是用此技術成功完成了七四八領導郭平欣指定的十個漢字的快速生成測試，才使得領導肯於把任務下達給他①。這裏，我還要説一下當今微電腦的速度。一臺微電腦，其主頻爲 2.2GHz.，它的運算速度則爲每秒 22 億次。彈指間（假定爲十分之一秒）也有兩億多次的運算能力。王選當時所用計算機的主頻僅爲 1MHz，是 2.2GHz 的 2253 分之一。我們今天不是應該比王選們做得更好嗎？區區幾萬漢字，區區簡、繁問題，又何足道哉！

7. 簡繁體漢字對比在兩個時代有着絶然不同的景觀

　　應該説，簡化字對個人使用的好處，遠遠不如它在社會產業應用中的好處大。這又主要表現在鉛字的雕刻、鑄造、使用上。雕刻繁體字"農業，豐收，稻麥，擁護，穀種"比雕刻簡體字"农业，丰收，稻麦，拥护，谷种"更費力、費時；陽文的鉛字（筆劃凸起的稱陽文）"農業，豐收，稻麥，擁護，穀種"比"农业，丰收，稻麦，拥护，谷种"要多費一些金屬鉛。單個鉛字的用鉛量差異不大，但數千萬或者更多鉛字的累積用鉛量差異就可觀了。例如，僅僅是中小型的經濟日報社印刷廠有生產周轉鉛65 噸，如果僅節省 2％，那也有 1.3 噸。每一個印刷廠都有相當數量的周轉鉛，全國的量就大了。據 1973 年的統計，全國印刷廠用鉛量 20 萬噸，其 2％ 也有四千噸。鉛字的鑄造，鉛版的澆鑄，字模的雕刻都是要不斷重複的。就以鉛版的澆鑄爲例，鉛版

---

① 參見王選《王選文集》。

的耐印量爲 10 萬印,即印刷 10 萬次後需要重新澆鑄鉛版。經濟日報社當時每日印報 40 萬份,每日必須澆鑄 4 次鉛版。漢字鉛印中的這種麻煩是經年累月累日、持續不斷的,它存在於該產業的整個生命周期,根本不可能一勞永逸。這樣,簡體字字模雕刻、鑄造、耗鉛量等優點也就可以累積疊加了[10]。這時簡體字的優勢,或者説是減省筆劃的優勢就是不該忽視,也不能忽視的。鉛字時代,一臺漢字打字機,當它配備的是簡體鉛字時,它只能打出簡體;要用它打出繁體,就要另外配置一組繁體漢字鉛字盤。要想繁、簡體並用,就要幾乎要花費多一倍的開銷。類似的,一個印刷廠,要兼有繁、簡兩體漢字的排版印刷能力,和再建一個鉛字排版車間幾乎差不多。

到了電腦時代,戲劇性、神奇的變化出現了。簡體漢字系統與繁體漢字系統都成功地適應了信息新技術。特別是 2000 年起,GB18030 作爲强制性標準實施以來,中國的微型機及一切文字處理設備都具有了簡繁體相容的能力;原則上具有了"簡、繁任由之"的可能。因爲 GB18030 是簡、繁體漢字及中、日、韓漢字統一編碼的。此時,簡、繁體漢字文本,其存儲量、傳輸速率、文本編輯加工效率變得幾乎毫無差別;輸入,當使用拼音輸入法時,也幾乎一樣,至多差一次選擇。此時,鉛字時代那顯著差異,明顯優劣,變得非常接近、非常相似了。換句話説,簡化字的優點淡化了,繁體字的缺點也淡化了。還有,現今大部分漢字軟件,都提供了簡繁體轉換功能。彈指間,就能把數萬、十數萬簡體(繁體)漢字文本轉換爲繁體(簡體)。這與鉛字時代,簡繁體相容必須追加一倍投入完全不同。自然,當今簡繁體轉換還不如人意,常有差錯出現。但這主要是由於"簡→繁"存在"一對多"引起的。只需要部分調整簡化字總表就能够基本解決。

8. 漢字文化圈新的、科學的書同文前景美妙、光明

漫長的古代,文字處理手工操作時代,産生於漢字故鄉的文房四寶、造紙及印刷術代表了當時世界文字處理的先進水準。漢字文化圈形成了'一棵枝葉繁茂的大樹',産生的漢字類型文字有近三十種①。近代,列强對東亞的殖民擴張,燒殺、佔

---

① 參見周有光《新語文的建設》。

領、掠奪，配合著西方那以鉛字爲核心部件的文字機械化技術，沉重打擊、摧殘了漢字文化圈，"使其枝葉枯萎殆盡，只有根幹依舊堅强"①，但也數度陷於風雨飄搖。電腦淘汰了鉛字，標誌了漢字處理技術的復興。這復興是與中國與東亞的復興同步的。這次漢字復興的浪潮，來得迅猛、神奇、短暫；它本身並不完美、完善、完整；它也遠遠沒有被充分認識、承認、接受。但數十年來的實踐表明：古老的漢字能够充分地適應信息新技術，現今遺留的未解決的所有難題，都不再具有鉛字時代那種無法克服的性質。飛速發展的信息技術爲漢字提供了越來越强大的支撐，爲漢字的科學發展開闢了無限廣闊前景。周有光（1992：238）先生曾説：漢字簡化有副作用：舊書新書不同，海内海外不同，破壞了書同文傳統。"書同文是 21 世紀必須實現的目標"②。讓我們用切實的努力，迎接這新時代吧。

參考文獻：

[1]陳海洋《漢字研究的軌跡——漢字研究記事》，江西教育出版社，1995 年。

[2]費錦昌《新時期語言文字工作記事》，語文出版社，2005 年。

[3]劉慶俄主編《漢字新論》，同心出版社，2006 年。

[4]林立勳編著《電腦風云五十年（上，下）》，電子工業出版社，1998 年。

[5]王選《王選文集》，北京大學出版社，1996 年。

[6]許壽椿《文字編輯與電腦打字》，中央民族學院出版社，1989 年。

[7]許壽椿《電腦打字的歷史文化意義——文字信息處理技術的歷史通觀》，《中國電腦報》，1992 年。

[8]許壽椿《文字比較研究散論》，中央民族學院出版社，1993 年。

[9]尹斌庸、蘇培成主編《科學地評價漢語漢字》，華語教學出版社，1994 年。

[10]周有光《漢字文化圈的文字演變》，《民族語文》，1989 年（1）。

[11]周有光《新語文的建設》，語文出版社，1992 年。

[12]周有光《漢字書同文》叢書的題詞，2000 年。

[13]中華人民共和國電子工業部、新聞出版署、印刷及設備器材協會《七四八工程二十周年紀念文集》，1994 年。

---

① 參見周有光《新語文的建設》。
② 參見周有光在《漢字書同文》叢書中的題詞。

試論電腦字體研究在漢字字體學中的地位與價值 *

高淑燕　李洪智

（北京對外經濟貿易大學中文學院；北京師範大學藝術與傳媒學院）

1. 漢字字體與電腦字體的概念

　　漢字經歷了幾千年的發展過程，在這漫長的過程中，由於書寫工具、載體等因素的影響，漢字形成了不同的外部形態，展現出不同的體態風格，漢字也因此具有了字體上的分別。

　　字體是文字學的概念，王寧將字體定義爲："漢字在社會長期書寫過程中，由於書寫工具、載體、社會風尚等原因，經過演變形成的相對固定的式樣特徵和體態風格的大類別。它是一個階段某種同一風格字群的總稱，因而，任何一個單個的字，都必然屬於一種字體。"①

　　外部因素是影響漢字字體發展的重要因素，從甲骨文、金文、小篆乃至後來今文字的演化，無一不證明了這樣的道理。隨著社會的發展與技術的進步，影響漢字形態的因素也隨之發生了深刻的變化，漢字與信息技術的結合，使漢字的載體與實現方式發生了巨大的變革，在這樣的背景下，漢字的一種新的表現方式——電腦字體出現了。

＊　本文在成文伊始得到了王寧、李運富二位先生的悉心指導，在此謹致謝忱！

＊　本文爲對外經濟貿易大學 2012 年度校級科研課題"漢字數位化背景下的字體研究"（12YBYYX04）研究成果。

①　引自王寧《漢字字體論》講義。

　　電腦字體指的是進入電腦字形檔,以電腦爲載體和呈現方式的字體,這種字體可以通過列印輸出在紙質載體上呈現,又可以通過 Windows、互聯網等介面在各類熒幕載體上呈現。這是漢字在新的媒介形式中應新的需要而出現的一種新的形態,既具有印刷體的傳統特點,又結合了當今最爲先進的信息技術。它的出現改變了人們傳統的書寫方式,並在現代社會信息的傳播與交流中發揮著重要的作用。人們每天都會以各種各樣的方式接觸到電腦字體,讀報紙時、看電視時、乃至購買各種生活用品時……電腦字體已經滲透到人們生活的每一個角落,成爲人們生活中不可或缺的組成部分。

　　電腦字體與書寫工具、實現技術、承負載體的關係分外密切,它是廣義印刷體(印刷體是通過工藝處理的字體)的一部分,由印刷體中的版刻體①發展而來,版刻體中的宋體、仿宋體、楷體、黑體是電腦字體的最早成員。印刷體產生後,漢字產生了手寫體與印刷體的背離,電腦字體的出現更加劇了這種趨勢。

2. 電腦字體的特點

2.1　印刷體的特點

2.1.1　爲大規模複製的實用目的產生

　　印刷體的出現就是爲大規模複製的需要而產生的。原來一次書寫只能得到一個"文本",而印刷體產生後,一次實現的漢字可以反復使用,從而獲得多個文本。當處於書寫體與印刷體的交叉時期(雕版印刷時期),印刷體產生的初期(泥活字、木活字時期),複製文本的數量會受到製版壽命的限制,而隨著技術水準的提高,複製文本的數量已不再受制於製版的壽命,而可以根據需要獲取複製的文本數量,而且文字的效果不會因複製數量的增加產生漫漶不清的情況。

2.1.2　生成方式的工藝性

　　原來漢字的實現主要依靠書寫的方式實現,書寫是使漢字得以實現的最重要

---

① 版刻體是以反體文字製版,然後着墨,覆在紙類等載體上壓印取得的一種漢字形式。就來源上説,版刻體是電腦字體的最初來源。

的基礎與最基本的一環，由於載體的不同可能會使漢字在實現的過程中借助其他工藝與手段，但這些工藝與手段還只是起輔助作用，沒有書寫這一環作爲基礎，漢字的實現是斷難實現的，因此書寫體保存有鮮明的書寫特徵。而印刷體出現後，漢字開始作爲一種"生産的對象和産品"，生成的工藝在印刷體的實現過程中佔有越來越重要的地位，印刷體處於版刻體時期時，其實現以設計用的字稿爲基礎和前提，但這時所用的字稿已不是"寫"出來的，而是設計師借助勾勒、填塗等手段"畫"出來的，這樣的字稿與一次書寫得到的字稿已是大不相同，雖然它仍要借助筆等書寫工具，但已經不是傳統意義上的書寫了。電腦字體出現以後更加劇了這種態勢，甚至可以使漢字呈現"無書寫"的狀態，設計師完全不需要書寫工具就可以直接在電腦上進行字稿的設計了。

2.1.3　以認讀爲主要任務，較少兼顧書寫的方便與效率要求

印刷體以認讀爲主要任務，它重視字體在不同環境中的實用需求，並且當"好認、好用"的要求與其他諸如藝術性等要素發生衝突時，是可以犧牲其他要素而優先滿足實用性的要求的。另外，印刷體是應大規模複製的需要而産生，結合了工業技術時代的生産要求，每一套字形檔都有某種統一的"規格"，製作之後希望達到"一勞永逸"的複製效果。與書寫體相比，它不是"即時實現字體"，而是已經實現了的字體，它全部的"書寫"在生産字形檔的過程中已經完成，因此較少兼顧書寫的方便與效率要求。

2.1.4　風格和美化原則呈現模式化的特點

印刷體在設計時著眼的是整套字的美化，製作時是"規格化生産"，漢字的同一類筆劃在整套字形檔中都呈現出相同的樣態，因而印刷體筆劃的粗細、結構的比例、外形的整體輪廓都呈現出高度的統一，如宋體字的橫平豎直、橫細豎粗、起筆和末端的裝飾角，仿宋體、黑體字筆劃粗細基本一致等等，全套漢字呈現出整體的秩序感，這樣做的目的是爲了適應印刷體隨機排列組合時的整體和諧效果。

2.2　電腦字體的突出特點

電腦字體既具有印刷體的傳統特點，又結合了當今最爲先進的信息技術，因而呈現出一些獨特之處。

2.2.1　呈現載體的獨特性與可選擇性

就呈現的載體而言,電腦字體與此前的字體有很大的不同。此前的字體形式雖然也有呈現在碑碣上,匾額上的,但從整體而言,其使用量並不大,而且這些載體並不進入人們的日常生活,電腦字體出現以前,包括版刻體在内,主要是呈現在文本上的。電腦字體則不同,它既可以呈現在各類熒幕媒體上,又可以通過列印設備在文本上(主要是紙質載體)呈現,而且這兩類載體的使用量都很大,難以分清主次,並且與人們的日常生活關係密切。呈現載體的不同也帶來了視覺接受方式上的不同,當文字顯現在紙本載體上時,我們是憑藉外界的光線,直接接受文字信息的;當文字顯示在電腦熒幕上時,我們是憑藉電腦熒幕的背景光來看到文字的,因此我們在接受文字信息的同時,也接受熒幕光的刺激,這樣就容易使視覺産生疲勞感。

2.2.2　整套字形檔中單字的唯一性

版刻體與電腦字體都可以滿足大規模複製的需要,但一套版刻體的字模,一個單字,尤其是使用率高的單字,在一塊版中出現,易出現"分身乏術"的情況,這時就需要製作許多備用的字模來滿足需要。電腦字體則不同,在整套字形檔中,對於一個單字來説,它是唯一的。它以數據信息的形式儲存在字形檔中,需要的時候將這個字的字形數據信息調出來,就可以在電腦中呈現出這個字的字形。由於整套字形檔中單字是唯一的,它要適應隨機排列時整體效果的和諧統一的要求。

此外,電腦字體可以對漢字的筆劃進行數據化處理,原來依靠手工勞動難以達到的藝術效果借助於電腦都能夠實現,精確度也大大增加,從而延展了字體創制者的設計空間。同時,電腦字體在信息傳達的過程中充當著重要角色,雖然一款字體的設計和製作要經歷一個較長的過程,但是字體一旦推出,其傳播的速度是非常迅捷的。因此,其傳播的迅捷性與廣泛性及其創作使用空間的拓展也是電腦字體的特點。

3. 電腦字體研究在漢字字體學中的位置

產生不同字體的原因是非常複雜的,同一漢字由於多種原因——歷史演變、社會風尚、書寫工具、實現方式等,都可能形成不同的式樣特徵和體態風格,因而從不同的角度可以對字體進行不同的分類。依據王寧關於字體學的理論,漢字字體分爲主流字體和變異字體①。漢字大體上沿著甲骨文——金文——小篆——隸書——楷書的過程進行演變,在每一階段都有主流字體和與其相對的變異字體。漢字發展到楷書階段,印刷體開始出現,漢字在實現方式上有了書寫體與印刷體的分別。印刷體可以滿足大規模複製的需要,因爲技術的不同,印刷體經歷了從版刻體到電腦字體的發展階段。在印刷體的内部,使用範圍與頻率的不同將印刷體分成了兩大類:主用字體和非主用字體②。

　　由此,與本研究相關的字體學概念形成了如下體系:

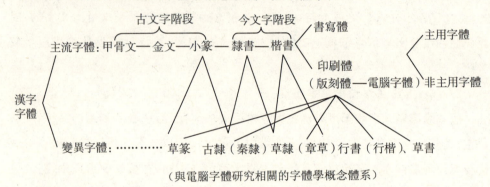

（與電腦字體研究相關的字體學概念體系）

圖 1

　　對漢字字體的發展進行梳理以後,我們可以得到以下兩點認識:

　　首先,印刷體是在書寫體③的基礎上發展起來的,楷書對於印刷體的形成有重要的影響作用,是印刷體産生的基礎。

---

① 王寧曾根據其産生的原因和結構的獨立性,把字體分成演進字體和變異字體兩大類。演進字體是漢字發展的主流,因此也叫主流字體,“經藝之本,王政之始”主要説的是這種字體的功能。它具有書寫常規,形體規範的特點,因此又叫常速字體。這些字體的構形系統與個體構形都可以獨立分析,甲骨文、金文、篆文、隸書、楷書都是主流字體。與主流字體相對的是變異字體,它是漢字快速書寫的結果,因此也叫快速字體。它的規範性較差,但是爲了文字識別的社會性,這類字體也有構形的系統性;只是這種系統是附庸於主流字體的,因此不能獨立分析。行書(行楷)、草書(章草、今草——行草、狂草)都是變異字體。

② 王寧將現代印刷字體分爲主用字體和非主用字體,主用字體是主要用來生成長篇漢語文本的字體,包括:宋體、仿宋體、黑體、(印刷用)楷體;與主用字體相對的是非主用字體(輔助字體),它包括:古代演進字體——古代字體的藝術化和模式化,如小篆等,楷書各類書體——各類書體風格的模式化,如魏碑體、顏體等,楷書變易字體——變易字體的藝術化和模式化,如行書體等,新創藝術字體——琥珀體、(細、中、幼)圓體等。

③ 書寫體,顧名思義,就是用筆等書寫工具直接在書寫載體上自然書寫而形成的字體,這是漢字最主要的實現方式,也是最古老的實現方式。

　　其次,楷書自身的特點與印刷字體的要求產生了契合——對法度的著力追求,高度的秩序感。楷書的結體和筆劃有規範的程式,橫平豎直,筆劃安排疏朗,去除了筆劃間的連帶,使整體結構變得十分清晰,將漢字方塊型的結構特點發展到了極致。這些特點正與印刷體要生成的文本,尤其是長篇文本的整飭要求不謀而合。在楷書基礎上發展出來的印刷體字元的區別度好,識別效率高,可以很好地滿足閱讀的視覺需要。

　　今天,技術水準的提高使得電腦中呈現的漢字可以很精准地體現其書寫時的樣貌,電腦字體也便越多地從書寫體中汲取其發展的源泉與動力。如今電腦中的字體類型已經相當豐富,除了傳統的宋、仿、楷、黑幾種字體之外,歷史上出現的甲骨文、金文、篆書、隸書等字體,甚至一些手寫體漢字也開始成爲電腦字體家族中的一員。可見,今天電腦中的字體,無論其中具有多少技術含量,相當一部分的電腦字體都是對以往書寫體的一種再現。

4. 電腦字體研究的價值

4.1　電腦字體含有的字體學價值:

4.1.1　對於漢字的形體產生了固化作用

　　在漢字發展史上,金文、楷書都是應用時間較長的主流字體,雖然金文應用的時間較長,但早期金文與晚期金文的形體面貌其實有較大的差別,而楷書從漢末開始出現,到魏晉開始流行,發展到今天已歷經千年,其形體仍然保持不變,其作爲社會通用的主流字體的地位一直保持不變,這一方面是因爲楷書是最適應於漢字特點,適應於人的書寫生理習慣的一種成熟的字體,另一方面,印刷體對漢字形體的固化也產生了重要作用。從版刻體到電腦字體,印刷體的筆劃、結構的安排漸趨精密化,尤其是電腦中的主用字體,開始具有了工業標準。同時,先進的技術爲字體的實現開闢了更爲廣闊的道路,印刷體不僅與標準化聯繫起來,而且開始成爲一種產業,一種經濟形式,它的影響已經開始滲透到社會的方方面面,在這種情況下,字體的變化可以產生牽一髮而動全身的社會影響,漢字字體的穩定性與社會的經濟、文化會產生一定程度的影響,因此今天的漢字只是會在字體的內部出現風格等表現形式的變化,整個字體不會出現大的變化,而且這種形勢還會持續相當長的時間。

4.1.2　豐富了漢字的外部表現形態

在印刷體出現以前,書寫體是漢字最主要的表現形態,更加符合人書寫的生理習慣成爲推動漢字發展的一個動因;印刷體出現以後,漢字在實現方式上產生了分化,印刷體作爲漢字的一種新的表現形態開始獨立出來,並漸漸地形成了自己的一個家族,有一批專門的人員從事印刷體的設計、開發與製作,他們直接面對社會應用領域,在漢字的身上打下了技術的烙印。印刷體以實用功能爲先,爲此可以突破人書寫的生理習慣局限,憑藉技術手段,印刷體將漢字橫平豎直,方正結構的特點發揮到了極致,這樣的漢字形態與以往無疑是不同的。

4.2　電腦字體研究的價值

4.2.1　有助於深化今文字字體的研究

在漢字字體漫長的歷史發展過程中,書寫一直是漢字實現的主要方式,簡易律一直是推動漢字發展的内在動因之一,"爲提高文字的應用效率,人們總是在既定的文字規範允許的範圍内根據書寫時的生理習慣去改良它、改造它,以節省時間、提高速度。……簡易的要代替繁難的,迅速的要代替緩慢的,適應書寫生理的要代替不符合或不十分符合書寫生理的,這是文字發展的必然。"① 但印刷體的出現則打破了漢字字體發展的這一規律,這一階段的漢字形體雖然沒有發生根本變化,但實現方式卻發生了巨大變化。版刻體的外部形式和表現形態與書寫漢字求快求簡的自發要求就已經形成了矛盾,電腦字體的出現則進一步加劇了這種情勢的發展。"寫字"被"打字"所代替,如今的人們不依靠傳統的書寫工具——筆也能使漢字得以呈現,漢字字體出現了書寫體和印刷體的背離。

發展到楷書階段的漢字,在字體風格上並沒有發生根本的變化,這使得今文字的字體研究通常不被重視,很多研究在描寫漢字字體發展史時,往往敘述到楷書時代便似乎到達了字體"歷史的終結"。對於"後楷書時代",漢字字體的内部出現了怎樣的發展與變化,古老的漢字對於日新月異的時代做出了怎樣的應變,由此產生

---

① 　王鳳陽《漢字學》P188,吉林文史出版社,1989 年。

出來的印刷體和電腦字體,與之前的漢字相比發生了怎樣的變化……諸如此類問題,目前的字體學研究還沒有做出回答。

4.2.2　加強漢字學研究在應用領域的作用

漢字學作爲一門基礎學科,在應用領域很少發揮作用,但實際上,漢字總是在進行一些調整以應對不同時代信息傳播與文化交流的需要,尤其今文字中的楷書還伴隨著科學技術的進步一直走到了今天,它更要適時地對自身進行調整以應對時代需求的變化。如印刷體是爲適應大規模複製的需要而產生的,電腦字體則在滿足更高效的複製需求以外,還能滿足當今數位化海量信息傳播的需要。

漢字字體學關注的是大類別、總風格,同樣,電腦字體研究關注的也是這部分字體的共性特徵。要使電腦字形檔中處於儲存狀態的各類"活字"適應隨機排列的規整化要求,必須對其進行某種規則化與模式化的改造,將屬於字體的一些大的屬性特徵加以總結和歸納,並且規整化,即使是一些來源於手寫字稿的電腦字體,在多變的筆劃與結構中也要突出其整體屬性特徵,以使其在隨機排列時獲得一種整體的和諧感。

如今隨著電腦字體的進一步發展,它已經成爲現代文化產業的一部分,在字體創制的過程中必然會涉及到漢字學、書法學、藝術設計等方方面面的知識,其中漢字學知識處於最基礎的地位,對電腦字體的研究過程也是對這些處於不同領域知識的整合過程,這對漢字學在應用領域,在與其他學科的交叉研究中能够爭得一席之地,加強學科研究的時代性是有意義的。

5. 電腦字體研究擬開展的工作:

電腦字體研究可能需要作以下幾項工作:

5.1　清理與電腦字體有關的概念;在清理概念的基礎上,立足於漢字字體學的學科視角,明確電腦字體研究在字體學中的位置。

5.2　對漢字的實現方式進行梳理;漢字的實現方式同科學技術的發展與進步關係密切,科學技術的發展影響了與漢字實現有關的工具、載體與呈現方式,相應地也影響了其外部表現形態,即從"書寫時代"過渡到"無書寫時代"。

需要强調的是,雖然今天電腦字體的出現使漢字的實現方式發生了顛覆性變化,使其表現形態著上了鮮明的技術痕跡,但追根溯源,它終歸是從漢字發展的悠遠歷史中走來,不可避免地會打上歷史的烙印。

　　5.3　對現有電腦字體的基本情況進行描寫;在總結了電腦字體的特點之後,有必要對其進行清晰的分類,展現其基本面貌。

　　5.4　對電腦字體的規範性進行研究;不同種類的電腦字體,其規範的要求也各不相同,在對電腦字體的特點、應用範圍、來源等問題進行充分的考慮之後,針對不同類別的電腦字體,應制定一個大致的規範原則。

　　5.5　對電腦字體應然性的狀態進行探索;基於電腦字體的現狀,對電腦字體可提升的空間,應該實現的狀態進行探討,以爲參與電腦字體創制的人員提供一些參考。

　　古老的漢字一步一步地演進到了今天,前輩時賢在這一領域已辛苦耕耘了數十年,並獲得可觀的學術成果。進入當代,古老的漢字已和電腦結合起來,繼續發揮著信息傳遞的基本功能,同時也表達了一定的審美訴求。新興的數位化載體更是以一種海納百川的胸懷,吸納了古今的眾多字體。面對這樣一種形勢,漢字學不應該、也不可能作爲一個旁觀者。只要我們堅定信心,漢字學研究一定會在這一領域有所作爲。

參考文獻:

[1]李運富《漢字形體的演變與整理規範》,《語文建設》,1997 年(3)。

[2]羅樹寶《中國古代印刷史》,印刷工業出版社,1993 年。

[3]陸錫興《宋體字及其在文字史上的意義》,《南昌大學學報》(人文社會科學版),2007 年(3)。

[4]啟功《古代字體論稿》,文物出版社,1999 年。

[5]王立軍《雕版印刷對宋代漢字的影響》,《河南師範大學學報》(哲學社會科學版),2002 年(4)。

[6]王寧《漢字字體研究的新突破——重讀啟功先生的〈古代字體論稿〉》,《三峽大學學報》(人文社會科學版),2001 年(3)。

[7](美)卡特《中國印刷術的發明和它的西傳》,商務印書館,1957 年。

《第一批簡體字表》研究

孫建偉

（北京師範大學文學院）

　　《第一批簡體字表》作爲我國歷史上第一個由官方發布的簡體字表，在我國文字規範史上具有里程碑意義。此文中，我們著重梳理探討了以下三個問題：一、《第一批簡體字表》的編制，内容涉及編制的背景、總原則、經過、發布與實施情況等；二、將《第一批簡體字表》收的字跟現行規範字進行比較，進一步看《第一批簡體字表》收字科學與否等性質；三、考察《第一批簡體字表》的歷史地位以及對當下漢字規範的啟示。

　　漢字的繁化和簡化是自漢字產生以來便一直存在的問題。從總體上來看，漢字作爲符號系統，一方面是受文字發展“三大定律”——區別律、表達律、簡易律——的制約，一方面又受社會用字實際的影響，既不能過簡，又不能過繁。其中，“三大定律”是内因，社會用字是外因。從内因方面説，如果字形過於簡單，雖易於識別，但區別性能減弱，甚至無法區別，從而影響表達效果；相反，如果字形過於繁難，則不易識別，同樣影響表達效果。即要在既有區別又比較簡易的前提下，實現表達的目的。從外因方面看，經典文獻用字跟社會習俗用字有相當差異，而社會越發展，對於書寫的快捷要求也就越高。如此，勢必要求字形在不違背文字發展内部規律的前提下，盡可能簡易，從而方便社會交際。儘管漢字在其發展過程中同時存在繁化和簡化的現象，但整體上看，從古至今，簡化是總趨勢。

　　從現行漢字的字源關係看，不少漢字至少在甲骨文時代就有簡體，現行的規範字形，很大一部分來源於古代的簡體或俗體。李樂毅將《簡化字總表》中不作簡化偏旁的簡化字、可作簡化偏旁用的簡化字、習慣被看作簡化字的選用異體字共 512 個字進行“始見"排比,發現 80％以上的現行簡化字在上個世紀進行文字改革之前就已經存在,其中始見於先秦兩漢的占 18.143％,始見於三國魏晉南北朝的占 6.114％,始見於宋遼金元的占 15.174％,始見於明清太平天國的占 10.117％,始見於民國的占 11.152％,始見於新中國建立至《漢字簡化方案》公布時的占 19.138％。① 從上面的數據大致可以看出,很多漢字的簡體自古就有,非如某些人士所言,是上世紀五十年代的文字改革者所生造。其實早在新中國文字改革之前,1935 年南京國民政府就曾發布過《第一批簡體字表》②,儘管《字表》只維持了半年左右,但其對於後來的漢字簡化仍有很大影響。於此,我們從漢字發展演變的大背景下,就《字表》的選編、《字表》與現行規範字之異同、《字表》的歷史評價與現實啟示等三個方面進行研究,一方面可以進一步充實漢字簡化的歷史史料,另一方面,也可以爲漢字的進一步規範化提供某些可資借鑒的理論和實踐經驗。

1.《字表》的選編

《字表》作爲我國歷史上第一個由政府發布的簡體字表,其意義是非常重大的。在這一部分,我們將從《字表》選編的背景,選編原則及經過,《字表》推行辦法、實施結果等幾個方面展開論述。

1.1 《字表》選編的背景

從歷史發展來看,任何一個新事物的出現,都有其歷史和現實的條件,或者説都具備其存在的歷史必然性;儘管某些新事物出現後不久暫時埋没了,但這並不能否認該事物出現的歷史必然性,只能説明其條件不是很成熟,或自身還存在某些需要改進的不足。《字表》的編選同樣遵循這樣的歷史發展規律。

19 世紀末 20 世紀初,中國處在一個歷史大變革時代。中國封建舊王朝的奄奄一息同西方發達科技和侵略者的堅船利炮形成鮮明對比,這便促使有志之

---

① 李樂毅《80％的簡化字是"古已有之"的》,《語文建設》,1996 年(8)。注:《始見表》原收錄於《簡化字源》一書,後作者修訂後發表於《語文建設》上。

② 下文簡稱做作《字表》。

士尋找落後的根源。不少人認爲中國的漢字笨拙繁難,延遲了教育的發展,也便阻礙了中國的發展。在這種歷史背景下,漢字改革成爲富國强民的一種手段,不斷有人提出漢字簡化改良的思想。1908 年吴稚暉在《評前行君之"中國新語凡例"》①一文中提出漢字改良的具體方法:一爲限詞字數,凡較僻之字,皆棄而不用;二爲手寫之字,皆用草書。1909 年陸費逵發表《普通教育應當採用俗體字》②一文,認爲最便利而最易行的應是俗體字。1918 年錢玄同發表《中國今後之文字問題》③一文,提出廢除漢字的主張,但同時又贊成吴稚暉的漢字改良法。之後,1921 年陸費逵又發表《整理漢字的意見》④一文,提出限定字數和減少筆劃。隨後,錢玄同提出《減省現行漢字的筆劃案》⑤,提案獲得通過,並成立了"漢字省體委員會"。誠如蘇培成先生所言,"這標誌著漢字簡化已由學者的提倡變爲政府要考慮解決的問題"(蘇培成,2001:188)。不過"漢字省體委員會"並無什麼實質的舉動,於是 1934 年,錢玄同提出《搜采固有而較使用的簡體字案》⑥。於此同時,1935 年《太白》半月刊主編陳望道聯合上海的文字改革工作者,組織手頭字推行會,並發起了推行手頭字的運動。《手頭字之提倡》、《推行手頭字緣起》、《手頭字第一期字彙》等文章的發表"正式揭開了推行手頭字運動的序幕"(張書岩,1997:13)。在手頭字運動的推動下,1935 年 8 月,民國政府公布了《字表》。

　　整體上來看,《字表》的選編一方面著眼於漢字本身發展演變的歷史,認爲"簡體文字,無論在文人學士,在一般民衆間,均有深固之基礎,廣大之用途,已爲顯明之事實"⑦。另一方面,也從當時的社會現實出發,"近年來,政府與社會,雖渴望普及義務教育及民衆教育,而效果仍未大著,其原因固多,而字體繁複,亦爲重大原因之一。於是談及教育普及者,多主擇最通行簡體字,應用於教育,以資補救而利進行"。由此可知,《字表》的選編是歷史與現實所決定的,是漢字發展的總趨勢所決

---

① 《新世紀》1908 年第 4 期。
② 《教育雜誌》1909 年第 1 卷第 1 期。
③ 《新青年》1918 年第 4 卷第 4 期。
④ 《國語週刊》1921 年第 1 卷第 1 期。
⑤ 《國語週刊》1922 年第 1 卷第 7 期。
⑥ 《國語週刊》1934 年第 123 期。
⑦ (前)教育部公布印行,《簡體字表》(第一批),1935 年 8 月。

定的,是具有科學性的。

1.2 《字表》選字原則及選編經過

《字表》選字的原則有如下三條:一、依述而不作之原則;二、擇社會上比較通行之簡體字,最先採用;三、原字筆劃甚簡者,不再求簡。在上面三個原則的基礎上,又進一步規定了一些細則。一、《字表》所列的簡體字,多採用宋元至今慣用之俗體,古字與草書亦間録之;不過草書因不便於刊刻,所以採録的較少。二、《字表》對於同音假借的簡體字,在選擇上非常嚴謹,"必通用已久,又甚普遍,決不至於疑誤者"才採用;那些偶爾在某一地方使用的字,如北平以"代"爲"帶",蘇浙以"叶"爲"葉"等均不採用。三、以下三類字也不收録:賬簿藥方中專作爲記號的,如"初"作"刀"、"分"作"卜";一體數用者,如"广"代"慶"、"廣","阝"代"爺"、"部";尚未通行的簡體字,如"汉"作"漢","僅"作"仅"等。四、偏旁如"言、鳥、馬、糸、辶、走"等,本可以作簡體,但這樣改動牽連的字太多,故暫不改易。五、《字表》中的七音韻母,只是稱説時用,注音時不採用。① 最終,《字表》共收録簡體字 324 個,按照 17 韻編排。就現在的眼光來看,《字表》選字的原則是非常嚴謹而科學的:既遵從歷史,又照顧現實;既不生造,又具便捷性。

有了編選簡體字表的基本原則,就需要有編選字表的實施步驟,是一次全都選出,還是多次逐步選出;是由個人來做這個工作,還是集思廣益,集衆力而爲之。關於這些問題,《第一批簡體字選編經過》②等文章中有詳細説明。

第一,制定選取簡體字的指導思想:分步進行。雖已決定採用簡體字,以便增進教育的效率,不過這項工作所含内容甚廣,應該選擇其中最爲通用者公布之。"唯簡體字譜,非可倉促選成。因決定先行分批編定簡體字表,將來再根據各批簡體字表,匯集成譜,較易集事。"

第二,擬定推行簡體字的辦法:其一、由(原)教育部聘集專家,選定《簡體字表》公佈,依照"述而不作"的原則,但所選取對象只限定在已經出現的字形中,若没有出現過,則不新造;其二、經(原)教育部公布的《簡體字表》,仍應商定分期增訂的辦

---

① （前）教育部公布印行,《簡體字表》（第一批）,1935 年 8 月。
② （前）教育部,《國語週刊》《第一批簡體字選編經過》,1935 年(212)。

法,以便採納各方意見,逐漸擴充簡體字的數量;其三、簡體字强制使用的範圍,暫時限定在民衆學校課本、民衆讀物及小學課本。

第三,《字表》的選出。簡體字的選取大致分爲三步。首先委託前"國語籌備委員會"辦理搜輯初稿。到 1935 年 6 月中旬,初稿始擬定,共有 2400 多字,是爲第一草案。然後由黎錦熙、汪怡、趙元任、潘尊行、張炯、鐘靈秀、吳研因、顧良傑等諸字審查。開會後頗有增删,計得 2340 多字;這裏面認爲"最適當且便於鑄銅模者",計有 1200 多字,這便是第二草案。然後就第二草案再一次復核,將可採用的字圈出,交給(前)"社會教育司"詳細研究,在徵求錢玄同、黎錦熙、汪怡等人的意見之後,又召集人員重新整理,即第一批《簡體字表》。

第四,《字表》選編的後續工作。因《字表》所收的字甚少,而有很多字又確實應該收録,故而決定"繼續選擇審查,一俟簡體字之推行,已達相當程度,社會之一般觀感,已漸泯去舊日'正體字'之成見,當再斟酌情形,陸續公布,以期完成此項艱巨工作"。

由上可知,《字表》的選取過程是非常科學的。一方面,强調一步步來,先選出最合適的字形,等民衆接受了之後,再逐步擴大範圍。因爲選出《字表》的最終目的是社會使用,如果民衆反對,則難以通行。同時,又不限於《字表》所收字,簡體字的推廣是個持續性的行爲。另一方面,《字表》是經過多次審核,審核者既有語言文字大家,又有其他部門人員,大家各抒己見,求同存異,從而保證了《字表》的合理性。

1.3　《字表》的推行辦法及實施結果

在發布《字表》的同時,還規定了《字表》的具體實施辦法,共有九條實施細則,兩個附表。① 其中九條實施細則中的前八條屬於同一類型,均是規定了簡體字的實施領域;第九條"本辦法自公布日施行"規定了《字表》的時間範圍。兩個附表則具體演示了如何在小學教材中排列《字表》中的字。總體上説,上述措施是比較嚴厲的,不過,正如顧良傑所言"有少數自命載道之士,尊正體字爲正統,視簡體字之採用爲

---

① 見(前)教育部《簡體字表》(第一批)之三:《各省市教育行政機關推行部頒簡體字辦法》。

旁支、爲閏位"①,故而在當時有不少人反對簡體字的推行,其中既有個人,如何健、徐寶璜、戴季陶,又有團體,如香港存文會、太原存文會等。在這樣的情況下,1936年2月5日,(前)教育部奉行政院命令,訓令"簡體字應暫緩推行"。於是在"尚須重加考慮"、"應暫緩推行"等藉口下,《字表》被收回了。

儘管《字表》被收回了,但簡體字的通行已成爲不可逆轉的趨勢,謝世涯在《新中日簡體字研究》中引洪炎秋的觀點認爲,"當時的文化人和出版界深知此事的重要性,曾參酌他們聯合發表過的四百多字的手頭字,訂制銅模,鑄造鉛字,廣用於當時的報刊上,不因壓力而退縮"(謝世涯,1989:179)。在今天來看,當時《字表》的發布是有積極意義的,雖然"短命",但開啟了漢字簡化的新篇章。

2.《字表》與現行規範字的比較

只有通過跟現行規範字的比較,我們才能更加深刻地瞭解《字表》所收字的科學合理性。這裏所說的現行規範字,主要指《簡化字總表》、《印刷通用漢字字形表》、《現代漢語通用字表》等國家語言文字工作部門發布的字形表裏的字。即將《字表》所收錄的字與現行規範字表中的對應字進行比較。

《字表》所收錄的字跟現行規範字相比,有三組字在現行規範字中不對應,即佭(儘)、噹(噹)、閞(閛)。《簡化字總表》中收錄了儘、噹,閛字未收錄;其中儘、噹二字在《簡化字總表》、《漢語大字典》中分別簡化作尽、当。《通用規範漢字表》(徵求意見稿)裏,儘、噹二字的簡化字同《簡化字總表》。這樣,可以跟現行規範字進行一對一比較的實際上只有321個字。

《字表》同現行規範字的異同關係總體上看有兩種情況:一、完全相同;二、有差異。其中有差異的字又可以進一步分爲兩個類別:其一,與現行規範字相比,存在點畫層面的細微差異;其二,與現行規範字相比,存在結構或部件上的明顯差異。下面我們就這些情況分別説明之。

第一類,與現行規範字完全相同。

《字表》所收錄的字,與現行規範字相比,完全相同的有209個字,占到所有收

---

① 《吾人對於簡體字表應有的認識》,1935年11月10日《教育雜誌》第25卷11號第5頁。

録字形的 64.5％。分別是：罢、阀、杀、压、价、虾、袜、挂、画、罗、啰、逻、箩、过、个、蛰、这、热、协、乐、学、执、师、狮、时、实、势、辞、尔、迩、医、仪、蚁、义、異、闭、弥、伞、拟、离、礼、厉、励、机、启、气、弃、戏、碍、摆、迈、台、抬、枱、盖、斋、筛、晒、才、伛、狯、桧、怀、帅、类、为、伪、对、归、柜、会、烩、虽、岁、无、独、炉、庐、沪、烛、嘱、属、数、钦、与、誉、屡、举、惧、趋、宝、祷、涛、闹、劳、号、枣、灶、庙、条、枭、矫、乔、侨、桥、头、娄、楼、皱、昼、俦、筹、寿、邹、犹、刘、旧、办、蛮、胆、担、摊、滩、瘫、坛、坛、难、赶、毡、战、蚕、岩、艳、边、变、点、联、怜、恋、间、坚、艰、迁、闲、弯、万、断、乱、欢、还、环、园、远、权、劝、选、门、们、闷、坟、恳、陈、阴、隐、宾、滨、殡、闽、临、尽、烬、亲、莘、闻、问、闺、孙、韻、逊、帮、当、党、挡、尝、丧、阳、痒、粮、庄、床、双、丰、凤、灯、称、声、圣、应、营、蝇、听、灵、东、冻、众、虫、荣、从、穷。

　　從上面的數據可知，《字表》中近乎三分之二的字在當今被作爲規範字使用，這説明《字表》在編選是十分科學的，其價值是首肯的。

　　第二類，與現行規範字有差異。

　　《字表》裏的字同現行規範字有差異的共有 112 例，占字表收字總數的 34.5％。這些差異可進一步分爲下面兩類。[1]

　　（一）與現行規範字相比，存在點畫層面的細微差異。這類差異多是由於書寫所致，共有 9 例。比如发—发、挱—拨、窃—窃、荐—荐等。

　　（二）與現行規範字相比，存在結構或部件上的明顯差異。總體上來看，一少部分《字表》字比現行規範字簡，絕大部分《字表》字比現行規範字繁。這類字在《字表》中所占的比例較高，共有 103 例。這種差異又可以分爲兩類：

　　1、《字表》中的字比現行規範字要簡。現行規範字未作進一步簡化，即在規範字表範圍内，不存在簡繁對應關係。這類字共有 13 例。比如荅—答、覂—覆、仔—儒、峚—卒、皃—貌等。

　　2、《字表》中的字比現行規範字要繁。現行規範字與《字表》中的字均有繁簡對應，但其簡化方法等方面存在差異。其一，簡化方法不同；其二，簡化方法相同，但或選用的替代形體不同，或沒有進一步類推簡化，或替代形體不同且沒有進一步類推簡化。

　　（1）簡化方法不同。這類共有 21 例。比如劃—划、耺—职、帋—纸、処—处、

鬥—斗、**糸**—钱等。漢字在其發展過程中,有很多種簡化方法。不同的簡化方法常會造成形體不同的簡體字,而這些不同的簡體字致使在進行簡化字整理時,便存在多種選擇的可能性。

(2)簡化方法相同,但有的是所選用的替代形體不同,有的是沒有進一步類推簡化,還有的是替代形體不同且未進一步類推簡化。

A.所選用的替代形體不同。共有40例。比如**亲**—杂;亜—亚:(啞—哑,悪—恶);国—国:(**帼**—幗);齐—齐:(**斉**—齑,**挤**—挤,**剂**—剂,**济**—济,**侪**—侪)等。

B.未進一步類推簡化。共22例。比如**锣**—锣,鉄—铁,钟—钟;觉—觉,撹—搅,览—览,观—观;**质**—质,赞—赞,勋—勋,脏—赃等。

C.所選用的替代形體不同,同時也沒有進一步類推簡化。共7例,读—读、**赎**—赎、驱—驱、**续**—续、讴—讴、**练**—练、账—账。

從《字表》所收簡體字與現今規範字形比較來看,二者有同亦有異。

其同主要有以下兩個方面。首先,兩者都堅持從文字使用主體角度出發,選取或整理字形時,注重字形的易識、易記、易寫等特點。《字表》所收的簡體字都是歷代文獻中出現過的字,現行規範字在定制時,核心成員也是歷代文獻出現過的字。其次,兩者都是由專家學者先提出草案,然後徵求各方面意見,經過多次審定後由官方發布。

至於其不同,首先體現在整理原則上。《字表》堅持"述而不作"的原則,選擇社會上通行的簡體字,而現行規範字則"述中有作",除基本採用社會上通行已久的簡體字外,還利用偏旁類推的方法簡化了一批字。這種類推處理,一方面擴大了簡體字的範圍,同時又維持了漢字的系統性,比如**驴**—驴、骄—骄、**药**—药、绣—绣等。其次,《字表》更多慮及民眾使用的簡便,而現行規範字在考慮民眾使用簡便的同時,也考慮了文字符號的區別度,因之存在像荅—答、覈—覆、仟—儒這樣的差異。第三,《字表》選取字形時,如果有草書體,基本保留草書字的寫法,而現行規範字則將其楷化,從而維護了現行楷字的統一性,比如**长**—长、**张**—张、**场**—场、**肠**—肠等。

3.《字表》的歷史地位和對現實的啟示

《字表》作爲我國歷史上第一個由官方發布的"簡體字表",這在我國語言文字史上是具有里程碑意義的。同時,就《字表》本身而言,其研製原則、研製過程、推行實施等都對當下的語言文字規範具有很大啟發。

（一）《字表》的歷史功績。雖然《字表》發布後半年就被取消了，但它仍具有極其重要的歷史價值和現實意義。我們認爲，《字表》具有以下幾個方面的意義。

第一，《字表》在對此前漢字簡化成果清理的同時又拉開了其後漢字簡化的大幕。雖然第一批發布的字表只收録了 324 個字，但第一草案收録的字有 2340 多字，第二草案收録的也有 1200 多字。又因《字表》是以"述而不作"的原則選擇社會上比較通行的簡體字，從而這些字無論在文人學士還是一般民間，都具有廣泛的基礎。這種材料的整理，爲其後的漢字簡化提供了前提和基礎。

第二、《字表》的發布、推行在客觀上爲進一步漢字簡化掃除了不少障礙。《字表》的出現，衝擊了不少保守頑固人士，這爲後世簡化字的順利推行奠定了"思想上"的基礎。另外，《字表》的推行也爲之後的漢字簡化提供了一定的"物質"保障。《字表》發布以後，不少出版物上都逐漸採用簡體字，使用簡體字的這一歷史大勢已逐漸顯露出來。

第三、《字表》研製經過爲其後漢字規範整理提供了一定的參考。《字表》的研製總體上遵循循序漸進的原則，分批進行。具體的研製步驟也爲《字表》的科學合理性提供了一定的程式保障。另外，《字表》所附的"説明"一方面説明了《字表》選字的具體原則，同時也易於讓世人瞭解《字表》處理某些容易引起爭議的現象之原因，從而使得《字表》的推行更加容易，比如對於偏旁"言、鳥、馬、糸、辶、走"等不作簡體所作的説明。我們都知道，語言文字是社會的產物，讓民衆易於接受的一個途徑就是盡可能詳細地解釋某些容易引起誤解的問題，《字表》在這方面做的比較到位。這對於我們當下的語言文字規範很具有借鑒意義。

（二）《字表》的不足。作爲第一次相對系統的簡體字整理，《字表》還是顯露出諸多不足。總體上看，《字表》在具體選編時缺乏系統性和整體觀。有的本不該簡化爲同一簡體偏旁，如"東"与"柬"均簡化作"东"；《字表》中的主體爲楷體字，但裏面又夾雜有草體的字形，比如"艺"、"地"、"边"、"斜"等。此外，還保留了一部分類推未盡的雜體字形，如"鸡"、"鳶"、"継"、"繡"等。另外，《字表》在發布實施、後續整理等方面，也存有不少問題。

參考文獻：

[1]艾偉《漢字問題》,中華書局,1949 年。

[2]船山學社《船山學報》(6),湖南師範大學,2009 年。

[3]高更生《現行漢字規範問題》,商務印書館,2002 年。

[4]高天如《中國現代語言計畫的理論和實踐》,復旦大學出版社,1993 年。

[5](前)教育部《第一批簡體字表》,1935 年。

[6](前)教育部《第一批簡體字選編經過》,《國語週刊》,1935 年(212)。

[7]李樂毅《簡化字源》,華語教育出版社,1996 年。

[8]蘇培成《二十世紀的現代漢字研究》,書海出版社,2001 年。

[9]吳占坤、馬國凡《漢字・漢字改革史》,湖南人民出版社,1988 年。

[10]謝世涯《新中日簡體字研究》,語文出版社,1989 年。

[11]張書岩《簡化字溯源》,語文出版社,1997 年。

[12]張湧泉《漢語俗字研究》,商務印書館,2010 年。

[13]周殿龍《繁簡字闡源釋流》,遠方出版社,1999 年。

漢字與詞彙教育的次序和檢測

陳良璜

（南京曉莊學院）

漢字教育需要有一個次序，由易到難，由最常用到常用，再到次常用，並且要符合學習者的實際情況。例如"總而言之"、"總之"、"總結"、"綜上所述"這樣的詞，小學低年級的學生很少用，因爲這些詞常出現在議論文中；如果換成"一句話"，也有概括之意，就能用了，因爲詞語的等級降低了。

漢字教育還需要檢測，學習者不見得是白紙一張，他的起始點在哪里，需要檢測；學了一個階段，有什麼進步，也需要檢測。

爲了解決這兩個需要，我用十幾年時間研製了"學生常用字詞分級表"。它有一個符合學習者實際情況的次序，並且能够用來檢測。一句話，給我 10 分鐘，我就能測出一個人的漢語水準。因爲一個人漢語水準的簡明標誌就是看他掌握的字詞質與量如何。

我統計了 2281 篇不重複的課文、練習短文和讀寫知識，其中小學低年級 657 篇，小學中年級 571 篇，小學高年級 475 篇，初中 373 篇，高中 205 篇，涵蓋近 30 年的 22 種中小學語文課本，包括集中識字的，分散識字的，注音識字的，完成了 16500 多個學生常用詞的篩選和分等級，然後把這些常用詞化作常用字。

本表有以下特點：

1. 取普通詞語。統計時删去了文言文，以及人名、地名、術語等。

2. 以詞定字。先確定常用詞，再去找常用字，使常用字更準確，因爲語言的最小單位是詞而不是字。

　　3．以篇爲單位。就是以字詞的分佈率爲准，不是看見一個算一個，而是避免在同一篇課文中的重複統計，使每個詞的資格相等，這對區分中段詞語的等級大有好處。

　　4．著眼於常用的，而不是全部的。尤其在高中部分，只出現一次的難詞，我就捨棄了。

　　爲了追求這些特點，提高本表的準確性、實用性，我的工作量增加了好幾倍。尤其是採用以篇爲單位來統計，我花了十幾年的時間，試用了多種方法，最後才找到簡易適用的方法。我把它鄭重地、毫無保留地公佈在這裏，傳之他人。

　　在操作電腦時，以一篇課文爲單位，構成一個檔。把一個年級的課文集中放在一個檔夾中。篩選時，打開這個檔夾，點"搜索"，在左側填上需要調查的詞，再點擊"查找"，右側立即顯示出所在的課文名稱，而在左下方顯示出多少篇，它就是我們要找的某詞出現的篇數。我開始土法上馬，用查找和替換法，查找全部出現數還能對付，到一篇只計一個數時，替換法不靈了，只好挨個數，半天搞一個詞，搞得心煩意亂，難以爲繼。經過許多周折，請教好些能人，最後終於找到上述簡易有效的辦法。真是"工欲善其事，必先利其器。"

　　本表的作用：

　　第一，找出了字詞的"序"。這種序是一條路，一條必由之路，沿著它教學可以少走彎路。它又是一把尺子，可以衡量出學生字詞能力的進展。一個學期是一檔，一年級第一學期就設法完成第一檔，檢測也取第一檔；六年級第二學期就設法完成第十二檔，檢測也取第十二檔；上不封頂，下須保底。這樣步步落實，保質保量，各年級也好銜接。我研究的"序"是一條符合客觀實際的"序"，但目前還是理想的"序"，各種課本有自己的特點，使用某種課本的教師還要做一些變通，儘量往理想的"序"上靠。這個"序"，實際上也是個量表，能爲編課本、編練習、編課外讀物、以及檢測漢語能力服務，也可以用於自學自測，還可以爲使用電腦服務，不久的將來可能製造出個人按"序"學習漢語的軟件。

　　現在公佈的字表、詞表乃至頻率詞典，都不是專爲學生服務的，它們的資料難以直接用在漢語教學中。在它們那裏，像蝴蝶、蜻蜓、狐狸、公雞這類詞，統計的頻率相對都比較低。而在本表中，"蝴蝶"在小學低年級出現在 18 篇課文中；"蜻蜓"在小學低年級出現在 9 篇課文中；"情況"在小學低年級只出現在 3 篇課文中。這表明，社會常用字詞不能代替學生常用字詞。而本表則是直接爲中小學學生服務的。

　　第二，本表選材符合服務物件的需求，各種文體搭配恰當。我研究過多種字表、詞表統計的得失。有一種大型統計，由於收了 4 本考古雜誌，裏面的古字頻率超常膨脹，把 2100 多萬字的統計結果都攪亂了。其中，刈 81 次，匜 13 次，而肄業的"肄"只有 2 次，造詣的"詣"只有 3 次。另一種頻率詞典，由於科技材料過多，使統計結果失當。我統計的是學生使用過的課本，是實踐檢驗過的。課文的文體在各年級的搭配，也是比較恰當的。這比選取學生作文或課外讀物做樣本要妥當得多。學生作文在詞種和文體搭配上局限都比較大，課外讀物跟社會書刊很難區別。再者，我的樣本相對比較大。樣本大，統計的材料多，產生的資料才有明顯的區分度。單用一套課本顯然是不夠的。但是，樣本大小是相對的，我認爲，應以滿足服務物件的需求爲准。我統計的資料，不僅能恰當地反映詞語的深淺，而且能反映不同文體的用詞。

　　這裏著重説一下小學階段字詞的調查情況。

　　小學階段出現的字種有 3956 個，詞有 12713 個，出現一次的詞有 2493 個，出現兩次的有 1521 個，出現三次的有 1065 個，出現四次的有 765 個，出現五次的有 609 個，出現六次以上的有 6250 個。字與詞的比例是 1：3.214。最常用詞占全部詞的 49.2%。這是從多種課本集成的，一種課本達不到這個水準。

　　關於字，起初我根據 13 種課本的生字數算出來一個相對合理值：

　　一年級——690 字，下限 426 字 ，上限 954 字。

　　二年級 ——924 字 ，下限 571 字 ，上限 1277 字。

　　三年級—— 604 字，下限 373 字，上限 834 字。

　　四年級 ——362 字，下限 224 字，上限 500 字。

　　五年級 ——271 字，下限 167 字，上限 375 字。

　　六年級 ——240 字，下限 148 字 ，上限 332 字。

　　合計 —— 3091 字，下限 1909 字 ，上限 4272 字。

　　這是我在《教育研究》1990 年 9 期《對我國小學語文課本生字量的研究》一文中發表的研究成果。現在,我採用字詞結合的方法,用同一檔次的選詞標準來選字,確定了小學階段用字的數量和字種:

一年級——992 字,第一學期 543 字 ,第二學期 449 字。
二年級——845 字,第一學期 451 字 ,第二學期 394 字。
三年級——582 字,第一學期 318 字 ,第二學期 264 字。
四年級——464 字,第一學期 192 字 ,第二學期 272 字。
五年級——434 字,第一學期 243 字 ,第二學期 191 字。
六年級——638 字,第一學期 399 字 ,第二學期 239 字。
合計 —— 3955 字。

　　以上的結果表明,小學低年級的識字任務最重。隨著年級的上升,詞的增幅加大,字的增幅減小。爲什麼六年級又高起來了呢? 這是因爲此時把小學階段出現兩次的字都收進來了,就是説篩選的標準已到最低了。現在條件好的小學,學生在入學前已經學會了相當數量的漢字,所以第一學期學會 543 字,並非難事。
　　關於基礎教育用詞的數量和詞種,至今沒有見到任何統計材料。因此,我的這份研究報告就成了填補空白的創新,並且每個詞都是落實的,而非籠統的數字統計。
　　小學階段用詞的數量和詞種。結果是:

一年級 —— 1401 個,第一學期 676 個,第二學期 725 個。
二年級 —— 1656 個,第一學期 810 個,第二學期 846 個。
三年級 —— 1795 個,第一學期 898 個,第二學期 897 個。
四年級 —— 1793 個,第一學期 897 個,第二學期 896 個。
五年級 —— 1792 個,第一學期 897 個,第二學期 895 個。
六年級 —— 1781 個,第一學期 895 個,第二學期 886 個。
合計 —— 10218 個。

　　如果我們按照上述的分佈來進行漢字教育,根據學生的實際情況適當做一些調整,那麼就做到了適時適量。

我研究的學生常用字詞分級表可以免費提供給各位學者使用。

關於漢字與詞彙的檢測方法,我實踐過許多次,有一次是參加中央教育科學研究所組織的識字、閱讀、作文分別在同一個班進行的檢測,結果表明小學生的識字、閱讀、作文能力基本上是一致的。實踐表明我採用的漢字檢測方法準確簡便。

現在只需要選取 5 個字和 5 個詞,用 10 分鐘即可完成檢測。選取的字和詞必須呈階梯形,由易到難,可以從學生常用字詞分級表中選取。字要求組成詞或片語,詞要求搭配成短語,只要組對一個就行了,當然組得越多越好。例如,"掌",可以組成:手掌,腳掌,熊掌,巴掌,這是前面加一個字,組成詞;還有後面接字組成的詞:掌心,掌握,掌管,掌權,掌鍋、掌勺。詞的搭配,例如:"信件":信件來往、信件到達、信件往返、信件投出、投遞信件、傳送信件、傳遞信件、銷毀信件、私拆信件、焚燒信件。

選取 5 個字,如:農、努、寧、捏、虐。它們有明顯的階梯。可以用同音字,如:穿、傳、船、串、川。可以取淺顯的,如:不、步、部、布、補。可以取艱深的,如:諦(聽)、砥(坦蕩如砥)、(府)邸、嫡(傳)、詆(毀)。

選取 5 個詞,如:保護(財産)、愛護(糧食)、維護(治安)、守護(門户)、袒護(弟子)。又如:(保持)安靜、安慰(他)、(晚風)愛撫、(表示)愛心、(不會)礙事。

這樣,就組成了兩張試卷,第一卷:不、步、部、布、補;安靜、安慰、愛撫、愛心、礙事。第二卷:穿、傳、船、串、川;保護、愛護、維護、守護、袒護。全部完成第一卷,表明該生達到掌握 2000 字的水準;全部完成第二卷,表明該生達到掌握 3500 字的水準。利用"學生常用字詞分級表"可以自由編出幾千種試卷,檢測不同程度的學生。

我們要充分運用準確簡便的檢測方法,及時瞭解學生漢語水準的變化,使漢字與詞彙教育更有針對性、實效性。須知愛讀書的學生與貪玩的學生在一個假期裏就會產生很大的變化,擴大了差距。這差距究竟有多大,做一次檢測就知道了。

我們應努力編出通俗易記的集中識字讀本

李新軒

（江蘇少年兒童出版社）

一、集中識字讀本的現狀

現在，我國的識字方法約有四五十種之多。在琳琅滿目的識字法中，可以說異彩紛呈，爭奇鬥豔，各有千秋，瑕瑜互見。就可讀性而言，也不乏通俗易記之作。特別是以兒歌、謎語或成語爲載體、又採用韻語編排的識字讀本，更爲通俗易記。但這類識字讀本，生字含量多爲幾十個、幾百個或千把個，能含 2000 多個生字的已很罕見，更不用說含 3000 多個生字的了。

含兩三千個生字的集中識字讀本，現在也有一些，但就我所見，均不夠通俗易記。比如有一本選字 4000 的集中識字讀本，儘管自詡爲是"一本最爲簡捷的識字方法"，是一本"琅琅上口"的"超級易學的識字教材"，但事實上並不好讀，也不易學。江蘇發行量極大的《揚子晚報》曾發表署名文章宣傳過這本識字讀物，同時也說它開頭還好讀一些，越往後越難讀。我也有同感。我想，哪怕是讓編撰者自己來誦讀一下，有不少詞句也是佶屈聱牙、令人莫名其妙的。試想，不好讀怎麼易學呢？不易學怎麼會有高效率呢？

另有一種含生字 2700 多個的集中識字讀本，單字組詞或用詞構成 4 字格短語都比較注意通俗。稍感遺憾的是，這類短語在全文中僅占一半，並且韻訣變來變去，影響琅琅上口的整體誦讀效果。再者，如果把這一識字讀本的生字量增至 3500 多個，通俗易記的詞語所占的比例恐怕就更小了。

　　還有一種集中識字讀本,選字 5700 個,編撰者把字進行分類,將意思相同、相近或同一類別的字放在一起,亦用 4 字格韻語方式排列。其中通俗易記的片語不多,短語更少,還有較多的 3500 個常用字之外的生僻字夾雜在內,大大增加了認讀的難度,自然就更不通俗易記了。比如在《冶金歌》一節中,共選編 112 個金屬類生字,其中僅有 26 個是 3500 個常用字表中的字,86 個是生僻單字。這樣的字排列起來,即使押韻也不易讀,自然也不易記。

　　當代人編撰的集中識字讀本尚且如此,古代人編的這類讀本就更難讀了。在我國流傳最廣、傳誦數百年乃至 1400 多年的《三字經》、《百家姓》和《千字文》,雖一直被人們讚譽爲"琅琅上口"的國學經典,其實並不通俗,也不易讀、易記。究其原因是它的行文離口語太遠,語用功能太差。若用這類讀本讓當代人識字,難讀難記,很不合時宜。再説,"三、百、千"總共近 2700 字,內含不重複生字僅 2000 左右,遠未達到小學階段的識字目標。況且,其中還有不少是 3500 個常用字表之外的字,一般人不一定掌握,哪怕終生不識也無妨。

　　綜上所述,我認爲我國至今尚無大容量的、通俗易記的、能在民衆中廣泛流傳並有實力驅動當今教育部門改變傳統的分散識字教學方式的集中識字讀本。從事漢字、漢語教學研究的人們,有責任儘快編出真正"超級易學"的集中識字讀本,用它去跟傳統的分散識字法較量一番,開闢全新的識字方法天地。

二、怎樣才能編出通俗易記的識字讀本

　　根據已有的古今識字讀本爲我們提供的寶貴經驗及其尚存的不足之處,我認爲要編出一種通俗易記的集中識字讀本,最重要的要抓住以下三個環節。

　　一是可以採用 4 字格偶句押韻的編排方式。在國學經典中,雖有《三字經》、《弟子規》之類的 3 字格押韻讀本,但 3 個字較難表達完整的語意,而 4 字格就容易得多,甚至可編成許多簡明扼要的短語。至於偶句押韻,可以説古人和今人早已達成高度共識。"三、百、千"及《弟子規》等許多國學經典都是押韻編排的。當前,我見到的許多識字讀本也如此行文。在社會上評價較高、反映較好的《愛我中華識字歌》、《中華字經》和《中華識字歌》等集中識字讀本,均採用的 4 字格押韻編排的方式。這一方式可以説已成爲我們的國寶,我相信它有無窮的魅力,永遠不會過時。

　　押韻的文字好讀易記,恐怕人人都有這樣的體會。我也是這樣。60 多年前我讀過的押韻語句,有一些至今仍銘記在心,終生難忘。這就是韻語的力量。

　　但值得注意的是,由漢字哪怕是常用漢字組成的押韻語句,也未必都好讀易記。如《百家姓》中的許多句子,雖押韻,也不是生僻字,仍很難讀難記。今人編撰的《中華字經》中雖有些常用詞語,但也有不少很難讀的句子。在《中華識字歌》中,難讀的語句更是比比皆是。究其原因,多是因爲由一個個孤立的漢字湊成的 4 字格句子太多。這樣的句子,在集中識字讀本中應儘量避免,越少越好,沒有更好。

　　編通俗易記的集中識字讀本,要抓住的第二個環節是,儘量用單字組成口語化的常用詞,並儘量編成通俗的押韻短語。宣導別的識字法的人們,也有不贊成單字組詞識字的。但單字組詞進而成句的識字法一直很盛行。讀兒歌、古詩、謎語識字者是這樣的,《三字經》和《千字文》也是這樣的。我僅見到的《愛我中華識字歌》、《中華字經》等幾種集中識字讀本,也都不約而同地採用了這種方式。深感不足的是,古人編的詞語較深,難讀難記;今人編的常用詞語含量較少,未構成規範片語的單字湊成的所謂“句子”較多,這就削減了讀本的通俗性。不通俗就難讀,難讀就影響識字效果。

　　衆所周知,文言文比白話文難讀難記。爲什麼？就是因爲文言文不通俗。《三字經》比《百家姓》好讀些。爲什麼？就是因爲《三字經》中的每 3 個字組成了一句或多或少能表達某種意思的短語。這說明在編撰集中識字的讀物時,將單字組成人們熟悉的常用詞並進而編成通俗易懂的短語是非常重要的。比如“醫”字,初學識字者唯讀這個單字,並不知道什麼意思。若組成“醫生”,就立刻明白,並可以推想“醫院、醫療、醫學、醫師”中的“醫”肯定也是這個字。若把“醫生”與“看病”編成一句短語“醫生看病”,那就等於畫出了一幅形象的生活圖景。若再與“護士打針”短語編爲對仗的上下句,放在有某種內在聯繫的若干對“痕”韻短語中,那就非常好讀好記了。上下句可以對仗,也可不對仗,順口就好。可以說,在一本 2500～3500 字的一字不重的集中識字讀本中,通俗、易讀、易記的片語或短語越多,它的可讀性就越強,識字效果也就越好。

　　事實上,在一本大容量的識字讀本中,是不可能編出句句都是通俗、易讀、易記的片語和短語的。特別是若編一本一字不重的集中識字讀本,那是相當困難的。我們常說,漢字的構詞能力是極強的,3000 多字能構成四五萬個常用片語。這是真的。但也有一小部分漢字，構詞能力是極弱的。比如"曇"只能與"花"構成名詞"曇花"，"饅"只能與"頭"構成名詞"饅頭"。這兩個字一旦組成"曇花"、"饅頭"，許多需要與"花"、"頭"組成詞的字就只好另找物件了。更有甚者，有少數漢字如"兢"、"奕"等，自身並無意思，只有重疊使用時才有某種意思。而全書若要求一字不重，那怎麼辦呢？也有某幾個字都只能與某一個字組成詞的，若解決了其中的一個字，其餘的字再也找不到物件了，又怎麼辦呢？一連串的難題只有靠編撰者別出心裁去攻破它。現有的大容量的集中識字讀本，正是在諸如此類的難題上缺乏突破，才無奈地採用了單字湊合的辦法，致使整本識字讀物顯得難讀難記。我們要披荆斬棘，知難而進，攻破難題，勇攀高峰，爲學漢字的人們提供一份豐盛的美味佳餚。

那麼，這份豐盛的的美味佳餚要豐盛到什麼程度呢？這就是我要説的第三個問題，即集中識字讀本的選字量問題。

一般來説，選爲數不多的常用字最容易編出通俗易記的識字讀本。換句話説，選的字越多，識字讀本中越容易出現難讀難記的字詞。若只爲通俗易記而僅選較少的常用字組詞構句，則達不到當前人們需要的識字標準；若僅爲容納大量漢字又難以編出較通俗易記的識字讀物。二者應怎麼協調呢？我認爲，應根據多數人們的實際需要來確定選字數量。

大家知道，據《中華字典》記載，我國的漢字有85000多個。但人們日常使用的漢字數量並不多，一般在3000字左右。根據字頻統計，如果掌握了前1000個最常用漢字，就能認識現代一般書報上90％的文字；如果掌握了前3800個漢字，就能認識現代一般書報上99.9％的文字。鑒此情況，國家語委和教委曾于1988年聯合公佈了内含3500個漢字的《現代漢字常用字表》。我認爲，這3500個字中絕大多數是較爲穩定的常用字。近幾年，國家語委又連續6年公佈了漢字在人們生活中使用的狀況。我覺得，以《現代漢字常用字表》中的3500個常用字爲主體，再加上近幾年漢字使用頻率排在前2500名中而又是在3500個常用字之外的七八十個漢字就可以了。認識了這3500多個常用字，大約可讀懂當代書報上98％的文字，對一般人來説，這個數量已經足够了。若在這3500多個字中作識字文章，通過艱苦努力，尚可編出較爲通俗易記的識字讀本；若擴充到4000字以上，那就越多越困難了，也很容易忘卻。既然如此，何必讓人枉費工夫去學呢？所以我主張用3500多字，編通俗易記的一字不重的集中識字讀本較爲合適。

三、簡介我的《中華漢字經》

　　我在通覽古今多種漢字識字法之後，形成了上述的識字理念。在此理念指導下，我曾編撰一本由 1000 個最常用漢字、2500 個常用漢字和 1000 個次常用漢字組成的識字歌，用字有重複，故總字數爲 5232 個，現在南京行知小學讓一、二、三年級的小學生使用。事實證明，認讀 3500 個漢字，根本不需要 3 年時間，至多一年半載即可。於是，我又編了這本含 3592 個漢字的《中華漢字經》。

　　編這本漢字經，我的主觀願望想讓它成爲一種字數適中、内容廣泛、一字不重、韻語連篇、四字一頓、八字一轉、行文通俗、片語規範、眉目清晰、認讀方便、操作容易、價格低廉、特點突出、成效明顯的識字讀本。呈現在大家面前的這本《中華漢字經》到底如何，是否符合我的識字理念，是否比較通俗易記，敬望諸位專家、學者發表高見，不吝賜教。本書剛剛編好，尚未來得及試驗。但若諸位老師認爲它確實比現有的幾種集中識字讀本通俗易記，我想，這個識字讀本的試驗效果就可能會更好一些。這應該是合乎邏輯的推斷。

　　現在，我很想聽到批評指正的意見，以便進一步修改，讓它日臻完善。我願與大家協同作戰，儘快編出一種深受小學生、廣大民衆及外國友人共同喜愛的集中識字讀物，希望它早日走進學校，走進課堂，讓至今還被分散識字法困擾的孩子們獲得解放；希望它走進幅員遼闊的中華大地，走進數以萬計的只有小學文化的廣大人群，讓他們能快速復蘇、鞏固、增加漢字的識字量；希望它走進各國的《孔子學院》，走向全世界的各個角落，讓外國朋友不再認爲漢字難學。這是我編《中華漢字經》的初衷，也是我現在最大的願望。

信息技術在識字寫字教學中的日常化應用

姚青嶺　許　方　姚鴻濱

（江蘇無錫第二人民醫院信息科；江蘇省無錫連元街小學；江南大學人文學院）

1. 序言

　　漢字及漢字教學，是一個長期的乃至可以認爲是一個永恒的課題。漢字是從象形文字發展而來，每個漢字都像一幅簡筆劃。所以，漢字無論是"識"或"寫"，都有其固有的難度。以漢語爲母語的中國小學生，在識字與寫字問題上，也存在同樣的問題。當代信息技術的發展，不僅解決了漢字在電腦中的輸入、顯示、列印等問題，而且，爲解決提高識字寫字教學的效率提供了可能性。

　　我們長期從事用信息技術輔助識字寫字教學的課題研究和實踐，逐步開發出《漢字工具箱》這樣一個套裝軟件，在識字寫字教學中真正起到了激發學生的學習興趣、提高教學效率和效果，有助於突破教學上的難點，減輕教學雙方負擔的作用。開發者希望能够逐步構建一個能够全面繼承漢字傳統，符合漢字的各種規範，實用、高效，既適合教學，又適合社會需要的《漢字工具箱》服務體系，以有力地推動漢字教學的改革和發展。

2. 當前漢字教學的新局面和新問題

2.1　當前漢字教學及應用中面臨的新局面

2.1.1　涉及面廣：不僅涉及國内的基礎教育領域，而且涉及國内特殊教育，國內民族雙語教育,對外漢語教育等領域。

　　2.1.2　漢字輸入法的廣泛應用:除了學校教育,由於網絡、電腦及手機的普及
應用,社會上手寫文字的使用(寫信、寫文章、手寫檔資料等)越來越少。絕大部分
被電腦打字及手機打字替代,或乾脆用口頭通訊所代替。漢字輸入法已經成爲國
內用戶最多的中文軟件。

　　2.1.3　漢字的規範問題突出:隨著網絡上文字的簡化運用,受到新的挑戰(例
如火星文)。另外,由於拼音輸入法比較容易在中小學拼音教學的基礎上很快直接
使用,因此,在長期大量使用拼音輸入法的文化情境中,提筆忘字的問題隨之產生。

　　2.1.4　識字寫字教學的難度依舊:小學語文教學中,由於識字、寫字的週期較
長,影響到閱讀及寫作的開展,加大識字量、提前讀寫的實驗沒有達到預期的效果。
但是,信息技術的運用,提供了解決問題的可能性。

2.2　在基礎教育階段打好扎實的寫字和中文拼音知識基礎的重要性

　　由於學生在脫離學校學習後,再使用規範寫字及規範中文拼音的機會越來越
少,所以,在基礎教學階段,讓學生打好扎實的寫字和中文拼音知識基礎,就顯得空
前重要。最近,中國教育部意識到了這個問題,提出了加強小學寫字課的要求。學
生使用電腦打字,這是一個趨勢,但不能因爲使用了拼音輸入法電腦打字,產生提
筆忘字等現象後,就因噎廢食,反對學生用電腦打字。相反,只要信息技術運用得
好,不僅可以避免上述問題的產生,並且將有助於問題的解決。

　　鑒於以上問題,筆者近期內研發了最新版本的《漢字工具箱》軟件,以適應教學
的新需求。

3.信息技術與識字寫字教學整合的切入點

　　當前,十分流行的一個口號是信息技術與學科的"整合"。但是,整合並不是短
時間能够完成的事情,而是一個相當長的過程。在這個過程中,最有效的切入點是
什麼? 在這個問題上,華人學者趙勇①所作的闡述是精闢的,"信息技術和語言學習

①　參見趙勇《信息技術與課程整合熱的冷思考》,知行網www.zhixing123.cn。

一樣,都需要經歷一個長期積累的過程,當我們的教師每天都利用信息技術進行教學,學生每天都利用信息技術進行學習時,我想我們也就自然而然的接近整合了。"信息技術與學科的整合最有效的切入點就是要使"信息技術運用日常化(常態化)"。

筆者認爲,所謂"信息技術運用常態化",即在教育教學中,各個年齡段的教師都能在少佔用製作軟件時間的基礎上,在教學需要之處熟練地使用信息技術輔助教學。

信息技術運用常態化,主要有硬件、軟件和教師運用等三個方面。硬件條件比較容易達到。而適應教學的軟件和教師的熟練運用,則是信息技術運用常態化進程中亟待解決的兩大問題。筆者主要介紹在多年的教學科研實踐中如何解決這兩個問題以及從中引發的理論思考。

當今,教師及學生在教學中使用信息技術,已經是日益廣泛了。用電腦上網,用手機通信,教師備課,寫教案,出考卷,寫學生評語,製作 PPT,製作電腦課件等,已經很常見。但是,在信息技術與學科教學的整合上,最顯著的效益還應當體現在教學中,而且,目前主要還是體現在課堂教學中。

因此,在日常教學中,做到使用信息技術"日常化"(常態化)就成爲筆者在教學實驗及軟件發展中的一個重要指導思想。

爲此,筆者在長達十多年的開發應用及實踐中,製作了以《漢字工具箱》爲主體的套裝軟件,初步實現了上述的目標。

4.《漢字工具箱》的内容 [1]

《漢字工具箱》的内容比較豐富,其中與漢字識字、寫字教學直接相關的内容有4 個部分:"怎樣寫漢字";"學拼音";"寫字式漢字輸入法系列"(其中,以"學生寫字輸入法"尤爲適合教學)"正規拼音漢字輸入法"系列(其中,以"學生拼音輸入法"尤爲適合教學)。另有"分析文章中的文字";"漢字的筆劃和部首";"容易寫錯的字";"滑鼠鍵盤練習"等軟件產品。

---

[1]　參見《漢字工具箱》V3.0.,南京大學電子音像出版社,2011 年。

4.1　"怎樣寫漢字"軟件

4.1.1　"怎樣寫漢字"軟件有針對中國國內各個主要版本語文課本的版本。軟件全面覆蓋小學語文 1－2 年級識字寫字教學的知識點,爲教師提供全方位的輔助教學工具,有利於突出重點、解決難點、提高學生學習興趣、提高教師的教學效率、減輕教師的教學負擔。在一批學校中實現了信息技術輔助識字寫字教學"日常化"(常態化)的局面。

爲了適應中國教育部新的課程標準對寫字教學的要求,"怎樣寫漢字"軟件在原來的"軟筆書寫"的基礎上,增加了"硬筆書寫"的功能。見圖一、二。

圖一　　　　　　　　　　　　圖二

4.1.2　軟件不僅符合漢字在各個方面的國家規範,同時符合語文教學的規範,還符合各種課本的規範。每個生字在田字格中的位置也與課本上一致。

4.1.3　軟件不僅有輔助教師"教"的內容,而且有檢驗學生"學"的內容,讓師生能在課堂上進行互動。見圖三、四。

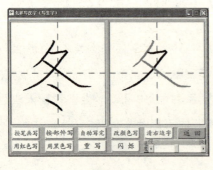

圖三　　　　　　　　　　　　圖四

4.1.4　軟件有讓教師參與軟件中部分內容修改的功能,甚至於進行二次開發的功能(嵌入式"怎樣寫漢字")。可以讓教師通過超鏈結的操作,把"怎樣寫漢字"軟件嵌入在自己的課件中,成爲一個整體。

4.1.5　軟件在動態進行多媒體演示上,達到目前國際國內的先進水準。(爲此,"漢字工具箱"在 2011 年獲得了首屆香港國際軟件大獎賽十大金獎之一。該大獎賽是公益性的競賽,不收取參賽者任何費用,全球參賽軟件有 7 萬個左右)。

4.2　"學拼音"軟件

4.2.1　軟件能動態演示拼音字母的書寫,見圖五、六。有對全部中文拼音音節的書寫過程的動態演示及分解演示(包括發音)。可連續演示 4 個音節的書寫。見圖七、八。

圖五

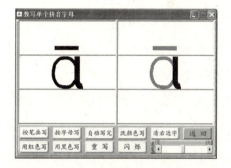
圖六

圖七

圖八

4.2.2　軟件能有效地輔助突破中文拼音教學中的難點。例如,聲母 j 和 ü 相拼時,有去掉 ü 上面兩點的動態過程,演示得十分清晰。

4.2.3　使用本軟件,教師在中文拼音教學階段能減少大量板書,不僅減輕了教師的教學負擔,而且提高了教學效率。

4.2.4　北京的一個實驗學校評價是"使用《漢字工具箱》中教學軟件進行教學,實現了拼音教學的'多、快、好、省'"。

4.3　"寫字式漢字輸入法"系列軟件

"漢字輸入法"曾經是較長時間困擾著中國人的一個問題。近年來,由於以"搜狗拼音"爲代表的第三代輸入法的出現,從實用的角度來看,無論從易學或是速度上,可以説已經解決問題了。但是,這些輸入法僅僅是打字工具,注重的是結果。從教學的角度,這類輸入法對於與拼音教學整合,還有較大的距離。從不認識字的輸入角度,從目前還有一大批不熟悉中文拼音的人的角度,"搜狗拼音"輸入法等還不能完全解決問題。此外,如果長期使用拼音輸入法,對於接受規範寫字教學訓練不够的人來説,容易產生"提筆忘字"問題。

輸入法能否進入基礎教育,一方面不僅取決於硬件及軟件系統的發展,另一方面也取決於軟件系統及輸入法本身。《漢字工具箱》中的"學生寫字輸入法"和"學生拼音輸入法"從開發時就爲教學做準備,所以特別適合中小學。

《漢字工具箱》推出兩種適合學生的輸入法,目的只有一個,讓輸入法和識字寫字教學,拼音教學結合起來,讓小學生在校時打好寫字、中文拼音的基礎。

4.3.1　"寫字式漢字輸入法"有三個品種:"學生寫字輸入法";"寫字式漢字輸入法(簡稱鴻鐘碼)";"模糊相容漢字輸入法(簡稱簡繁鴻鐘碼)"。適用物件不同:"學生寫字輸入法"適合教學;"鴻鐘碼"適合成人使用;"簡繁鴻鐘碼"由於可以輸入 2 萬多個簡體及繁體的漢字,可以作爲一般使用其他輸入法用戶的一個補充工具。

4.3.2　"學生寫字輸入法"的基本碼元是 10 個漢字的筆劃,輔以一批"組合筆劃"(相當於部首)。輸入規則就是漢字的書寫規則,並且完全符合國家的筆劃筆順規則。打字過程即是在模擬人的手寫,擊鍵時,提示行上顯示的是漢字筆劃和部首,而不是英文字母。這樣,不僅十分易學,還可以有效地監督學生書寫時的筆劃筆順,以輸入"王"字爲例,學生鍵入筆劃串"一一丨一"可以得到"王"字(見圖九),而鍵入錯誤的筆劃串"一一一丨"時,只能得到"豐"字,(見圖十,其中數字 2 後面的"二十"是表示片語"二十"的輸入筆劃也是"一一一丨")。

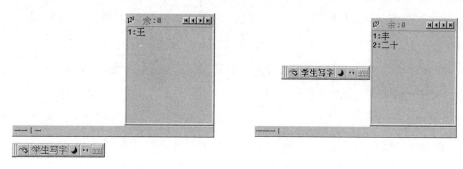

圖九　　　　　　　　　　　　　圖十

4.3.3　"學生寫字輸入法"的查詢（查字典）功能，可以幫助對某個字筆劃筆順規範不熟悉的學生，查到所要的字，而且可以學到該字正確筆劃筆順的提示，從而學會該字的正確寫法及打法。例如，要查詢"凸"字寫法的筆劃筆順，只要先鍵入"凸"字的第一個筆劃"丨"再擊查詢鍵" ／? "，再用加筆劃數的鍵" = + "將筆劃數加到 5，即可得到圖十一的介面，再擊多次向前翻頁鍵" ＞ "，即查到了"凸"字，見圖十二。再擊數字鍵 1 或"空格"鍵，就可輸入"凸"字。在輸入"凸"字後，可以在提示行上得到如下圖的"凸"字的筆劃筆順提示：

笔画：丨一丨乛一

因此，"查詢功能"是一個十分有效的筆劃筆順教學工具。這樣，在輸入法中，不僅賦予了教學功能，而且，能夠達到打字與學寫字兩不誤，達到了雙贏。（附圖中有的操作介面簡略了！）在《漢字工具箱》網站上有詳細的操作説明及"學生寫字輸入法"的試用版可以供下載試用及瞭解。①

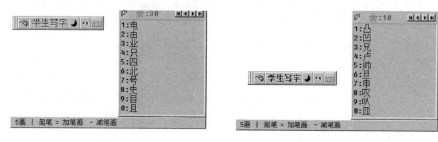

圖十一　　　　　　　　　　　　圖十二

---

① 參見《漢字工具箱》網站：http://www.hztools.com/，在網站上有《漢字工具箱》試用版。

4.3.4　"學生寫字輸入法"單字重碼率十分低；片語輸入規則十分簡單，重碼率也十分低。這樣，不僅保證了輸入速度快捷。並且，有利於實現盲打。

4.3.5　"學生寫字輸入法"做到了"規範、易學、快捷"的統一。有利於解決提筆忘字。做到了 4 個相一致："與漢字的傳統相一致"；"與人們的書寫習慣相一致"；"與漢字書寫筆劃筆順的國家規範相一致"；"與漢字的教學要求相一致"。

4.3.6　"學生寫字輸入法"可以有效地防止提筆忘字現象的發生。

4.3.7　"學生寫字輸入法"其獨有的技術特徵決定了其完全可以有個性化的輸入習慣，體現在單字的"一字多碼"上。即既可以用基本筆劃輸入，也可以用組合筆劃輸入，更可以用基本筆劃和組合筆劃混合輸入。例如，要輸入"術"字，可以有"一丨丿丶丶"、"木丶"、"十人丶"、"十丿丶丶"等等輸入辦法。

4.4　"寫字式漢字輸入法(鴻鐘碼)"

在"學生寫字輸入法"基礎上增加了：快捷鍵輸入；常用部首輸入；模糊輸入。降低了輸入難度和擊鍵次數，進一步提高了輸入速度。這樣更適合成年人使用，對於不熟悉中文拼音的用戶尤爲適合。

4.5　"模糊相容漢字輸入法(簡繁鴻鐘碼)"

簡繁鴻鐘碼是在"學生寫字輸入法"的基礎上，把漢字輸入的範圍從 6763 個漢字擴大到了 20902 個簡體和繁體的漢字。同樣具有模糊輸入功能。適合於使用拼音等其他輸入法的用戶在輸入不認識的漢字時的一個補充。

4.6　"正規拼音漢字輸入法"系列軟件

4.6.1　"正規拼音漢字輸入法"系列中，尤其是"學生拼音輸入法"是針對當前其他拼音輸入法的不規範和教學功能缺失而開發的。

4.6.1.1　當前絕大多數拼音輸入法的不規範性表現在：擊鍵時提示行上出現的不是中文拼音字母，而是英文字母，例如，中文拼音字母 a,g,ü 用英文字母 a,g,v 代替。

4.6.1.2　教學功能缺失表現在沒有聲調，也不能體現出中文拼音的拼讀拼寫規則等等。

4.6.2 "學生拼音輸入法"儘管也使用電腦的英文鍵盤,並且把拼音字母 a、g、ü 分別安放在英文字母 a、g、v 的位置上,但是在鍵入的每一個拼音字母時,在提示行上顯示的是正規的中文拼音字母 a、g、ü。

4.6.3 "學生拼音輸入法"是一個帶聲調的全拼輸入法。中文拼音的拼讀和拼寫規則被加入在輸入法中,並自動地表現出來。學生在使用本輸入法時,是在鞏固和加深對中文拼音規則的理解和掌握。

4.6.4 "學生拼音輸入法"具有"查詢功能",即可以根據鍵入的第一個拼音字母,不僅能夠查到所要的字,而且能在提示行上得到該字的正確拼音以及聲調。

例如要查詢"學"字的完整的拼音音節。可以先鍵入字母"x",再擊查詢鍵" / ? ",再用加字母數的鍵" = + "將字母數加到 3,即可得到圖十三的介面,即查到了"學"字。再擊數字鍵 1 或"空格"鍵,就可輸入"學"字。在輸入"學"字後,可以在提示行上得到如圖十四的"學"字的完整中文拼音音節的提示。

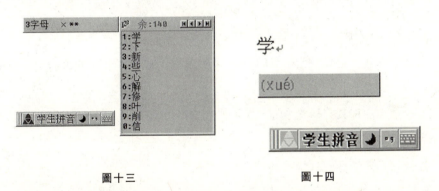

圖十三   圖十四

有效的查詢功能使得對於中文拼音不太熟悉的學生或用戶,在查到所要的字的同時,能夠學會該字的標準中文拼音。(附圖中有的操作介面簡略了!)

4.6.5 "學生拼音輸入法"的其他教學功能

4.6.5.1 能直接輸入漢字的偏旁部首功能,例如,鍵入"JSP"便能輸入"糸"

4.6.5.2 具有能直接輸入中文拼音字母(包括帶聲調的中文拼音字母)的功能。

4.6.5.3 能有區分地輸入破音字。

《漢字工具箱》中的"學生拼音輸入法"和"學生寫字輸入法"從根本上解決了輸入法與語文教學脫節的問題,能夠達到雙贏的效果。

同樣,在《漢字工具箱》網站上有詳細的操作説明及"學生拼音輸入法"的試用版可以供下載試用及瞭解。①

5.從《漢字工具箱》看教學軟件的特點

5.1　完備性;完整性

可以在 WINDOWS 的各個版本的系統平臺上工作:有適用于簡體中文WIN98、ME、2000、XP 上運行的版本。在 Windows 版本 Vista、最新版本 Windows 7 上也能運行。

與課本配套。在識字寫字領域,能與小學低年級語文課本所有生字表配套。

5.2　先進性和創新

5.2.1　先進性

全面繼承漢字傳統,把寫字的筆劃筆順規範,中文拼音規範融入於兩種輸入法中;

兩種輸入法都具有學習功能(查字典功能),並加入了一系列小學語文教學中十分需要的功能;

都做到了易學、規範、快捷的統一

5.2.2　創新

軟件的開發使用了獨有的數學模型及演算法,達到一般使用傳統手段不容易達到的高度:書寫漢字中的多種變化(包括改變書寫速度等);

根據教學要求,不斷實現一些對教學有利的功能,例如:"學拼音"中的"拼生字音節"、"拼字練習"、全屏格式及高解析度格式互換;

讓教師參與内容修改及二次開發:包括嵌入式"怎樣寫漢字"、擴詞、每課生字表等。

---

① 參見《漢字工具箱》網站:http://www.hztools.com/,在網站上有《漢字工具箱》試用版。

5.3　規範性

5.3.1　符合國家規範:筆劃筆順;中文拼音。

5.3.2　符合教學規範:語文識字、寫字教學的知識點上沒有盲區。

5.3.3　符合課本規範:適配各種課本的拼音字母的不同寫法,各種課本對筆劃筆順規範的不同理解。以及每個生字在田字格中位置。

5.4　實用性

5.4.1　操作簡便,只要會用滑鼠,能够看懂熒幕提示。有利於日常化(常態化)使用。

5.4.2　有利於提高學生學習興趣,有利於減輕學生學習負擔,有利於學生參與及互動。

5.4.3　有利於提高教學效率(30％左右),有利於減輕教師的教學負擔,有利於檢驗教學效果。

5.4.4　軟件的容錯能力及抗干擾能力强。

6.《漢字工具箱》有扎實的教學科研實驗基礎及學校實踐基礎

6.1　有一批學校實踐使用的基礎

從 20 世紀 90 年代開始,《漢字工具箱》的主要作者之一姚鴻濱,就開始進行電腦輔助識字寫字教學的課題研究工作。下面是一部分課題的研究情況:

江蘇省哲學社會科學十五規劃課題《信息技術與小學語文識字、寫字教學整合研究》(項目批准號:N2—004)。任課題組長,已經結題(結項證書號 454)。

教育部中小學信息技術教育實驗區子課題《信息技術與小學語文教學整合研究》(課題任務書編號:2—02—08—167)。任課題組長,已經結題。

全國教育科學"十五"規劃國家重點課題《教育信息化理論與實踐模式》(總課題批准號 AYA010035)的子課題"識字與寫字教學信息化的理論與實踐",任課題組長,已結題。

6.2　在教學實驗中不斷前進

在十一五期間,筆者之一又主持了課題"數位技術支持下的識字寫字教學改革研究",這個課題是中國教育學會十一五科研規劃重點課題《漢字文化教育體系研究》的子課題。目前課題已經基本完成,並結題。

課題研究,是開發《漢字工具箱》的一個孵化器,課題實施中,實驗學校不斷提出新的要求,促進了軟件的不斷改進、完善和擴展。實驗學校在教學中"日常化"(常態化)的使用《漢字工具箱》,又是對軟件的進一步檢驗。這樣:開發—使用—改進—再開發的良性循環,推動了《漢字工具箱》始終貼近教學第一線,及時的反映教學的需求,從而不僅實用,而且對教學改革起到了促進作用。

《漢字工具箱》不僅在實驗學校使用,而且,在實驗的同時,採取了邊實驗,邊推廣的措施。目前,無錫崇安區的所有十多所小學,無錫特殊教育學校,以及無錫揚名中心小學都採用了《漢字工具箱》軟件。在北京市和江蘇省常熟市、崑山市、蘇州市,都有使用《漢字工具箱》的學校。

參考文獻:

[1]趙勇《信息技術與課程整合熱的冷思考》,知行網www.zhixing123.cn。

[2]《漢字工具箱》V3.0.,南京大學電子音像出版社,2011年。

[3]《漢字工具箱》網站:http://www.hztools.com/,在網站上有《漢字工具箱》試用版。

第三届漢字與漢字教育國際研討會
學術綜述

李運富

（北京師範大學民俗典籍文字研究中心）

　　本次會議共收到論文和發言稿 120 多篇（包括最終未與會者），其中屬於漢字本體研究的 60 多篇，屬於漢字教育的 40 多篇，其它與漢語漢文有關的近 20 篇。總體上主題集中，少量的涉及面廣，基本上符合會議的宗旨。這些論文内容豐富，觀點新穎，形式多樣，歸納起來看，有如下幾個方面的學術收穫值得重視：

一、寬廣的國際學術視野

　　這次會議不僅人員來源廣泛，境外學者達 40 餘人，而且提交的論文有很多使用了廣角的國際鏡頭，展現出寬廣的學術視野。例如李國英教授提出的《廣義漢字研究芻議》拓寬了漢字的觀察視野，"漢字"不再局限於"漢族"，也不再局限於"中國"，從學理上把"漢字"界定爲超國度、超民族的信息符號，成爲漢字文化圈乃至所有使用漢字的國家和關注漢字的學者的共同研究物件。宋秉烈教授論述《現代漢字文化圈使用漢字的情況》，關注到中國、韓國、日本等國漢字形體的差異，就如何統一標準體，認同各國字形變體等提出了意見。法國學者安雄根據歐洲四國十幾位元中文學者的一項研究成果提出《汉字教与学的新方案》，即參照"歐洲語言共同參考框架"構建"歐洲中文參考框架"。又如黃妙意《國際漢字教育新視角》、姚福偉《非漢語語境下漢語漢字的教學》、羅嘉怡《香港非華語幼兒漢字 學與教的研究》、侯紅玉《非漢字圈初級階段的詞彙與漢字教學》、陳家甯《漢字文化圈内的對外漢字教學》、胡振華《中亞東幹人學習漢語文的難點是漢字》等，他們討論的漢字教學問題都沒有局限在單一的區域和單一的物件。許喆提出的《漢字教育關聯英譯術語統一的必要性及方案》也是著眼於國際漢字教育的相互溝通。

還有一批論文關注國外的漢字材料與研究，關注國外的漢字教與學，或者作中外字詞的比較研究，同樣體現了作者的國際視野。如何華珍《俗字在韓國的傳播研究》、洪仁善《日本常用漢字字體存在的主要問題及其原因探究》、呂永進《日本漢語學習者對中國通用漢字書寫的偏誤類型及其教學對策》、馮良珍《唐代日本使用漢字的一個典範》、路志英《美版漢語教材的漢字習得》、金東錫《韓中漢字詞彙的範圍和特徵》、溫敏《中韓同義異形詞類型及成因探析》等。笹原宏之先生的《"串"字探源》更是通過"串"字產生、發展和傳播的考察，梳理了中國、日本、韓國之間的文化淵源關係和現實交流情況。

二、多角度的漢字理論探討

圍繞漢字研究的主題，理論性的多角度探討表現得非常突出。

首先是漢字結構方面的理論，包括構字理據、結構分析方法、結構系統、結構單位及其演變等。如蘇培成先生《試論漢字的理據性》在肯定漢字結構理據的基礎上提出理據度概念，用賦值的手段實現漢字理據的量化描寫和演變規律的量化說明。朱歧祥先生《談甲骨文的區別符號》指出，分析漢字結構不能只就字論字，還應注意字元之間的使用關係，有些形體的作用不在個體結構本身，而在區別彼此的功能。認識這種區別符號，不僅能避免強解或誤解字形，還能說明瞭解字與字之間的縱橫關係。齊元濤《強勢結構與漢字的發展》指出漢字系統中的強勢結構有義音合成結構、層次結構、二合結構等，它們影響著個體漢字的發展，並最終使漢字系統化的程度提高。

連登崗介紹了《中國古代漢字結構研究的流變》，認爲中國古代已經構建了系統的漢字結構理論。在漢字學史上，"六書"被看作分析漢字結構的權威理論或方法，所以圍繞"六書"的研究經久不息，這次會議又出現不少新論或補論。李玉平《鄭眾、鄭玄轉注觀探隱》、李春曉《馬叙倫象形理論之闡釋》屬於對傳統六書研究的闡發，李添富先生《從假借的音讀條件談文獻解讀》通過文獻材料的解讀分析，剔除不真實的例證，也是從音讀條件上維護了傳統"假借"的定義。戴汝潛《六書的相似論原理》則闡發了自己的理解，劉敬林《審"事""名""譬"確義，求"形聲"條例的旨》通過對關鍵字詞的考釋，也表述了對形聲字名義的重新認識。施正宇《六書、偏旁和部件》、胡云鳳《常用形聲字聲符表音功能研究》、賈愛媛《從"魑魅魍魎"看漢字形符變易的主觀性》、張新豔《〈説文〉聲符字的時代層次》、王敏《試議現代漢字部首的命名規則》、葉正渤《淺析漢字構造與漢字查檢在部首歸類方面的差異》等也是以"六書"理論爲背景來關注漢字結構成分的分析和發展演變的。

其次是漢字形體方面的探討，主要涉及書寫和字體問題。如孫鶴以秦國簡牘書寫爲例，《論書寫方式對漢字形態的影響》，認爲影響漢字形態的内因是書寫，書寫方式能起到制約或推動文字演化進程的作用。李洪智《試論漢字學中行草書研究的意義》探討了書體學跟漢字學之間的互動關係。吳國升《春秋時期漢字字體演變的初步考察》、張曉明《近百年来战国文字字体研究》、高淑燕《試論電腦字體研究在漢字字體學中的地位與價值》等分别就某一時期或某一類型的字體演變或字體研究情況作了描寫和介紹。

再次是漢字職能方面的探討，即用什麼字記錄什麼詞，涉及用字的屬性（本字、借字）和各種字詞關係。如趙小剛《字用背景下形聲字的職能轉換》指出用字過程中遇有文獻所表意義與字形構造取義不相一致的時候，漢字系統會利用形符所示意義的彈性範疇，調整既有形聲字，有效地保持自身的表意特性。陳英傑《談兩周金文中史、事、使、吏等詞的形體使用規範及其分化的時代層次》以兩周金文材料爲主，上溯殷商甲骨文，下延戰國簡帛材料，並聯繫傳世文獻，從用字職能的角度考察記錄"史、事、使、吏"等詞的形體規範情況，以及這些詞形體分化的時代層次。李圭甲先生《異體字形符互用類型研究》根據字元和構件的功能關係提出了異體字的類型地圖問題。另如吕浩《本字論》、藍世光《擬聲類用字的内緣詞性》、耿銘《漢字偏旁化與異體字的發生與發展》、李運富/蔣志遠《分别文、累增字與古今字的關係辨正》等，也都是與漢字職能有關的研究。

也有著眼點在其它角度，而實際上關涉漢字理論或研究方法的。如嚴志德爲了解決漢字的科學編碼問題，討論了《汉字系统逻辑体系的构建及其意义》；張朋朋針對"語文一體"的教學理念，《论视觉符号的"文字观"和生成论的"语言观"》；林偉業《利用"R"分析漢字——邁向漢字統計學的建立》，提出了漢字統計學思路；許壽椿《百年漢字，兩個時代：鉛字時代與電腦時代》從漢字呈現方式的進步，談到不同時代漢字的特點及發展趨勢。另有張泰昌《時代視角看漢字文化科學發展方向》、暴希明《甲骨文：殷商文明真實而又豐繁的鏡像》、申斗煥《關於漢字古代書法與審美教育的小考》、蔡恒奇《漢字——道法自然的文化系統》、汪潮《試論漢字書寫的生理學基礎》等，則是從文化角度來研究漢字的。這些論文雖然不是專門探討理論的，卻由具體問題涉及了漢字的某些理論或研究方法。

三、細緻扎實的材料整理及字詞考辨

　　理論是建立在材料考證和現象分析基礎上的，所以一門學科的理論是否成熟，很大程度上取決於材料研究是否細緻扎實。漢字學以視覺符號爲研究物件，漢字史材料的整理和考辨更顯得重要。可喜的是，這次會議收穫了很多這方面的成果。有的對古代原始文字材料進行解讀、分析和整理，如王蘊智《甲骨文可釋字形解析》、曹兆蘭/吳麗婉《牛肩胛頸刻辭順序的再認識》、張新俊《夕陽坡楚簡新釋》、羅衛東《黃國金文及其地域特徵研究》、肖曉暉/文蘭《古璽分域淺識》、周阿根《五代墓誌俗字類型及成因探析》等；有的對字典辭書或字表中的漢字進行整理與考辨，如周曉文《字書整理與漢字編碼》、鄧福祿《從〈玉篇〉看〈漢語大字典〉疑難義項的成因》、張道升《〈五侯鯖字海〉與〈漢語大字典〉義項比照糾謬七則》、崔一非/張傳博《對〈說文解字〉、〈干祿字書〉、〈宋元以來俗字譜〉中出現的簡化字的整理及研究》、陳雙新和孫建偉關於《第一批简体字表》的研究、于昕《〈說文解字約注〉述評》等；有的對某類特殊語料的文字進行研究，如：周文德《地名漢字研究當受重視》、韓延錫《文獻所見新羅的官名人名地名的語言文字探討》等；也有的對個別疑難單字或字群進行考釋，如李守奎《釋楚文字中的"羣"》、陳曉強《說"臣"》、吳先文《釋"拇"》、巫稱喜《"貞"字辨》、黃海波《"覓"字源流考》、周掌勝《說"抱薪救火"的"抱"》、安蘭朋《表示"呼喊"義的字的歷史研究》；還有的涉及古文字形體資源的現代應用，如王心怡《古漢字藝術與創意》、蔡漁《古漢字與生活藝術》等。

四、改革進取的漢字教育

　　漢字教育是本次會議的重要議題，包括漢字教育理念、漢字教育方法、漢字教育材料、漢字教育技術等。就教育理念和教育方法而言，傳統的漢字教育思想仍然顯示出活力。如岳輝提倡《識字與閱讀結合》，談的正是"中國傳統語文識字教學經驗"；朴興洙總結《〈三字经〉的教育特点》、金血祚進行《初學教材〈童蒙須讀千字文〉研究》，也是著眼于傳統教育；張田若先生《中文五步教學法——漢字教學的新思路》同樣主張繼承中國千百年來的傳統經驗，他根據中國古代中文啟蒙教學的基本做法，倡議中文五步教學法：集中識字→集中識詞→集中讀短語→集中讀句→集中讀文言文，而現代白話文則主要靠自學。

　　當然更多的人在探索與時俱進的漢字教學改革。要改革首先必須調查現狀，弄清楚既有的成績和存在的問題，所以總結反思類的研究不可缺少。韓國學者金慶洙先生介紹了《韓國語文政策與漢字教育變化概況》，金殷嬉談到《韓國漢字教學現狀：兼談移動學習（M－Learning）與漢字識字教學法的運用》，楊沅錫提出《韓國漢字字源教育的現況及構築字來源資料庫的方案》；中國學者吳麗君《關於漢字教學改革的思考與實踐》則針對中國當前漢字使用和教學中存在的問題而嘗試進行改革建議，李潤生也在各種各樣的漢字教學方法的現實中討論《漢字教學法的分類標準、體系及相關問題》。現狀既明，改革的思路就會比較清晰。從相關論文歸納，現代的漢字教學改革思路突出地表現在這樣幾個方面：

　　　　一是明確地在漢字學理論指導下進行漢字教學。如曹念明《中国文字学与汉字教育》、劉興均《基於漢字構形學的對外漢字教學》、張素鳳《根據漢字特點進行字理教學》、黄亢美《字理——識字析詞的根本》、王立軍《漢字字形規範與漢字教育》、張秋娥《漢字的"形、意、用"與漢語國際教育中的漢字教學》、董兆傑《再論"字用規律"與漢字教育科學化》、王曉霞《"和·序"識字教學及其理論基礎》、柴南南等《〈説文解字〉與小學教學初始字》、賴秋桂《論對外漢字教學——以繁體字部件爲例》、張林華《在漢字文化語境中進行識字教學》、趙明德《漢字易學——我們的探索》等都是運用漢字學的某些理論和規律來談論漢字教學的，這種明確的理論意識是時代進步的表現。

　　　　二是充分利用現代化的信息技術和網路手段來進行漢字教學。探討這類問題的論文有：謝錫金先生《字詞網路與漢字學習》、安熙珍先生《用電腦教學漢語詞彙的實踐與結果》，以及姚鴻濱《信息技術在識字寫字教學中的日常化應用》、王曉霞《網絡化對我國小學生漢字識讀寫能力的影響調查報告》、葉東生《漢字作爲人性、人力、人文張力場模型的語計算學習》、白光鎬《網上課堂"漢字與漢文"運用經驗報告》、鍾鎮城等《任務型教學法下的華語讀寫活動探討：以數位課室爲例》等。

　　三是注重特色教材的編寫和輔助軟件的設計。如趙志峰提出《關於小學"寫字"教材編寫的幾點思考》、李新軒呼籲《我們應努力編出通俗易記的集中識字讀本》、邢軍《基於"語文分開"教學模式的基礎漢語教材的編寫》也包括漢字教材，康東日提出了《一個面向漢字識字教學軟件系統的功能設計》。

　　四是進行各種形式的漢字教學改革實驗和調研，針對實際問題提出改革措施。如付新營《循環識字法與天津市低年級識字教學》、張立/靳少功《兒童循序誦讀識字教學》、陳良璜《漢字教育的引人入勝與適時適量》、李麗《試論對漢語教學中的漢字教學難點及策略》、張璿《小學生識字的回生現象及應對措施》等。

五、額外的收穫——文言文教學及其它

　　本次會議的標題爲"漢字與漢字教育"，無法涵蓋其它內容。由於韓國學者的建議，我們在標題外附設了一個議題，即文言文教學。由此會議取得了一份額外的收穫，不少論文討論了文言文（漢文）的教學問題。如安載澈《韓國漢文文法教育之研究方向》、王元華《對文言文教學的全面、徹底反思與重建》、許長安《臺灣關於文言文教育的論爭》屬於比較宏觀的討論。巢偉儀《古典小說中的文言字詞教學》、李豔紅《留學生古文課教學的幾點思考》、石皇冠《農村方言地區小學的漢字教學和文言文教學》、金相洪《〈長恨歌〉與〈琵琶行〉之教授方法一考》等則是對文言文教學方法或某一方面問題的具體論述。還有鄭敬熏《對於唐宋古文另一種典範的研究》、任完爀《〈明心寶鑒〉研究》、宋赫基《從漢字文化圈共通傳統觀點試論王世貞與金昌協的碑誌叙事》、李受映《李達題畫詩的格律特徵及運用方法》、李君善《虛詞的韓國代表義檢討》等也與文言文教學有某種聯繫。

　　另有幾篇論文涉及漢語普通話語音教學、寫作教學、漢語合成詞、韓語中的漢源詞和檢字查字法等（馬曉玲《如何利用漢字形體解決普通話教學中前後鼻尾韻混讀問題》、王春傑《解決識字難作文難的有效途徑》、岑紹基《文類教學法對提高非華語學生記叙文寫作能力的成效》、周成《漢語部分合成詞理據分析和結構類型確認》、尹在敏《韓國兒童讀物中的漢源詞狀況》、王永民《王碼查字法的研究和應用》），雖與會議主題關係稍遠，也給了我們意外的收穫。

　　以上是本次會議所收到的論文和發言内容的大致情況。這些文稿涉及面廣，角度不同，層次不一，觀點或有參差，看法難免爭議。這都是很正常的。作爲學術會議，重要的不是提供結論，而是産生討論。討論的開始以瞭解爲前提，不明白人家的意思，就無由參與討論；討論的過程以尊重爲原則，各抒己見，彼此交流，才是真正的討論；討論的結果以共進爲目的，相互促進，共同提高，但不一定取得共識。共識並非學術研究的最高境界，互補才有學術討論的真正價值。遺憾的是，本次會議由於時間短、與會人員多，實際上討論並不充分。希望會後大家仍能創造條件積極交流，加强相互瞭解，促進彼此溝通，從而達到取長補短，共同進步的目標。